ドイツの人事評価

民間労働者、公務員および学校教員に関する日独比較研究

Personalbeurteilung in Deutschland

藤内和公

旬報社

はしがき

1．本書はドイツの人事評価につき，法的取扱および利用・運用の実情を明らかにするものである。取り上げた検討対象は，民間労働者，公務員（公務労働者，官吏）および学校教員であり，同時に日独比較を行っている。それにより，ドイツの全体像および日本の特色と課題が明らかになる。

　ドイツでは，法律規定にもとづき人事評価に従業員代表および公務員代表が共同決定権をともなって強く関与する。このような制度設計手続は制度内容に反映し，労働条件労使対等決定の原則が基本的に貫かれ，評価結果は労働者側に開示され，求めがあれば上司（評価者）は評価の理由を説明しなければならない。その結果，労働者側の納得度を高くするものになり，制度の運用は労働者側から公正であると評価される傾向にある。

　それに対して日本では，民間でも公務部門でも，制度設計および運用にあたり使用者側の主導性が強く，労働者側からは公正さに乏しいものと評価される傾向にある。そして，そのような制度設計および運用は法的根拠をともなっている。労働条件労使対等決定および労使合意で労働条件を決めるという合意原則とはほど遠い。

2．人事考課が日本で労働者を支配するうえで果たしている役割の大きさから，私はこれまで判例研究を通じて検討してきた。そして，私のこの関心はドイツの従業員代表研究にも反映され，従業員代表への調査でも一貫して調査項目にこれを含めた。1992-93年の調査に関しては，すでに自著『ドイツの従業員代表制と法』（2009年）で1つの章を当てた。その意味では旧著で1つの章での扱いだったものを今回一冊に拡げて検討したといえる。そこから，ドイツでは労働条件労使対等決定の原則が，民間でも公務部門でも一貫したものであることがわかる。

　振り返ると，ドイツでの従業員代表に対する調査は70社余りになる。1990-92年および2003-04年の留学を中心に，数回のドイツ訪問はほぼすべてが従

業員代表訪問である。2003-04年のフライブルク滞在中には2つの従業員代表を集中して訪問したほか，必要に応じて同じ従業員代表を2回ないし3回訪問し，同じ企業でも2つないし3つの事業所を訪問した。造船所には経営難前のクレックナー社と売却後の新会社アルセロール・ミッタル社の両方を訪問した。そこでは人事評価に関する取扱いは大きく変更されていた。それらの訪問の情報集めおよび紹介のために組合事務所もよく訪問した。特に金属産業労組（IGメタル）には，フランクフルトでもブレーメンでもお世話になった。また，従業員代表に関する一般的な情報を得るために，ブレーメン大学労働政治アカデミーおよびブレーメン労働者会議所のスタッフにはお世話になった。

3．本書は4部構成であり，それぞれで完結させている。その理由は，この本の読者が，自分が関心をもつ部だけを読むかもしれないからである。そこで，各部の冒頭では共通するようなことを記述することになった。

4．本書を執筆するにあたり，ブライジッヒ教授（Thomas Breisig，オルデンブルク大学）には各種調査などの文献を提供していただいた。彼を勤務先の研究室に訪問したのは2010年のことだが，やっとそれを活用した研究がまとまったことになる。

5．本書の刊行にあたっては，旬報社の木内社長に出版を快く引き受けていただいた。編集については今井智子さんにお世話いただいた。お礼申し上げる。

6．なお，人事評価のうち，大学教員の人事評価については，紙幅の都合で取り上げなかった。それに関する論文は，末尾の参考文献リストに含まれている（藤内2012b，2013b）。

7．本書のもとになるドイツ調査等は，科学研究費（基盤研究（S）15H05726雇用社会の持続可能性と労働法のパラダイム転換）の補助を受けており，本

書はその研究成果の一部である。

〈初出一覧〉
第1章　民間企業での概要
第2章　法的取扱，評価手続，紛争解決手続
第3章　業績評価方法
　　以上，ドイツ民間企業における人事評価　　岡法66巻1号（2016年）47-187頁
第4章　事業所協定規定例
　　ドイツの人事評価─労使協定等の分析を通じて─　　岡法65巻3・4号（2016年）1-69頁
第5章　企業での実際
第6章　総括─日独比較─（民間企業）
　　ドイツ民間企業における人事評価　　岡法66巻1号（2016年）47-187頁
　　ドイツ民間企業における人事評価　　労務理論学会誌26号（2017年）147-158頁
第2部　公務労働者（7～10章）
　　ドイツ・公務員の人事評価　　岡法65巻2号（2015年）1-163頁
第11章　官吏の勤務評価
　　ドイツ・官吏の勤務評価　　季労252号（2016年）210-222頁
第4部　学校教員（12～14章）
　　ドイツ・学校教員の勤務評価　　季労254号（2016年）124-139頁

目　次

はしがき　3

序章　本書の課題と概要　11

第1部　民間企業

第1章　民間企業での概要　25

1　制度・運用の概要　25
2　歴史的展開　30
3　人事評価の実施状況　31
4　利益配当等の支給状況　36
5　教育訓練の取組状況　38

第2章　法的取扱，評価手続，紛争解決手続　41

1　評価原則策定手続の法的基礎　41
2　評価手続　43
3　苦情処理・紛争解決の規定例　47
4　評価票での本人署名　52

第3章　業績評価方法　55

1　概　説　55
2　体系的業績評価　57
3　目標協定　61
4　体系的業績評価と目標協定の組合せ型　68
5　能率給と指数比較　70

第 4 章　事業所協定規定例　77

1　序：事業所協定（勤務所協定を含む）の現状　77
2　評価目的　77
3　制度設計　81
4　評価手続　94

第 5 章　民間企業での実際　102

1　金属電機産業　102
2　鉄鋼業　128
3　化学産業　133
4　醸造業　139
5　その他の製造業　140
6　小売業　141
7　銀行業　143
8　保険業　153
9　準公共部門（運輸・通信，病院）　155
10　小　括　162

第 6 章　総　括―日独比較―（民間企業）　173

1　日本の特徴　173
2　日独比較　180
　〈補論〉アメリカの人事評価との比較　186
3　日本への示唆　186

第 2 部　公務労働者

第 7 章　公務労働者での概要　191

1　前提的な事項　191
2　法的取扱　193

3　公務労働協約における規定　195
　　4　業績給導入の経緯　197
　　5　業績給の運用　202

第 8 章　業績評価実施状況　203

　　1　ノルトライン・ヴェストファーレン州調査　203
　　2　全国調査　206
　　3　運用の実際—自治体の個別勤務所協定から　208
　　4　業績給運用のタイプ　218

第 9 章　関係者の受け止め方—受容と機能—　226

　　1　受容と評価　226
　　2　業績給の作用・影響　232
　　3　小　括　235

第 10 章　総　括—日独比較—（公務労働者）　238

　　1　ドイツの特色　238
　　2　日独比較　240

第 3 部　官　吏

第 11 章　官吏の勤務評価　253

　　1　概　要　253
　　2　関係法律規定　255
　　3　勤務評価　258
　　4　職務記述書と業績評価　260
　　5　州別比較　267
　　6　能力評価　267
　　7　小　括　271

第4部　学校教員

第12章　教員評価を取り巻く諸条件　277

1　教員評価の概要　277
2　人的概況，転勤　278
3　校長による授業観察　278
4　教員研修の意義　279
5　評価指針策定手続　280

第13章　教員評価の州別比較　281

1　州ごとの主要な相違点　281
2　ベルリン市　286
3　ブランデンブルク州　297
4　メクレンブルク・フォアポンメルン州　300
5　ノルトライン・ヴェストファーレン州　303
6　小　括―6州の比較―　304

第14章　総　括―日独比較―（学校教員）　306

1　ドイツの特徴　306
2　日本の現状および特徴　309
3　日独比較　312
4　日本への示唆，日本の課題　316

終章　各分野の比較　318

文献一覧　320
訳　語　329
図表一覧　335
事項索引　337
人名索引　342

〈文献略記一覧〉

岡法：岡山大学法学会雑誌
会報：日独労働法協会会報
季労：季刊労働法

〈機関名略称〉

JIL：日本労働研究機構
JILPT：労働政策研究・研修機構
WSI（Wirtschafts- und Sozialwissenschaftliches Institut）：経済社会科学研究所

〈表記略〉

ZV：Zielvereinbarung　　目標協定
SLB：systematische Leistungsbewertung　　体系的業績評価
V：Verwaltung　　行政
B：Betrieb　　経営的事業所
K：Krankenhaus　　病院

序章　本書の課題と概要

1　本書の課題

　本書はドイツの民間企業，公務部門（公務労働者，官吏）および学校教員の人事評価の実情を明らかにするものである。

　日本では多くの企業および公務部門（官庁）で人事考課（人事評価）が行われている。評価結果は賞与，昇給および昇進等の算定基礎とされ，広く処遇に利用されている。人事考課の結果は労働者のキャリアに大きな役割を果たし，労働者の不利益取扱をめぐる判例をみると，人事考課で低く評価されることが不利な処遇につながっている。そういう意味で人事考課は労働者にとって大きな関心事である。そのために経営コンサルタントにより多くの解説書が出版されている。また，経営労務研究者による研究も多く公刊されている。それを通じて日本の人事考課制度の特色および運用実態はよく知られている。一方で，これに関する比較研究は少ない。その点ではアメリカの人事評価制度はかなり詳しく紹介され，それとの比較で日本の人事考課制度の特徴が明らかにされることがある。また，アメリカ以外に，韓国，スウェーデン，フランス等の人事評価制度に関しても紹介されている。

　本書はドイツの事例を取り上げる。ドイツでは職務給の賃金制度のもとで，賃金額は従事している職務（ジョブ）の格付けにより決まる原則であり，昇給は原則として上位ランクの職務に昇進することが必要である。また，日本の賞与（ボーナス）に相当するクリスマス手当や休暇手当の金額は通常，たとえば「月給の2カ月分」というように月数が決まっている。そのため，人事評価はそのためには利用されていない。それでも金属電機産業および公務部門（労働者）では業績給が支給され，そのために人事評価が行われている。また，銀行・保険業では主に人材育成の目的で人事評価が行われている。

　そのような職務給の国における人事評価制度は，EU型人事評価の代表例であり，アメリカ型の人事評価制度とは異なるものであり，日本の人事考課の制度設計や運用の特色とその背景をより深く分析することにつながる。そ

のような制度の実際を明らかにすることは日本の人事考課制度を考えるうえで新しい視角を提供するかもしれない。

さらに本書では法的取扱を論じる。この論点につき，従来の人事評価に関する研究は，多くが経営労務関係者によるものであり，人事評価の制度設計や評価手続に対する関心は乏しい。ドイツについても，一方で事業所組織法や公務員代表法に関するコンメンタール（逐条解説書）は，条文に関する立法趣旨と当該条文に関わり紛争や学説上の議論を通じて問題となっている論点に関する記述である。その結果，人事評価の制度設計当事者や設計手続に関しては記述がある。しかし，評価手続（本人への開示，説明，面談，署名など）に関しては公務員代表法や官吏法で本人への説明が義務づけられている場合には記述があるが，民間部門に適用される事業所組織法には条文に評価手続に関する記述がなく，法学書には記述がない。この点は空白領域である。本書ではそれを埋めるべく，評価手続の項目を必ずおくこととした。そこでは，法律上の規定と協約および事業所協定にもとづく実際上の運用の両者を記述するように努めた。

2　本書の概要

本書は4部構成である。民間企業労働者，公務部門の労働者，官吏および学校教員に関して，それぞれに分けて状況をみていく。

第1部　民間企業

第1章　民間企業での概要

本章は，企業における制度の概要，歴史的展開，人事評価の実施状況，利益配当の実施状況および教育訓練の取組状況を示す。「概要」では，賃金制度，キャリア形成と昇進，人事評価の状況・方法，従業員代表の関与等を論じる。これらは人事評価制度を理解するうえで必要な前提的な事項である。そのうえで歴史および人事評価を取り巻く，関連する制度を概観する。

第2章　法的取扱，評価手続，紛争解決手続
　本章では，まず，人事評価制度が設計される前提となる関連法律制度を説明する。従業員代表法制にもとづき従業員代表が評価制度に強く関与する法律規定につき論じられる。つぎに，人事評価制度の運用における使用者から労働者への評価結果の開示・説明および苦情処理手続を述べ，それに関する事業所協定（日本の労使協定に相当する。使用者と従業員代表が合意した文書）上の規定例を紹介する。ドイツでは評価結果を上司が本人に開示する，またはそれを説明するのが慣行になっている。そして，労働者個々人は人事評価票に自分が評価結果を開示・説明された旨を署名する。その実情およびタイプを述べる。

第3章　業績評価方法
　本章は人事評価として労働者個々人の業績を評価する方法を説明する。代表的な業績評価方法は，体系的業績評価（日本での通常の業績評価）および目標協定（目標管理）である。産業分野によっては現業労働者（ブルーカラー）につき能率給など異なる方法もある。だが，基本は体系的業績評価と目標協定である。
　そこでこの代表的な2つの業績評価方法を基本に，具体的な制度を分析する。あわせて労働協約および事業所協定にみられる規定例を紹介する。業績評価では代表的な評価指標を示す。それは日本とかなり共通している。

第4章　事業所協定規定例
　本章では各企業の事業所協定における人事評価の目的，制度設計および評価手続の具体例を紹介し分析する。ドイツでは人事評価の制度設計は労使が合意して労働協約または事業所協定として定められている。使用者が単独決定する事例は，事業所に従業員代表が存在する場合にはほとんどない。その結果，制度内容や評価手続に労働者側の意見が反映して，労働条件を労使対等で決定するという色合いを強く帯びる。評価手続では，前述のように上司は労働者本人に開示または説明する。評価に労働者が不満を有する場合の苦情処理手続も整備されている。

第5章　企業での実際

　本章では産業分野ごとに，人事評価に関する協約規定，事業所協定規定およびその運用が紹介・分析される。産業分野は，金属電機産業，鉄鋼業，化学産業，醸造業，その他の製造業，小売業，銀行業，保険業，ドイツ鉄道，ドイツ郵便およびドイツテレコム社である。合計で80社余りが分析されている。ほとんどは筆者が調査して入手した資料である。

　産業分野により人事評価実施状況は大きく異なるが，要点は以下のことである。

　①人事評価が実施されている労働者の比率は約4割であり，主に金属電機産業，銀行・保険業などで実施されている。

　②制度設計が使用者の単独決定ではなく従業員代表との共同決定による。いくつかの産業分野では協約が強く規制する。それは制度の内容に反映している。たとえば，体系的業績評価でも目標協定でも，評価結果を評価者は被評価者（労働者）に示さなければならない。目標を合意した上司は目標達成度評価の懇談で理由を説明しなければならない。

　　人事評価の実施要領がたいてい事業所協定で定められている。その結果，制度内容はわかりやすく，指標の内容が比較的明確である。

　③採用時に担当ジョブが明示されていて，業績評価も目標協定も評価は職務記述書を基準に行われる。

　　評価は能力開発にリンクされ，能力開発が労使双方から重視されている。

　④使用者側は，評価者訓練の実施，個別面談時間の確保，評価につき労働者から異議申立や詳しい説明の要求があるかもしれないことを覚悟しなければならないことなど，人事評価の運用に多くの手間・ヒマをかけている。

　⑤制度および運用は公正であると受け止めている労働者の比率が高い。

第6章　総　括―日独比較―（民間企業）

　内容的なポイントは以下のようになる。

　①実施状況　日本では企業の36％で，ドイツでは労働者の約4割に対して

実施されている。産業分野別にみると，日独とも銀行・保険業で特に多い。
②評価目的　ドイツでは金属電機産業および化学産業で業績給のために，銀行・保険業で能力開発のために実施が多い。銀行業では，日独とも能力開発に熱心である。
③制度設計　日本では労使協議を経たうえでの使用者側の単独決定が主であるのに対し，ドイツでは法律の定めにより従業員代表との共同決定による。これが大きな相違点である。
④評価方法
　イ）　全体として，日独とも（体系的）業績評価が中心である。ドイツでは労働契約により担当職務が特定されているので，それに照らして業績評価される。
　ロ）　業績評価：業績評価指標につき，日独で共通点が多い。
　ハ）　目標管理：目標設定の明確度では，職務記述書の有無により大きく異なる。日本の職員（ホワイトカラー）では，職務記述書はないことが通常である。それにより達成度評価の難易が異なる。
　　達成度評価で当事者が合意不成立時の取扱につき，ドイツでは使用者と従業員代表の協議または労使同数委員会，もしくは仲裁手続きが基本になる。
⑤評価手続
　イ）　評価手続：ドイツでは労働者の求めがあれば評価結果の理由を説明しなければならない。通常，面談が行われ本人の署名がある。日本では人事権の一環として使用者が単独で実施する。使用者には広い裁量が認められており，例外的に評価が権利濫用とされることがある。
　ロ）　フィードバック実施度：日本では企業規模により数字は大きく異なる。人事考課実施企業のうち約27％で，上場企業のほとんどで実施されている。ドイツでは評価票が整備されていいて，ほとんどで実施されている。
　ハ）　苦情処理手続：日本では「規定なし」が36.6％で最多である。あっても利用度は低い。ドイツでは事業所協定および労働協約で詳しく定

められている。その内容をみると，手続きに労使対等原則が貫かれる。
⑥全体的特徴　制度設計手続をみると，ドイツでは法律により業績評価制度は従業員代表との共同決定事項であり，人事評価もその対象となる。日本では使用者側は組合と協議のうえで単独で決め，就業規則に定めている。この制度設計手続の違いが制度内容にも反映している。

第2部　公務労働者

　第2部は，公務部門の公務労働者に対する業績給の制度とその運用，関係する公務員代表，労働者および使用者が業績給をどのように受け止めているかに関する記述である。公務協約による業績給導入は最近のことであり，研究者による調査が行われ，運用状況，関係者の受け止め方を知ることができる。公務部門でも制度および運用は公正であると労働者側からは受け止められる傾向にある。

第7章　公務労働者での概要

　本章では，公務協約における関係規定，協約に業績給が導入された経緯，業績給の運用概要等を記述する。公務協約では業績給比率は定められているが，業績評価方法につき，評価方法の種類を定めるにとどまり，その内容を特定してはいない。その具体化は勤務所当事者（勤務所長および公務員代表）の扱いに委ねられている。

　公務協約で業績給が導入された経緯としては，民間企業で業績給等の導入が進むなかで，自治体使用者団体から提起され，組合側は不本意ながら導入を受け入れた。そのうち，連邦および自治体ではまだ存続しているが，州レベルでは財源不足が主たる理由で業績給は廃止されている。

第8章　業績評価実施状況

　本章ではシュミットらによるノルトライン・ヴェストファーレン州および全国調査における業績給および人事評価の運用状況が示される。それによれば，業績評価方法としては体系的業績評価の方法が最多であり勤務所の半数前後で利用されていること，支給されている公務労働者の比率は平均的にみ

て高いこと，支給方法は自治体により大きく分散しており，一方で支給者比率を定めている自治体があれば，他方で目標協定によりその達成度により支給者比率にかかわらず支給されている例もあり，支給方法では4分の1の自治体で協約に関係なく一律支給されていることがわかる。

　労使関係タイプをみると，官庁では公務員代表の存在感は大きく概して労使協力的である。この点は民間とやや異なる傾向である。公務部門でも勤務所協定と実際の運用に違いのある事例がある。

第9章　関係者の受け止め方

　本章では，業績給の制度および運用を，使用者，公務員代表および公務労働者がどのように受け止めているかを，シュミットらのノルトライン・ヴェストファーレン州調査および全国調査でみる。関係者の意識調査という点で珍しい調査である。

　業績給制度に対しては使用者が導入を歓迎しているだけで，公務員代表および労働者は反対である。とくに労働者の批判的態度は強い。だが，自分の自治体における業績給制度の評価になると，公務員代表の評価は変わり，肯定的である。

　業績評価の公正さ，適切さの点では，労働者および公務員代表ともに適切であるとみている。とくに目標協定適用の場合にそういえる。

　協約で目指されている業績給の制度目的を達成するには，目標協定型のほうが体系的業績評価型よりも優れている。だが，実際には体系的業績評価のほうが導入は多い。その理由として，自治体（使用者）側では，体系的業績評価の指標が目標協定に比べて達成度計測で好都合で包括的であり，客観性が高いという。目標協定の難点として，被適用者は協定で定めた目標の達成に集中しがちで他の仕事がおろそかになる傾向がある。

　業績給実施にともなう影響として，肝心の動機付けはさほど高まっていない。導入にともなう不都合な点として，労使とも時間と費用のコストがかかることを挙げる。

序章　本書の課題と概要　17

第10章　総括―日独比較―（公務労働者）

　本章では，公務労働者につきドイツの特色が整理され，そのうえで日本の公務員との比較がされる。

　日独比較では，人事評価制度の設計で，ドイツが公務協約にもとづき導入され，勤務所レベルでの具体化は公務員代表との共同決定によるのに対し，日本では使用者が組合との協議を経て単独で決定するという手続きが違い，その違いが人事評価の運用内容に反映していることが指摘される。それは業績評価結果の本人への開示の徹底，評価不一致時の取扱いに表れる。

第3部　官吏

第11章　官吏の勤務評価

　本章は官吏（上級公務員など）の勤務評価の実情を明らかにする。要点として，官吏に対する勤務評価は約3年ごとに定期的に行われている。だが，その目的は人事決定（とくに昇進）および人材育成のためである。業績給支給に反映させることは法律上可能であるが，実際には財源不足から，一部の州・自治体で支給されるにとどまる。評価方法はたいてい体系的業績評価であり，目標協定を利用するのは一部の自治体・機関にとどまる。評価指標は，適性，能力および専門的な業績である（基本法33条2項，連邦官吏法21条）。大まかな評価指標は連邦法にもとづき共通している。ほかに，チーム力，戦略的思考方法，「批判能力，分かりやすい表現をすること，変化への対応力，交渉技術，部下への権限委譲」が求められている。人材育成の活用のためには，勤務評価結果にもとづく面談，そして能力開発プログラムへの参加が重要である。

第4部　学校教員

　第4部は学校教員の勤務評価の実情を明らかにする。

第12章　教員評価を取り巻く条件

　本章は，教員評価が置かれている状況を説明する。学校教員養成課程の年数は長く，その間に教職課程に在籍して教育学などを学ぶ。かつ，試補を経験したうえで採用される。それが教員の独立性を高いものにしている。教員

の労働時間は「授業時間」として示され，授業時間以外は原則として学校に拘束されない。教員には教育の自由がある旨が法令に明記されていて，それは教員が授業および教育活動を行ううえで必要な裁量ないし決定権をもつことを意味する。

　また，1990年以後，地域の実情に応じた教育，地域の社会的環境のなかでの学校づくりのために，学校の自律性を高める方向で改革が進み，校長の権限は拡大されつつあり，各学校に対する州文部省からの指示・指導は縮小しつつある。その結果，授業改善の取り組みは優れて教員一人ひとりの自発性に委ねられる。勤務評価はそれと結びつくことになる。

　最近，ドイツではPISA（OECD学力到達度調査）ショック以後，生徒の学力が国際的にみて低いことが認識され，学力向上が議論され，その関連で教員の資質向上が議論されている。

第13章　州別比較

　ドイツでは教育制度は州の権限に属し，学校制度等は州によって異なる（文化高権）。したがって，教員に対する勤務評価制度も州によって異なる。

　調べた6つの州の勤務評価制度につき比較する。まず，定期評価の有無により評価指標の詳しさが異なる。定期評価があるバーデン・ヴュルテンベルク，バイエルンおよびベルリンでは勤務評価は主に職能開発および授業改善のために行われるが，規程は概して詳しい。とくにバイエルンは詳しさの点で顕著である。それに対し，定期評価がない州では昇進など臨時の必要性がある場合に，主に適否判断または人選のために行われるが，評価指標は概括的である。ただし，臨時評価のみ実施の3州でも評価指標は授業活動中心である点は共通している。また，個別評価指標を業績，能力および適性のいずれに分類するかは州によって異なる。

　その評価指標をみると，確かに表現は州により異なるが，教員に求められていることは共通し，ほぼ同じ傾向である。それは「望ましい教員像」につき，教育学者，教育行政関係者および教員公務員代表の間でほぼ共通の認識があることを示す。

　利用目的として，州により昇給にリンク可能な州とリンクしていない州が

ある。

第14章　総括―日独比較―（学校教員）
　①評価実施状況　日独とも完全に実施している。しかし，その頻度は，日本では毎年定期的に実施しているのに対し，ドイツでは臨時評価のみと定期評価ありが半々であり，定期評価でも4年または5年間隔の実施である。
　②評価目的　ドイツの臨時評価では昇進等人事管理の判断材料にすることであり，定期評価では職能開発・授業改善である。日本では，「教職員の資質能力の向上及び学校組織の活性化」である。
　③制度設計　ドイツでは法律（公務員代表法）により，官吏では教員の公務員代表が協議することが定められている。職員教員では公務員代表の同意（共同決定）が必要である。日本でも実際には多くの県で教員の労働組合と協議されている。ただし，それは法的根拠をもつものではない。この点は明確な相違点である。
　④評価手続　ドイツでは教員はほとんどが官吏なので，評価面談を行うことは法的義務である。この点，日本では使用者が評価結果を開示する法的義務はない。ただし，実際には日本でも教員にたいてい開示されている。
　⑤評価方法　ドイツでは目標管理はなく，体系的業績評価だけである。日本では目標管理と勤務評価（体系的業績評価）の2本立てである。
　⑥評価指標　ドイツでは官吏法の定めにより，大まかには能力，適性および勤務上の業績の3つの指標による。それにもとづき教員用に勤務評価指針で詳しく具体化されている。日本では，授業関係以外の指標も多い。

終　章　各分野の比較
　最後に，民間労働者，公務労働者，官吏および学校教員のタイプ別にその異同が分析される。
　まず共通点として，制度設計の方法は従業員代表ないし公務員代表との共同決定によることがある。ただし，官吏および学校教員では共同決定の程度は制限的であり，公務員代表との合意が成立しない場合には使用者側が単独で決定することができる。また，評価手続につき，全体的に本人への開示，

求めがあれば理由の説明および面談が行われており，本人の署名があることが通常である．評価方法として，体系的業績評価が主であることは共通している．

つぎに，分野により異なる点として，実施率および評価目的は分野により大きく異なる．民間部門でも，実施の有無，評価目的が金銭（業績給）支給目的か能力開発目的かは，産業分野により大きく異なる．金属・電機産業および公務労働者では協約により業績給支給が定められ，そのために人事評価が実施されているのは一つの流れである．それに対し，官吏および学校教員は，官吏法の定めにより，人事計画ないし授業改善のために全員に対して実施される．

3　記　述

本書で企業・自治体名と並んでいる数字は，筆者が調査訪問した年である．企業の実名を記している．これはドイツにおける学術的慣行に倣ったものであり，企業名と一緒には公表して欲しくないと言われた事項は外している．これにより調査先で実際にそのように取り扱われているか否かを第三者が検証することができる．たとえば，労働問題研究で「仕事表の有無」という事実が研究者間で争われることがあるが，そのような事実認定に関する争いは生じない．

ドイツでは人事管理で人事評価が果たす役割は日本よりも小さく，学術的関心も低く，まとまった調査も少ない．大量観察調査が少ないので，本書では個別事例をできるだけ多く紹介するという方法による．

第1部
民間企業

第1部はドイツ民間企業における人事評価（Personalbeurteilung）の実情を明らかにするものである。日本では人事評価（人事考課）はボーナス支給，昇給および昇格に利用され，人事評価がたいていの企業で実施されているのと異なり，ドイツではクリスマス手当や休暇手当の金額は通常，月数が決まっており，また，職務給であるため昇給するには原則として上位ランクの職務への変更が必要である。そのため，人事評価はさほど実施されていない。人事評価が実施されている産業分野および企業を中心にその実情を明らかにする。

第1章 民間企業での概要

本章では，民間企業における実情を分析するに先立ち，その概要ないし前提条件をみる。賃金制度などが日本と異なることなど，制度を正確に理解するうえで必要な事項を説明する。

1 制度・運用の概要

(1) 賃金制度

賃金体系は職務給である。すなわち，従事する職務（ジョブ）の労働協約上の格付け（職務評価）にもとづいて適用される賃金額が決まる。職務給にも，同一賃金等級内で経験年数が号俸に影響する範囲レート職務給と，経験年数に関係なく賃金額が一律である単一レート職務給に区別される。前者が主であり，後者は一部にとどまる（例：小売業の現業労働者，鉄鋼業の現業労働者，派遣業，建設業）。日本のような定期昇給はない。範囲レート職務給では当該賃金等級での良好な勤務の在職年数により「経験」が考慮されて同じ賃金等級内で号俸が上がる（証明昇給，習熟昇給（Bewährungsaufstieg））。号俸が上がるルールは，2～4年（なかには6年）間隔で自動的であり，人事評価は影響を及ぼさない[1]。この取扱は勤続にともなう昇給という点で日本の定期昇給とやや似ている。ただし，毎年昇給という取扱ではない。

職務評価（格付け）の方法として，総合的職務評価と分析的職務評価（指標ごとに評価し点数を加算していく）に分類される。ドイツでは総合的職務評価が多いが，金属電機産業では分析的職務評価である。

(2) キャリア形成と昇進

同一賃金等級（グレード）内の号俸数は限られていてすぐに上限に達する。

---

[1] この点，フランス・ルノー自動車では同一範囲給内での号俸上昇につき，ドイツのように自動的に上がるのではなく，「査定つき定期昇給」として上司の人事評価により個人差がある（松村文人：78）。

昇給するには上位ポストの社内公募に応募して昇進する。公募では担当職務内容が明示されている。上位ポストの公募に応募するには応募資格があり，対応する資格を持たねばならない。求人選考の基準は応募者の職業的資格と個人的適性である。その選考に従業員代表（Betriebsrat：事業所委員会，経営協議会）は共同決定権（同意拒否権）をもって参加する（藤内2009）。アメリカのような先任権ルールはない。

部課長の役職にある者に対する調査によれば（佐藤博樹2002：249-267），転職経験は多い。ただし，アメリカより頻度は低い。転職は20～30代になされ，そのうえで内部昇進するのが典型的である。なかには管理職として直接に外部採用されることもある。昇進スピードの個人差は早い年齢で出る。

キャリアアップは「当該職能の中で数多くの仕事を経験する」ことが多い。幹部候補生としてのキャリアコースを設ける企業は38％で，選抜は早い時点で行われる。そのための能力開発はOJTが最も有効な機会と評価されている。ただし，業界団体によるOff-JTもある。銀行・保険業では，職員比率が高いなかでこのような昇進をめざす能力開発が積極的に展開されている。人事評価もその一環として位置づけられている。

(3) 人事評価の実施状況

ドイツの民間企業では人事評価はさほど実施されていない。労働者の約4割に実施されている。いずれにしても労働者の半数以下である。産業分野によりばらつきがある。

実施が少ない理由として，日本では人事考課はボーナス，昇給，昇進に用いられることが多いが，定期昇給がなく，日本のボーナスに相当するクリスマス手当・休暇手当は協約上，月給の月数分を記述するのが通常であり，人事評価が反映することはまれである。範囲ルート職務給では，同一等級内の号俸昇給があるが，それは通常，自動的な昇給である。そういう事情で，人事管理における人事評価の果たす役割は日本ほど大きくない。

(4) 人事評価の目的

それでもいくつかの労働協約（金属電機産業，公務労働者，鉄道など）は

基本給の一部として，または基本給に追加して業績給（Leistungsbezüge, Leistungsvergütung, Leistungsentgelt：成績給）を支給する旨を定めており，そのために業績評価が行われる。また，協約とは関係なく企業独自の取扱として業績給，年次特別割増（特別手当）または利益配当を支給する例があり，そのために人事評価が行われる。

さらに，金銭支給とは関係なく，むしろ労働者の能力開発（人材育成）のために人事評価および懇談を行う例もある（保険業，銀行業）。この点では，企業内で従業員代表が職業訓練・資格向上の措置を促している。背景として，EUの東欧への拡大にともない製造業では工場の東欧移転が進むなかで，ドイツの雇用確保および賃金水準維持をはかるためには労働生産性を上げる，一人ひとりの技能レベルを上げる必要があるという労使の共通認識がある。

このように人事評価の目的は，主に業績給等の金銭支給ないし能力開発の2つである。ほかに，昇進（特に幹部要員）選考のために，アセスメントセンターを利用することがある。目標協定を，企業目標を周知するため，また，上司との協力関係改善のための懇談資料として活用する例もある。多様な評価方法が開発されていて，各企業は自分の目的に合わせて使い分けている。

一般に業績給によって使用者は労働者に働く刺激を与えようとする。しかし，実際にそのように機能するか否かは別であり，組合や従業員代表はそのような競争促進的な運用に歯止めをかけようとする。その点では制度設計および運用により機能は大きく異なる。なお，人事評価を行う場合，その実施にともなう使用者側の手間・ヒマの負担は小さくない。

(5) 評価方法

業績評価（Leistungsbeurteilung, Leistungsbewertung）方法は，全員に対して同じ評価指標による体系的業績評価（systematische Leistungsbewertung＝SLB，日本でいう業績評価），または目標協定（Zielvereinbarung：目標管理）が主である。ほかに金属電機産業および化学産業等の現業労働者の一部では能率給（出来高給，プレミア給）があり，従来出来高給を適用されていた労働者向けに「指数比較」の方法が用いられることがある（金属電機産業）。業績評価の指標，比重，手続き，苦情処理手続などにつき労働協約が

定める詳しさの程度は協約により大きく異なるが,金属電機産業労働協約(以下,金属協約ともいう)では詳しく定められ,事業所当事者(使用者および従業員代表)は労働者グループごとに,協約上のいずれの方式を適用するかを選択する。

体系的業績評価における指標をみると,労務の質・量,労務態様および同僚・上司との協力などが定められているが,評価はかならず書面にされている。なかには評価者の主観が入り込むような事項もあるが,特に金属・電機産業協約では,上司は各評価結果につき「検証しなければならない」とされている。多くの企業では上司にとって人事評価の負担は大きく,その関与から逃げたがっている傾向である。

(6) 従業員代表の関与

企業が労働者の仕事ぶりや能力の評価を行うか否かは,協約の定めを別にすれば企業の自由であるが,もしそれを行う場合には,使用者はその制度枠組みを従業員代表と共同決定しなければならない(事業所組織法〈Betriebsverfassungsgesetz:経営組織法〉94条2項)。すなわち,従業員代表の同意が必要である。したがって,人事評価の実施要領は通常,事業所協定(Betriebsvereinbarung:経営協定〈日本の労使協定に相当する〉)で定められる。事業所(支店,工場など)に従業員代表が存在するかぎり,使用者が単独で策定することはできない。

また,業績給が支給される場合,その算定は事業所組織法87条11号の能率給(leistungsbezogene Entgelt)に該当し,従業員代表の共同決定権が及ぶ。

(7) 苦情処理手続

労働者本人が評価に不服であれば,その旨は人事記録に記載される。また,従業員代表委員に随伴してもらって再度説明を求めることを可能としている事例もある。労働者は自分の成績評価につき,評価者に説明を求めることができる(事業所組織法82条2項)。

業績給支給の場合,それが協約・事業所協定の通りに運用されているかど

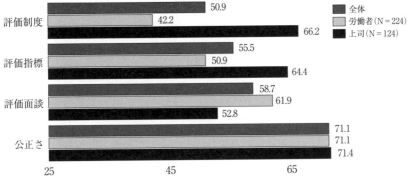

図表 1-1 労働者の人事評価受け入れ状況（％）

出所：Müller-Trunk 2012：29

うかを確認するために，運用状況が従業員代表に知らされる。評価票には必ず評価者と被評価者が署名をする。

人事評価が行われている場合，それを労働者がどの程度受け入れているかにつき，フェルテが調査した（1999 年実施，回答は労働者 224 人，上司 124 人）（Müller-Trunk 2012：29）。制度設計は企業により異なるが，図表 1-1 のように，「公正に行われている」と受け止めている比率は 7 割強と高い。

(8) 協約適用外職員 (小俣勝治，久本・竹内 79-80 頁)

彼らは職員のなかで，協約最上位賃金を上回る賃金を支給される。その意味で協約の適用を外れて個別労働契約にもとづいて賃金を支給される者である。銀行や保険業では職員に占める比率が高い。

彼らも事業所組織法の適用下にあり，協約適用外職員（例：業績評価する部下を擁する労働者）の人事評価制度設計，協約適用外職員が上司と合意する目標協定の制度設計原則は，従業員代表の共同決定権の対象である。業績評価の前提に，本人が担当する職務の評価がある。その職務は各人により多様であり，従業員代表による規制に馴染みにくい。せいぜい，そのさいに枠組条件を事業所協定で設定していることがある。そこでは共同決定に服する。現実には，上司と協約適用外職員の当事者に扱いを広範に委ねている。

彼らの働き方は，残業手当込みで賃金額を合意して，協約労働時間を上回っ

て働き,遠隔地転勤も合意していることが多い。協約賃金を上回ることを前提に,担当職務に応じて,たいてい複数の賃金ランクがあり,個人目標の達成度等によりその賃金ランクのなかで変動し,また加給を支給される。その賃金・評価の交渉は上司との間で個別に行われる。

彼らは協約適用職員と管理的職員(事業所組織法5条3項)の間に位置する。彼らは使用者側利益代表者ではないので組合加入資格を有する。例外的に,協約適用外職員のなかには組合員がいることがある。ただし,誰が組合員であるか,お互いに知らないのが普通である。産業別労働組合は企業外で存在を示す。

2 歴史的展開

人事評価の歴史的な展開は,3つの段階に分けられる(Kratzer/ Nies : 54 ; 緒方桂子129)。1960年以前は,人事評価の実施はごく一部の企業であった。

第1期は,1960年代に「分析的業績評価」という標語のもとに最初の導入の波が訪れた。一部ではテーラー主義的業績管理が通用しなくなったことへの対応として導入された。

第2期は,80年代,分析的な手法が後退し,独立した指導手段として体系的な業績評価が採用された。指標は,労働の量や質という生産にかかわるハードな指標から,行動や人柄にかかわるソフトな指標(例:率先,柔軟性,コミュニケーション能力および社会的能力〈Sozialkompetenz〉,コスト意識,創造性,忍耐力)の方向へ向かう。業績政策の主観的な傾向は残しつつも,同時に,対話(Diskursivität)的な側面を強める。評価懇談は単なる評価の伝達の場から,むしろ労働者の人材開発に活用する場へと変わり,その位置づけが次第に高まる。それにより業績管理手段としての側面は弱まり,賃金との関連はやや弱まる。

第3期は,90年代に,業績政策上の手段として,賃金による刺激および業績評価による動機付けが再評価される。そこでの指標として,市場の求めにどれだけ的確に対応するかという視点が出てくることが特徴的である。ダイナミックに変化する枠組条件に対して柔軟に反応する能力が問われる。

このような変化をみると，数十年の間の企業構造，仕事の進め方および業績として求められることの変化が反映しているといえる。
　つぎに目標協定（目標管理）の展開をみる（Kratzer/ Nies：57-58, 皆川宏之5, 12）。これはアメリカ産の「目標による管理（MBO, MbO）」に由来する。ドイツでの歴史は1980年代，多くの大企業で管理職および協約適用外職員に対して実施したことに始まる。そのさいに，目的の第1は組織を操る手段としてであり，第2に業績指向的な賃金支給のためである。
　90年代に協約労働者の動機付けのためにも用いられるようになった。同時に，労働者の能力開発に活かされる。いずれの目的でも上司と労働者の懇談が重要な役割を果たす。その後，2000年以後に，業績給の適用拡大とともに金銭支給とリンクすることが増えた。

3　人事評価の実施状況

　人事評価の実施状況について，まとまった調査は少ない。断片的であるが入手した情報を紹介する。
　協約における業績給の規定状況に即して取扱方を分類すると，つぎのようになる。
　第1に，業績給支給の定めがあり，そのために人事評価を実施する場合である。金属・電機産業，鉄鋼・職員，鉄道，郵便，テレコム社，醸造業一部，公務労働者（連邦・市町村）が該当する。
　第2に，協約に任意支給の業績給の定めがある場合である。化学大手（多数），銀行・保険業（多数）が該当する。
　なお，民間ではないが，官吏および学校教員は，官吏法の定めにより勤務評価が定期的に行われ，一部で業績給が支給されている。

　① **評価原則の策定**（Däubler 1998：598）
　事業所組織法94条2項に該当する，労働者の業績や行動に関する評価原則が策定されている事業所の比率は29％である（マックスプランク研究所調査，1975年）。

図表1-2　人事評価の普及度

(％)

		全体	製造	建設	商業	交通・通信	金融・保険	サービス	エネルギー・水供給
人事評課あり		38.0	40.0	29.1	39.4	37.5	63.8	29.2	40.5
うち対象者	現業労働者	25.4	29.9	19.7	22.3	28.9	16.9	13.2	32.5
	協約外職員	23.9	24.6	16.8	27.3	21.0	45.5	18.5	23.8
	その他の職員	30.9	32.5	23.5	30.4	29.1	61.1	22.9	39.9

出所：久本・竹内：44, Henze：135

② ベーアらによる調査

つぎに，ベーアらによる調査（1970年）によれば，図表1-2のとおりである。労働者の4割弱で実施されていて，金融・保険業で高い。

③ ガウグラー（Gaugler）らの調査 （Batz/Schindler：424, 432）

彼らは人事指導コンサルタント会社が入手した人事評価票96例を分析した。分析事項は以下のとおりである。

96例の評価票が対象とする組織および文書は，一方で，55組織を1つの評価票で一括している場合もあれば，他方で，1つの組織が対象労働者グループ別に7つの評価票に分けられている場合もある。したがって，96の評価票は必ずしも別々の企業に関するものではない。

　イ）評価手続きをみる。分類として，
　　Ⅰ　オープンな評価　タイプA　完全に拘束のない評価　0件
　　　　　　　　　　　　タイプB　評価指標をともなうもの　3件
　　Ⅱ　定められた評価手続き
　　　　A　ランク付け（Einstufungsverfahren）　89件
　　　　B　ランキング（Rangordnung）手続き　　該当なし
　　　　C　特徴描写手続（Kennzeichnungsverfahren）　2件
　　Ⅲ　それ以外
　　　　目標管理（MbO）　2件
　ロ）数および内容による指標の選択
評価の前提として，個々人の業績貢献（Leistungsbeitrag）にとって重要

図表 1-3　評価指標の分布

	重要度	頻度	平均頻度	頻度／重点
業績要件	81	346	3.60	4.27
業績結果	89	300	3.13	3.37
行動要件	51	195	2.03	3.82
行動結果	76	268	2.79	3.53
成長の可能性	3	5	0.05	1.67
性格，人柄全体	7	24	0.25	3.42

出所：Batz/Schindler: 426

な決定要素となる，各人の評価指標の能力（Fähigkeit）[2]がある。基本は，職場で具体的に提供される組織目標への個々人の寄与がわかるような指標である。これらの票から，大きく6つにグループ分けできる。

1　業績要件（Leistungsvoraussetzungen）：専門知識，取組姿勢（Einsatzbereitschaft），理解力，期限順守
2　業績結果：作業量，労働の質，作業テンポ
3　行動要件：応接能力（Kontaktfähigkeit）
4　行動結果：上司の行動，同僚の行動，協力
5　成長の可能性（Entwicklungspotenzial）：向上する能力，多様な責任に応じる適性，向上意思
6　性格，人柄全体（Gesamtpersönlichkeit）：誠実さ，人物（Erscheinung），忠実さ

図表 1-3 をみると，業績に関する指標の比重が高いことがわかる。評価者が被評価者に対して説得力をもって説明するために必要なことである。

ハ）評価指標を明確に取り扱えること（Operationalisierung）

これは，「ある被評価者を複数の評価者が人事評価するときに同じような評価結果がでること」を求める。

このための代表的な方法として，指標を定義づける方法と該当する具体

---

[2]　Fähigkeit とは，人事評価では，各指標事項で「することができる（können）」ことを意味し，後述の Befähigung は，その「適性，適格性（Tauglichkeit, Eignung）がある」を意味する。

な項目を挙げて該当する程度を記入する方法がある。分析した96の票のうち、前者に41例が該当し、後者には33例が該当する。いずれの方法もとっていないのは22例であり、4分の3余りの事例でいずれかをとっていることがわかる。

ニ）等級付け（Skalierung）の方法

1　等級数：指標ごとに評価を等級付ける。96例のうち、等級数は、最多は5等級が50例（52％）、つぎに9等級が23例であり、4等級および6等級各5例である。等級なしは7例である。概して奇数が多く、中間点をおいている。

2　等級付け：たとえば5等級に格付けする場合、各等級への当てはめの基準はどうか。最多は、「とてもよい、よい、満足できる（zufriedenstellend）、十分である、不十分である」という5等級基準への当てはめである。96例中41例である。つぎに多いのが、5等級を指標ごとに、協力の項では「協力への顕著な能力がある」などと、より詳しく基準を記述し、該当する場合に当てはめる方法であり、35例が該当する。さらに10例は、数字による等級への当てはめである。

ホ）労働者の総合的評価

個別指標にもとづく評価の結果、各労働者の総合的評価をするか否かは、評価の目的ともかかわる。目的は多様であるが、96例中、「数字による総合評価なし」は43例（44.8％）であり、「あり」は32例である。目的では「人事指導（Mitarbeiterführung）、育成のため」が多く、その場合にはこれをおく必要が乏しい。

④　**サービス産業調査**（Hill 2010：110, 119, 124, 135）

これは、サービス部門（小売業、金融、運輸・通信、医療、エネルギー供給等）の組合および特色ある協約をヒルが調査した報告である。サービス部門の協約交渉で業績・成果に依存した賃金（業績給、成果賃金）を導入すべきか否か議論されてきた。背景には、この部門でも人員削減が進み労働密度が高くなってきていることがある。統一サービス産業労働組合（Ver.di. サービス労組、ヴェルディ）内では2002年以降に議論された。そして公務部門で

は 2002 年以降に業績給が協約で導入された（本書第 2 部）。

　業績給は組合にとって相反する側面を有する。一方で，上乗せ支払である場合には実効賃金を増額させることになる。だが他方で，上司の評価によって支給額が確定することになり，使用者側の判断が入り込むおそれがある。すでにいくつかの事業所では業績給が導入されている。だが，当初は協約とは関係なく使用者の任意の給付である。1990 年代半ばに企業別協約でこれを導入している例がある。背景には，直接の業績圧力がある。

　イ）業績給に関するサービス労組の立場のポイントは，以下の点である。
　i　導入する場合には協約の定めによる。
　ii　業績評価は透明，公正および管理可能であることの原則による。そのさいに透明性原則が優先する。したがって，体系的業績評価よりも目標協定のほうが望ましい。
　ロ）協約による業績給導入では，業績給算定単位（Leistungsbezugsgrößen）の確定，データ調査の方法，許容される上限の定め，業績測定手続きの具体化ならびに賃金支払原則および賃金計算ならびに賃金支払方法（Auszahlungsmodaritäten）に関する規定を含むことが重要である。
　ハ）　特徴的な協約規定
　a　賃金制度設計
・賃金制度の展開および監視は，使用者および従業員代表から対等に構成されている委員会（Kommission）で行われる（ハンブルク病院使用者団体協約）。
・業績給導入に先立ち，労働者および評価者に対して制度に関する研修が行われる。
　b　目標協定
・目標協定は書面で確定され，日付，合意期間，目標数およびその比重が定められる。
・目標協定票は目標，成果媒介変数（Erfolgsparameter），目標ゾーン（Zielkorridor），目標の比重，目標達成を含む。
・いくつかの協約では，売上高や個人的目標という目標の種類が定められている。

・労使対等に構成された事業所内委員会が目標の種類やその有効範囲に関する諸原則を定める（ドイツテレコム社・顧客サービス社協約）。
・目標の種類は，経営側から中央従業員代表と事前協議のうえで決定される（ドイツテレコム社・Tシステム社協約）。
・個々の目標種類に対する目標経過カーブおよび数値カーブは協約「事業所の結果主義的（ergebnisbezogen）賃金」で定められる。
　c　目標協定に関する要求
・「業績に本人が影響を及ぼすことが可能であること，業績が所定労働時間内に達成可能であること，または測定可能であること」はたいていの協約に定められている。
・経営上の指標ないし市場の指標にもとづく取扱は，どの協約でも明示的に排除されてはいない。むしろ，ハンブルク病院使用者団体協約および旅行社・旅行主催者団体協約では，経営上の指標が明示的に定められている。
・ドイツテレコム社・顧客サービス社協約でのみ行動目標が明示的に定められている。
・目標協定懇談に先立ち，組織体全体の目標に関する情報が労働者に提供される。
　d　達成度100％に達しない場合の支払につき
・調整額（Richtbetrag）の50％は，要求に近似した達成度の場合にも支給される。
・達成度50％を上回る場合にのみ支給されるものとする。

4　利益配当等の支給状況

　人事評価の利用目的の一つにこれらの金銭支給がある。利益配当（Gewinn- bzw. Erfolgsbeteiligung）および年次特別手当（Jahressonderzahlung）は企業収益の一部を労働者に還元するものであり，日本のボーナスのように，企業収益を反映した賃金上乗せである。その実施状況を経済社会科学研究所（WSI）従業員代表調査（2005年）から紹介する（Bispinck 2007：4-5）。

図表 1-4 利益配当における労働者参加の状況（2007 年）

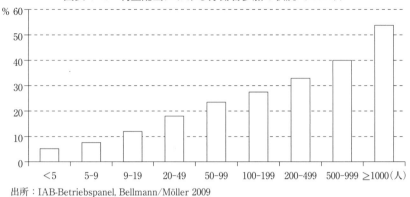

出所：IAB-Betriebspanel, Bellmann/Möller 2009

(1) 実施状況

　企業収益に左右される報酬がある事業所の比率は，全体のうち 36％である。産業分野別にみると，金融・保険業 67％，交通・通信業 48％，投資財生産 42％，商業 41％，素材加工業 32％，その他のサービス業 29％，消費財生産 22％，建設業 20％である。事業所規模別に分類すると，労働者数 20〜49 人の事業所で 19％，50〜99 人で 40％，100〜199 人で 32％，200〜499 人で 46％，500〜999 人で 30％，1,000〜1,999 人で 55％，2,000 人以上で 75％である。したがって，産業分野別では金融・保険業で高く，企業規模的には一直線ではないが規模が大きいほど支給される比率は高まる。さらに利益配当の内訳で，それが当該事業所の労働者全員に支給されているか，それとも特定グループに支給されているかで分類すると，年次特別手当として支給されているのが 94％に及ぶところ，45％は労働者全員に対してであり，49％は特定グループに対してである。また，支給の根拠規定をみると，62％で書面合意により，そのうち 18％は協約により，71％は事業所協定により，42％は個別合意によっている（複数回答可）。利益配当の運用に対する従業員代表・公務員代表の参加度は，図表 1-4 のとおりである。大企業の約半数では従業員代表が関与し，事業所協定等に定められている。

(2) 変動的な (variable) 一括払い

　産業分野ないし個別企業の経済的好調さに応じて一時的な手当支給が合意されることがある。2007年には化学産業で，協約賃金3.6％引き上げとともに13カ月間の期限付きで月給の0.7％が追加支給されることが合意された。また金属電機産業では2006年，3カ月間だけ310ユーロ追加支給することが合意された（ただし，企業の経営状況によりその2倍支給または不支給を認める）。その後の追跡調査によれば，18％の事業所で310ユーロとは異なる支払いが行われ，その内訳は，11％の事業所ではより多く，7％の事業所ではより少なく支給されていた。

(3) 変動的な年次特別手当

　クリスマス手当は，通常はたとえば「月給の2カ月分」と定率で定められているが，協約で当該事業所の経営状況に応じて一定の幅をもたせて支給することが認められることがある。2002年以来，化学産業では事業所レベルで任意の事業所協定により年次特別手当の支給につき合意されている。たとえば西地域で，協約が定める，月給の95％の年間手当に，その80〜125％という幅をもって支給することを認めている。

　このように基本給（賃金としては，ほかにクリスマス手当，休暇手当などがある）に対する上乗せ支給は年1回が多い。企業利益を還元する利益配当で，一律支給（例：月給1カ月分）か，それとも個人業績評価によるか，両方を組み合わせるかは，企業の制度設計により多様である。名称も，利益配当，年次特別手当，業績割増，ボーナスなど多様である。

5　教育訓練の取組状況

　人事評価はしばしば教育訓練（能力開発，人材育成）のために用いられている。ドイツでは概して能力開発に熱心である。特に金属電機産業および金融業で顕著である。以下，能力開発の実施状況をみる。

(1) 教育訓練の取組

少子化のなか，金属電機産業で企業側は人材を確保することに苦労している。特に1990年代の経済困難時に製造業で大規模な人員削減をしたことがマイナス・イメージになっている。また，EUが東欧に拡大し，金属電機産業の工場が東欧に進出するなかで，工場をドイツ国内に残そうとすれば，東欧工場に太刀打ちできるだけの高い生産性，効率的な稼働性などを条件とされる（藤内2009：306）。労働者側にとっては雇用と賃金水準を維持するためには付加価値を高くする努力が必要である。そこで金属労組は職業訓練に関する協約の締結を重視している。2000年および2006年に職業訓練に関する協約で，雇用維持能力の発展に協約当事者が共同責任を負うことを確認し，訓練のための従業員面談を重視している（高橋2006）。

金融・保険業でも能力開発に熱心である。銀行・保険業では事業所の98％で職業訓練・継続訓練が実施されている。銀行専門職の職業訓練受講者は常時いる（JILPT2009：152〔田口和雄〕）

2008年の世界金融危機以後，職業訓練の重要性が見直され，企業の45％が職業訓練に対して何らかの資金提供をしている（2010年，JILPT2012：89〔飯田恵子〕）。使用者が職業訓練に熱心であることの背景として，職業訓練のデュアルシステム（学校での教育訓練と企業内訓練の2本立て）のもとで伝統的に企業が訓練費用をかなり負担してきたという事情がある。

労働者一人ひとりに能力開発・職業訓練で投資し，付加価値の高い産業分野で国際競争力をつけるという政労使のハイロード戦略が明確である。

(2) 面談の実施

能力開発のために職場では面談が重視されている。業績評価方法が体系的業績評価であれ目標協定であれ，評価結果が評価者から説明され個人懇談が行われることは能力開発にリンクする。さらに，能力開発の目標設定にあたり，企業横断的な職業能力評価制度（JILPT2012：83以下〔飯田恵子〕）[3]が確

---

3) ドイツでは欧州資格枠組みをめざして欧州共通の資格に対応すべく各種資格を超えた統一的枠組の形成に取り組まれている（JILPT2012：101）。

立していることは達成目標を明示しやすくしている。これらは EU 共通の傾向である。金融・保険業ではしばしば社内資格制度があるが,それは企業横断的職業資格を前提に,それと関連させて構想されている。教育訓練プログラムは社内プログラムとともに,ビジネススクール課程も利用している(銀行,保険業)。そして,従業員懇談のための書式がよく整備されている(例:ジック社,アルセロール・ミッタル社)。

(3) 職業訓練への従業員代表の参加

最近の雇用変動のなかで,従業員代表が労働者の雇用確保や資格向上を重要な活動課題であると認識する程度は高まり,ある調査(1997年)によれば従業員代表の 67%,建設業や従業員数 500 人以上の大規模事業所に限ると 75% がそのように受け止めている。このような動向を受けて,事業所組織法 2001 年改正により,雇用確保およびそれと密接にかかわる事業所内の職業訓練・資格向上に関する従業員代表の参加権が強められた。従業員代表の求めがあれば,使用者は職業訓練の必要性の有無を通知しなければならない(96条1項)。その通知を受け,使用者と従業員代表が,必要であれば職業訓練を実施するか否か,およびその方法を,関係する労働者の意見を聞きながら協議することになる。従業員代表の 48% が,活動課題として「継続教育訓練」を挙げている(藤内 2005:138)。

第2章　法的取扱，評価手続，紛争解決手続

1　評価原則策定手続の法的基礎
(Fitting/Engels/Schmidt/Trebinger/Linsenmaier, Däubler/Kittner/Klebe (Hrsg.), Dietz/Richardi 1982, Fabricius usw.)

　人事評価原則の策定にあたり，使用者は従業員代表と共同決定しなければならない（事業所組織法94条2項）[1]。すなわち，従業員代表の同意を得なければならない（藤内2009：149）。以下，その法的根拠および関連する議論を紹介する。

(1)　立法趣旨

　この規定は，採用時の質問事項とともに1972年改正で導入された。立法趣旨は，人事質問事項および評価原則の策定に従業員代表を共同決定で参加させることにより，労働者の人格的領域を保護するためである（政府説明）。採用時および採用後の評価原則を定めることは，その客観化と透明化につながり，評価対象事項が労務提供と関係のない事項に及ぶことが防がれ労働者の利益になる。同時に，その運用は労働者の職業的なキャリア形成にとって重要である。そのような意味で，それは労働者の利害関係があるので従業員代表の共同決定対象とされた（Dietz/Richardi 1982：1474）。

(2)　評価原則の概念

　評価原則とは，労働者の行動および成績（業績）の評価を客観化し，統一的な指標にもとづいて取り扱う規定である。これには，評価の導入，適用および評価指標が含まれる。
　評価原則を導入するか否かは，使用者が単独で決定する。そこで使用者が労働者を評価するための一般的な原則を策定しようとすれば，使用者はその

---
[1]　事業所組織法条文全訳につき，藤内2003b。

内容につき従業員代表と合意しなければならない（94条2項）。したがって，人事評価（Personalbeurteilung）制度（評価方法，評価指標および手続き）は共同決定権の対象となる。

なお，従業員代表の共同決定が及ぶのは評価原則にとどまり，労働者個々人の評価には及ばない。個々人の評価に関しては，労働者本人が自分の成績評価につき使用者に説明を求めることができるにとどまる（82条2項）。実際には，人事評価結果は本人からの開示請求を待つまでもなく事業所内で既定の手続きとして本人に開示または説明され，その旨を署名し，それに異議がある場合には本人には異議がある旨，人事記録に記載されることが通常である。これは法定基準を上回る水準の企業内慣行である。使用者による取扱いに納得がいかない場合には，苦情処理手続に移行することになる（84条）。

(3) 共同決定の対象事項

労働者の成績評価は，その職務上の要求（要件）に照らして行われるが，要求は通常，職務記述書として定められている。職務記述書の作成は使用者の組織権限であり，従業員代表の影響は及ばない。労働者の成績評価は，課業（Arbeitsaufgabe）の権利および義務がそれから派生する職務記述書が職務に用意されていることを前提としている。そのような職務記述書も分析的職務評価も，個々の労働者に対する，個人的ではなく職務に関連した評価原則であり，それは客観的に評価される。記述書から当該職務に必要な要求プロフィル（Anforderungsprofil）および能力プロフィル（Fähigkeitsprofil）がでてくる。

評価原則に含まれ共同決定の対象となる事項として，従来の労務給付（評価指標およびその比重），他の担当への適性，場合によってはさらに他の労働者との協力の問題，決定能力，責任意識，職業訓練措置，手続規定（評価者および被評価者の範囲，評価期間，試行期間，心理的テスト手続，監視，評価原則にもとづく評価の利用）などがある。

いくつかの労働協約は，賃金の一部が業績給（業績手当）の形で支給されることを定める。たとえば，金属電機産業では事業所で平均して基本賃金の15%は業績給として支給される。その場合，協約が定める枠内で業績評価の

図表 2-1 規定のタイプ

規定のタイプ	該当数
事業所協定	88
勤務所協定	32
中央事業所協定	23
コンツェルン事業所協定	2
コンツェルン枠組み事業所協定	2
枠組み事業所協定	2
枠組み勤務所協定	1
規制合意	3
議事録	1
（事業所協定の）補充協定	1
事業所協定集	1
合　　計	156

手続き，評価指標などは法94条2項にもとづき共同決定されることになる。

　ここで，使用者と従業員代表で人事評価に関して合意が成立した場合，通常は事業所協定として締結されるが，そのほかに個々の労使の労働契約関係に規範的効力を及ぼさず使用者と従業員代表だけを拘束するにとどまる規制合意（Regelungsabrede，藤内2009：87）として定める場合もある。ブライジッヒが入手した人事評価に関する156の事業所協定・勤務所協定等を分析したところ，人事評価の規定形態は，図表2-1のとおりである。事業所協定の形態をとる例が圧倒的に多い。

2　評価手続 (Breisig 2009：131)

　これに関する法律条文を説明し，関連する協定規定例を紹介する。事業所の番号は調査したブライジッヒによる調査整理番号である。一部に公務部門の例が含まれている。

(1)　意見を聴取され話し合う労働者の権利（82条2項）

「労働者は，その者の賃金の計算方法および構成を説明すること，およびその者の成績の評価および事業所内におけるキャリア展開の可能性を話し合う

ことを求めることができる。労働者は従業員代表委員に随伴してもらうことができる。」

　労働者が前記事項にかかわって自分の賃金算定を理解できない場合や不明瞭に感じる点につき，理由を告げることなく使用者側に説明を求めることができる。これは賃金計算のためのデータ処理設備が導入されてから重要になった。

　また，成績評価では，評価面談（Beurteilungsgespräch）で話し合われる事項につき説明を求めることができる。そして，技術革新や新しい設備導入時などに自分のキャリア展開の見通しなどの話しあいを求めることができる。

　この定めを受けて協定にその旨を確認的に定めることがある（Breisig 2012：103）。評価が労働者にとって威圧的な意味をもちうることは否定できない。そこで労働者の地位を強めることが，威圧的な機能を弱めることになる。面談が対話的な雰囲気で行われれば労働者の不安も弱まる。不動産・住宅会社43「労働者は従業員代表委員の同席を希望する時期，人物を伝える。」さらには，同席希望を従業員代表委員以外でも，「信頼できる人物に同席してもらう権利を有する」（公務53）とする事例もある。

　評価者が自分に対して偏見をもっている（befangen）のではないかと疑う場合には，労働者は理由を添えて，上司ではなくほかの人物による評価を希望することを認める例もある（公務111）。この場合には，労働者からの申し出を受けて人事部および公務員代表が相談して，申請理由に根拠があるかどうかを検討して採否を決める。

(2)　人事記録の閲覧（83条1項）

「労働者は，本人の人事記録を閲覧する権利を有する。労働者はそのために従業員代表委員に随伴してもらうことができる。従業員代表委員はその人事記録の内容につき守秘義務を負う。」

(3)　苦情申立権（84条）

「（ⅰ）労働者はすべて，使用者または事業所の労働者から，不利益に取り扱われた，または不公正に取り扱われた，もしくはその他の方法で傷つけら

れたと感じた場合には，事業所内で管轄する機関に苦情を申し立てる権利を有する。労働者は従業員代表委員に補佐または仲介のために随伴してもらうことができる。

（ⅱ）使用者は労働者に苦情の取扱を通知しなければならず，使用者が苦情申立を正当であると考える場合には，それに措置を講じなければならない。

（ⅲ）苦情を申し立てたことを理由に，労働者を不利益に取り扱ってはならない。」

　これは提訴権とは関係ない。苦情を外部機関に持ち込む前に，事業所内で苦情処理手続きを経ることが必要である。

　イ）対象事項は個人的な不利益取扱である。集団的性格を有する事項は含まれない。代表的には，就労保護および健康保護（例：騒音，振動，臭さ），禁煙者保護，事業所内の環境保護（例：環境法に照らして違反または問題ある職務），作業組織（例：機械運転の速度，作業課題（Arbeitspensum）の拡大，グループ作業の導入），そして人事評価である。また，違法な，客観的に正当化できない取扱も該当する。法的性格をもたない純粋に事実上の不利益も該当する（例：特に汚い，または不快な仕事を恒常的に宛がう）。

　ロ）不利益取扱の排除（Breisig 2009：102；Breisig 2012：103）　目標協定・目標管理を行う場合，その達成状況次第では，単に達成度が低いというにとどまらず，そもそも労働契約上の義務を履行しているかにつき疑問が呈され，不利益取扱，制裁の理由とされることも考えられる。そこでそのような取扱い（警告，降格，解雇など）の理由とはされないことを事業所協定で明記することがある。公務部門の労働協約（公務協約）では，賃金の扱い以外には利用されないことが確認されている。金融業265「目標達成度に関する認識にもとづいて，賃金支払い以外には，労働法上の制裁（例：警告，解雇）の理由とはされない。」企業向けサービス提供企業23「評価は人事指導・人材育成および動機付けの目的で行われる。それは資格向上に資するとしても，懲戒処分に利用されてはならない。それゆえに不本意な配置転換など直接に不利な結末になることは許されない。」情報加工・ソフトウェア開発56「評価が解雇，警告，または人事上の個別措置の根拠付けに用いられることは許されない。」

ハ）事業所組織法にもとづく苦情申立権（Beschwerderecht）は個人レベルの権利であり，協約・協定規定にもとづき紛争時に事業所当事者が労使対等に構成する委員会を設置することとは関係なく，労働者にはそれは依然としてある。ゴム・プラスチックメーカー12「苦情申立権は事業所組織法にもとづくものであり，この規定とは関わりない。」通信会社25「事業所組織法84条，85条にもとづき，労働者は評価に異議を表明する権利を有する。」

さらに規定は，労働者の最後の手段として法的救済を求める権利を定める。通信産業27「労働者はそれぞれの異議表明手続の結果およびその後の評価を書面で通知される。その後，労働者には法的に訴える途（Rechtsweg）が残されている。」

ニ）共同決定に関する規定の概観から，おおよその仲裁委員会モデルを導き出すことができる。例，企業関連サービス128「この機関も合意が成立しない場合には，事業所組織法76条6項にもとづく任意の仲裁委員会が決定する。事業所当事者双方は，仲裁委員会に2人の委員を任命し，中立的な適任の議長を決めること，仲裁裁定に従うことにつき合意する。」

ホ）ブライジッヒが調査した協定等をみると，内容は多様である（Breisig 2012：99）。以下，労働者の苦情処理，意見表明およびほかの権利につき紹介する。さまざまな紛争の取扱い方がある。

規定で最も重視されているのは，評価の客観性および客観化である。当事者はそれを確保すべく措置を講じている。それでも，業績や行動が偏見のない評価によって測定するように把握されると考えることは幻想である。それは規定でほぼ例外なく上司と労働者の評価をめぐる対立が生じた場合の取扱いを定めていることからも想像できる。

情報加工・ソフトウェア開発56「労働者と上司の間で評価手続中に表明されるかもしれない見方・評価の違いは，無理に解消されるべきではない。」

たとえ当事者間で評価の一致をみなくても，基本的事項に関する有効な決定が行われる場合には労働者に異議がある旨を明記しておくことは意味がある。

紛争の取扱いに関する規定内容は多様である。そのうち大きな流れの一つは，労働者が自分の意見を表明し記録させる方法である。公務10「労働者が

評価報告に同意できない場合には，彼は所定の手続きにもとづいて人事課に異論（Gegendarstellung）を表明する権利を有する。労働者が上司の評価に根拠をもって異論を有する場合には，労働者の異論は，労働者，上司および人事課の間の議論の対象として取りあげられる可能性がある。異論は異議を有する評価とともに人事記録に記載される。」なお，異議があっても，それは通常，評価結果に影響を及ぼさない。

　へ）除斥期間として，異議申立は本人からは 2 週間以内の申し出（コメルツ銀行），従業員代表からは 4 週間以内の申し出（郵便協約）のみ有効とする定めがある。企業向けサービス提供企業 306「面談から 1 週間以内」（同旨，デュッセルドルフ市）。

(4) 従業員代表による苦情申立の取扱い（85条）

「（ⅰ）従業員代表は労働者から苦情を受け付け，その申立を正当であると考える場合には，使用者に措置を講じることを働きかけなければならない。（ⅱ）従業員代表と使用者の間で苦情の当否をめぐり意見の相違がある場合には，従業員代表は仲裁委員会を召集することができる。仲裁裁定は使用者と従業員代表の間の合意に代わる。
（ⅲ）使用者は従業員代表に苦情申立の取扱を通知しなければならない。」

3　苦情処理・紛争解決の規定例（Breisig 2009：98ff.；Breisig 2012：99ff.；Hindrichs：85ff.）

(1)　苦情処理

　評価方法につき，通常，事業所協定が定める。それは事業所組織法条文を確認することが多い。評価をめぐり特別な定めがない場合，使用者（上司）が評価権を有する。この評価にかかわる苦情申立の定めがおかれ，紛争解決のために労使対等構成委員会などが予定されている。

　これは事業所内における労使紛争解決制度の代表的な事例である。なぜならば，業績給支給は労働者にとって重要な関心事であり，大いに紛争が予想され，それだけ慎重に扱われているからである。苦情処理につき，事業所組

織法の定めを受けて多くの事業所協定で定められている。そして金属電機産業や公務部門のように協約で業績給が定められている場合には，その協約で苦情処理および紛争解決手続が定められている。

業績評価および目標協定の取扱いで，3つの代表的な苦情処理タイプがある。

① より上位の上司を含む面談

第1のタイプは，より上位の上司との2回目の面談をめざすものである。金融業（公立）332「目標協定または目標達成度評価をめぐり上司と労働者の間で見解の違いが生じる場合には，より上位の上司が参加を求められる。労働者は公務員代表委員または平等取扱委員（Gleichstellungsbeauftragte）の同行を求めることができる。合意が成立しない場合には，上位の上司が公正な裁量にもとづき決定する。これにつき合同委員会に通知される。」

企業向けサービス提供企業306「労働者は従業員面談の1週間以内に理由を添えて評価に対し書面で異議を申し立てることができる。異議申立は上司に伝えられる。上司は異議申立に対し1週間以内に意見を述べる。この意見は労働者および人事部（Personalbereich）に伝えられる。合意が成立しない場合には，上司は遅滞なく，彼より上位の上司および労働者の3者間で面談をする。労働者はこの面談に信頼できる者に同行してもらうことができる。」

いくつかの事例では人事部メンバーが第2回の面談に参加を求められる。このタイプの紛争規定を有する協定の一部は，さらに事業所組織法上の苦情処理はこれとは関係ない旨を定める。

そこで専門委員会が設置されている場合には，それが業績給・手当の運用に関与する。上位の上司，従業員代表委員を交えた「8つの目による面談（Acht-Augen-Gespräch：4人の面談）」が行われる。その後に労使対等構成委員会に回されることがある。

② 上級機関への持ち込み（Breisig 2012：99f）

第2に，企業内で当事者以外の上級の審査機関に持ち込む手続きのタイプがある。これは苦情処理委員会などの機関が双方の意見を聞いて再度検討す

るものである。これによって明白なミスは是正される。この場合に，従業員代表・公務員代表委員が同席するか，少なくとも労働者が希望する場合には同席するという取扱いが多い。化学産業16「労働者が評価結果を人事記録に残すことに異論がある場合には，さらに上位の上司に，本人の希望があればさらに人事部担当者および従業員代表委員に話し合いを求めることができる。この面談の結果は人事記録に記載される。明白なミス評価は訂正される。」

　食料品メーカー59「合意が成立しない場合には，上司と労働者はより上位の上司，人事部ならびに管轄する従業員代表を呼び出すことができる。それから2週間以内に，労働者を含めて関係者の間で話し合いがもたれるものとする。話し合いの目的は紛争を共同で解決することである。」

③ 事業所当事者または労使合同委員会 (Breisig 2009：107)

　そして第3のタイプがある。ここでは紛争は事業所当事者（使用者と従業員代表・公務員代表）または労使同数委員会のレベルに移される。

　イ）金属製造・加工14「人事部が異議申立を妥当ではないと判断すれば，その取扱は遅滞なく労使対等委員会に回される。委員会は使用者側から2人，従業員代表から従業員である2人が指名される。対等委員会は上司と本人から意見を聴取した後に異議申立の当否を判断する。」

　情報加工・ソフトウエア開発30「仲裁委員会は使用者側から2人，従業員代表から2人がでて構成される。使用者側からは必ず人的資源管理者(Human Resource Manager)またはその代理が，従業員代表側からは議長またはその代理が参加する。従業員代表側のもう1人は被評価者が希望する者が就く。仲裁委員会は通常毎月開催する。ただし，案件がない場合は開催しない。」

　ロ）ブライジッヒが分析した資料によれば，多くの事業所協定は確定的な紛争解決機構を対等原則にもとづいて構想している。その形態，人数規模，構成や名称は多様である。名称例としては，対等委員会，仲裁委員会（Schiedsstelle），地域横断的な賃金委員会（Überregionale Vergütungskommission）などがある。

　ハ）委員会を分類すると，委員会の担当課題により，また，合意不成立時の取扱いにより分かれる。管轄課題のほかの例として，化学165「委員会は

あらゆる資料を閲覧し関係者から聴聞する権限を有する。委員会は特に，重要なことが十分に考慮されているかどうか，中央事業所協定の規定が順守されているか，評価面談がこの協定の精神にもとづいて行われたかどうかを審査する。」

取り扱う課題は制度適用に関わる諸問題に限定されている例もある。エネルギー・サービス業318「審査会の課題は，適用問題にかかわる，書面による理由を添えられた苦情の協議である。」

情報提供，協議および紛争解決機関をともなうある企業では，委員会は他の課題も管轄している。その他の交通サービス業204「この機関は労働者にとって情報提供および相談の立ち寄り場（Anlaufstelle）として役に立つ。解決機関はさらに業績配当（Leistungsbeteiligung）の算定・確認にかかわる労働者の苦情を取り扱う。」

ニ）さらに内容的に重要な点は，合意不成立時の取扱いである。労使対等構成機関では否応なく，決定状況の手詰まり時の処理を扱う。それにつき，いくつかのタイプがある。第1に，「差し戻し（Rückdelegation）モデル」は，未解明の事項は直接に事業所当事者に差し戻すことを予定する。金属部品加工業366「対等構成審査会が決定を行わない場合には，使用者と従業員代表は異議申立を扱わなければならない。使用者および従業員代表が結論に至らなかった場合には，仲裁委員会（Einigungsstelle）が決定する。仲裁委員会の手続きにつき，仲裁委員会に関する労働協約が適用される。」要するに，事業所組織法が定めるルールに戻る。

仲裁委員会モデルでは決定権限は直接に事業所当事者に帰せられる。企業向けサービス提供企業236「対等審査会で合意が成立しない場合には，事業所組織法76条5項にもとづく仲裁委員会が設置される。その裁定は中央従業員代表と取締役会の合意に代替する。」

第2に，「成り行き（Zufall）モデル」は，議長または他の人物に2票を与え，偶然の結論に任せるやり方である。ビル設備171「多数決による決定ができない場合には，審査会メンバーのなかからくじ引きにより2票を与えられた委員が決定する。」

第3に，「白い煙モデル」は，法王選挙（Papstwahl）にならい，いわゆる

「白い煙が上る」まで委員間で合意形成を求めるものである。金融業265「関係者は争いがある問題につき一致して合意する。」

そして第4に,「上司モデル」がある。化学産業344「審議会が決定を導くことができなければ,当該部門の長（Geschäftsführung）が確定的な決定を行う。」これはまれである。

(2) 制度改善・監視のための労使委員会

経験に照らして,賃金制度は要求や紛争が多く,労働者にとってチャンスとリスクをともなう。しかも,企業や業務がおかれた状況の変化に応じて絶えず変動していく。

たとえ労働協約が企業横断的に制度枠組を定めたとしても,その具体化では企業・事業所ごとの違いは必ず生じる。そして,成果主義や業績指向では個人ごとに運用される側面が強い。それゆえ,事業所レベルでも集団的な枠組みを定めて運用上の規制を及ぼす必要がある。そこで事業所協定では,たとえば公務協約の規定を受けて,委員会（Ausschüsse）,作業チーム（Arbeitskreise）などの機関が置かれ,たとえば個人レベルで合意される目標が継続的に達成可能かどうかなどを監視する規制が及んでいる。それは労働者が過度な目標を求められることから労働者を保護する役割を果たしている。

(3) 情報提供（Breisig 2009：102）

苦情申立権と並んで,調査資料によれば,所定の手続きにもとづいて詳細に情報提供され,閲覧する労働者の権利が定められている。金融業381「コミュニケーションと情報提供：ボーナス制度の合理的で統一的な適用を確保するために,構想（制度設計）の是非につき適切な方法で意見交換される。労働者と従業員代表は適切な方法でボーナス制度につき情報を提供される。上司には適切な指示が与えられ,求めがあれば個人的にサポートすることが命じられる。指示には,求めがあれば従業員代表委員および重度障害者世話人（Schwerbehindertenbeauftragte）も関与できる。」

4 評価票での本人署名 (Breisig 2005：357-359；Breisig 2012：81)

(1) 署名の意義

評価票((Beurteilungsbogen：評価表)は通常，双方から署名される。さらに第2次評価者が署名する場合もある。問題は署名の意味である。それは労働者が上司による評価結果を閲覧したという意味か，説明を受けた意味か，面談したという意味か，さらには内容に同意するという意味か，異なりうる。説明を受けた旨の意味が多いが，すべてがそうではない。

情報処理・ソフトウェア開発30「いかなる場合も面談の後に，評価全体が報告用紙に記され，書式は上司および労働者から署名される。」

卸売業36「評価票は閲覧(Kenntnisnahme)したことの証として，被評価者，評価者およびつぎに上位の評価者から署名される。」

公務129「署名によって評価の内容的な承認が記録されるわけではない。」

製紙業35「評価は評価票での署名によって面談の実施および関係書類の写しの交付が確認される。」

(2) 本人同意を求める場合

より問題なのは，評価を経て，それに同意するか，そうでなければ苦情申立するかの二者択一を迫る規定である。不動産・住宅会社9「労働者は評価に同意する旨を署名する。そうでない場合には，書面で異議を表明することができる。」

企業向けサービス提供企業69「労働者と上司から「年間達成概要」が確定的に署名される。署名によって労働者は評価への同意または不同意を表明する。」

(3) 態度表明を求められる場合

たとえ署名が閲覧の意味で扱われる場合でも，労働者に態度表明が明確に求められることがある。情報加工・ソフトウェア開発118「被評価者は署名によって，評価を閲覧したことを伝える。彼が評価の個々の点に同意できな

ければ，その旨を書面で意思表示しなければならない。」また，ある小売業では，署名欄に「私は評価に同意します」か，または「評価に同意しません——その理由を書く」かのいずれかを選ぶようになっている。

(4) 同意表明を予定する場合

ある銀行コンツェルンの評価票では，労働者は評価に署名によって同意を表明することが予定されている。また，ある外国銀行のドイツ支店では，事業所協定で，「労働者と上司の面談は評価の重要な構成部分である。この面談で評価は同意が得られるものとする（sollen）。このことは被評価者の署名によって記録される」（例1）とある。

また，ゾーリンゲン市行政部門では，目標協定面談が行われ，評価票で評価結果は次のような文で確定される。「A氏とB氏（上司）は，両者は面談票で記録された協定を共同して取り決めたことを証明する。両者はこの協定が最大限実行されることを義務付けられる。」

このような事業所協定ないし評価票サンプルでは，上司が人事処遇の権限を有するという労働者の上司に対する従属的な立場から，不本意ながらでも署名する可能性が高く，ある意味では束縛契約（Knebelungsvertrag：抑圧契約）に似ている。二者択一を求められるとき，著者のブライジッヒは，労働者に上司の評価に簡単には異議を申し立てるべきではないと主張する。その理由は，不服を唱え異議申立することは労働者にとって手間がかかり骨折りなことだからという。上司とのヒエラルヒー的序列のもとでは労働者にリスクが大きいという。ドイツではこのような場合，たいていの労働者は異議を表明しないという。いずこも同じである。ブライジッヒは，労働者の署名の内容は，上司から評価の結果とその理由を説明された旨にとどめるべきであると主張する。

(5) 規定例

つづいて，署名の取扱につき，ほかの例を示す（Breisig 2005：439-440）。
例2「評価者および被評価者は評価票の署名により面談の終了とする。」
例3「被評価者は署名により評価票を閲覧したことを表明するものとする。」

評価した上司は同様に署名する。」
例4「現在ある（評価に関する）理解の相違は署名によっては解消されない。」
例5「署名によって労働者は面談票の内容が面談内容と一致していることを確認する。」
例6「労働者は署名により評価面談および支援（Förderung：育成）面談が行われたことを確認する。」
例7「評価面談の実施は業績評価票に被評価者が署名することにより確認される。この確認は評価結果の承認を意味するものではない。」
例8「個人面談に関する記録文書（Aufzeichnung）の署名により労働者は，彼が署名によって記録を認識し，自分の態度表明を拘束力あるものとして認識していることを確認する。署名に先立ち，変更希望または補充希望を考え表明するために十分な時間が労働者に与えられる。これにつき労働者は信頼できる者と相談することができる。」
例9「労働者は評価に関する自分の意見を記述することができ，書式（Formblatt）に署名するものとする。労働者は署名によって，彼が評価を説明されたことを確認する。」
例10「労働者が態度を表明し，また評価を認識した証として署名する前に，評価および育成に関する面談から1週間以上2週間以内の時間がおかれるものとする。」

　例8および10では，評価過程で労働者に考える時間が与えられていることがわかる。

第3章 業績評価方法

1 概　説

代表的な評価方法を説明する。

(1) 体系的業績評価（systematische Leistungsbewertung＝SLB）

伝統的な評価方法であり，単に業績評価ともよばれる。用語では，Leistungsbeurteilung（業績評価：業績能力を評価する）も，Leistungsbewertung（業績評価：業績実績を評価する）も用いられる。

評価手続は総合的（summarisch：概括的）または分析的（analytisch）である。総合的な場合は，上司が当該期間につき，細かい指標によるのではなく，全体的な印象（Gesamteindruck）により大ざっぱに評価（einschätzen）する。その場合に，5段階などにランク付けする場合もある。

分析的評価は指標と等級付けによる。指標は，作業結果，作業量，仕事の質，協力，独立性，配置の柔軟性，コスト意識などである。評価指標の数，等級数は多様であり，評価の方法はさまざまである。分析的評価のほうが総合的評価よりも利用は多い。

評価結果の通知と根拠付けは通常，面談で行われる。

(2) 目標協定

目標協定（Zielvereinbarung：目標管理）では，上司と労働者またはグループの間で，個人またはグループとして達成すべき目標が合意される。これは根底にアメリカ型の目標管理（MBO）の構想をもつ。目標協定では労働者と上司の協力的なプロセスで確定される。目標確定への個々人のこの関与によって動機付けの作用が生じる。

目標面談で合意される目標は確定期間（ほとんどは1年）に適用され，書面に記述される。同時に，業績把握は目標到達度により，目標－結果の比較により確定される目標達成度の評価方法が定められる。目標達成度面談

（Zielerreichungsgespräch）で目標達成状況が話し合われ達成度が確定される。その間に想定外の事態が生じた場合には，目標が修正されることもある。最後にその結果にもとづいて事後措置（例：人材育成計画）が話し合われ，次期の目標が設定される。したがって，達成度が次期目標の参考になる。目標協定につき，文献でも実務でも，確定ないし合意されるべき目標のために多様な要求が記述される。

それに対し，似ていて異なる取扱として，目標設定（Zielvorgaben：目標基準）がある。ここでは上司が単独で部下労働者に向けて目標規模を定め，拘束力ある指針として定める。目標協定は実際には目標設定に近似しているといわれる。すなわち，目標協定の場合の合意でも，労働者は企業全体および当該部門に求められている目標を考慮せざるを得ないし，一方で，目標設定で上司が決める場合でも，上司は本人の要望をある程度は考慮しているといわれる。労働者は自身で義務のように受け止め，目標設定という他人決定的な要素でも目標達成への強い自己責任意識を引きおこすという。

(3) 体系的業績評価と目標協定の組み合わせ

実際には両者を組み合わせて用いることがある。たとえば各方法に50％ずつの重みを与える。また，同じ労働者に対して両方を行い，労働者ごとの個人差をつける根拠を得るような用い方である。体系的業績評価の指標の一部（例：仕事量）を目標協定で測定することもある。

別の例では，労働者の作業課題に照らして可能であれば目標協定を使用することを原則とし，それに適さない場合には体系的業績評価によっている。

(4) 能率給と指数比較

金属電機産業および化学産業を中心に，現業労働者のなかで時間給ではなく能率給（出来高給，プレミア給など）の適用を受けている者が一定数いる。これは労働者の仕事ぶりを測定し，標準を上回る場合に能率給を支給するものである。これは業績給（成績給）が時間給を前提として支給されるのとは明確に別のタイプである。

また，金属電機産業では2002年以後の協約改定により，従来能率給が適用

図表 3-1　人事評価の方法別該当数

評価方法	該当数
目標協定，目標設定	29
体系的業績評価	48
組み合せ型（目標協定＋業績評価）	16
業績による差額のない利益配当	43
特定グループに対する歩合給・割増規定	20
合　　　計	156

されてきた労働者に対して，能率給に代えて指数比較（Kennzahlenvergleich）という評価方法を導入する協約地域がでてきた。

(5)　その他

ほかに，同僚・部下による 360 度多面評価，アセスメントセンターによる評価など，多様な方法が文献にはでくる。しかし，管理職人事選考のような場合を除き，金銭支給や能力開発のために用いられるのは，主に前述した方法である。

金属電機産業では，労働協約で業績給が導入され，そのための業績評価方法が協約で詳しく定められている（後述）。

(6)　評価方法の該当数

ブライジッヒが入手した 156 の事業所協定，勤務所協定等を分析したところ，そこでの業績評価方法の分布は図表 3-1 のとおりである（Breisig 2009：132）。体系的業績評価がよく利用されている。

2　体系的業績評価[1]

これは労働者全員に共通した指標にもとづいて業績を評価する制度である。

---

1) これの事業所協定規定例として，藤内 2016a：18-24。

(1) 序

体系的業績評価といえるための要件は，つぎのことである（Hubrich/Jung：8）。

イ）事業所協定・勤務所協定にもとづく業績指標の確定，

ロ）役割（Funktion：役職），作業分野，課題などにもとづく比較グループの組み立て，これにより同格の業績指標および比較可能な業績評価が定義される。

ハ）できるだけ測定可能で客観的な業績指標にもとづいて労働者の総合業績を示す。指標を客観化することは，評価を客観化する，評価結果を労働者に受け容れさせる，また，労働者に期待されていることを明らかにするという意味をもつ。

ニ）評価制度の透明さと検証可能性－面談で重要である。

(2) 業績指標のタイプ

つぎの3つに分類される（Litschen et al. 2006：116f.）。

イ）古典的な指標：できるだけ包括的である。例：労務提供の質・量，顧客指向，チーム指向，勤務姿勢（Einsatzbereitschaft），指導能力

ロ）戦略的に思考する評価指標：組織戦略からの誘導，例：費用節約への貢献，変化への対応，資格を向上させる学ぶ姿勢，幅広い配置の可能性

ハ）職務に特有な評価指標：例，安全性向上への寄与，衛生改善への寄与，刷新性

代表的な指標をさらに具体的にみると，つぎのようになる（同 S.124f.）。

〔仕事の質〕仕事の専門的な完成度，顧客への対応（顧客の要望の考慮を含む），仕事終了後に作業場が清潔であること，損害発生の認識

〔仕事の量〕期限順守，空き時間の有効活用，多様な仕事を引き受けること，多種の機械・乗り物を操作できること。

(3) 標準的な体系的業績評価の指標例として以下の例がある。

例1（Müller-Trunk 2012：51）

①専門知識とその活用:思考の敏速さ,重要なことを理解する,独立して仕事を遂行する
②仕事量:達成された結果の範囲,仕事遂行の集中度
③仕事の質:仕事遂行の正確さ,作業結果のミスの少なさ
④仕事の遂行:率先,忍耐強さ,信頼
⑤協力:情報交換,協力

例2(Breisig 2005:67f)。
①資格につき:職業的な知見,専門知識,熟練度
②業績ないし作業結果につき:仕事量,業績,目標達成度,仕事のレベル,作業遂行
③作業行動につき:協力,上司に対する行動,取り組む姿勢,責任を引き受ける覚悟,知識の応用力,新しいことに対する適応力,自己啓発の姿勢,顧客に対する態度
④人物・人柄につき:主導性,忍耐力,理解力,表現力,決断力,信頼,精神的なタフさ
⑤将来的な成長および担当分野拡大の可能性:さらなる配置の可能性,より上位ポストへの適性,成長可能性
⑥指導的な行動(部下を擁する場合):指導力,部下への目線,仕事や権限を配分すること,動機付けること,目標設定の適切さ

例3　市計画局の職員の例(Der Personalrat 2006, Heft 6, S.236-237, 図表3-2)

図表3-2　市計画局の職員の例

指　　標	評価等級(5段階)	配点比重	得点
構想をもった仕事ぶり	5	20%	1
専門的な正確さ	4	25%	1
結果の有用性	5	20%	1
プレゼンテーション能力	3	15%	0.45
職務の柔軟性	5	10%	0.5
合　　計			3.95

図表 3-3　評価指標の使用頻度（順位）

指　標	ガウグラーほか	リベル／ヴァルター	グルノウ	ベルンハルト
1　協力	1	5	3	6
2　忍耐力	2	9	6	5
3　率先力	3	3	—	3
4　仕事の質	4	7	5	15
5　仕事のテンポ	5	15	8	9
6　理解力	6	2	—	1
7　信頼性	7	10	4	2
8　多能工性	8	8	2	10
9　仕事量	9	12	—	—
10　専門知識	10	4	1	—
11　独立性	11	1	—	8
12　責任感	12	6	10	7

例4　ハノーファー市での指標（勤務所協定）

仕事の質と量，協力と調整，多面的な担当業務範囲，顧客指向，コストを意識した仕事ぶり（Tondorf 2007：31）

そして指標の具体的な内容として，「柔軟性」では，組織の変更，見直しに積極的に対応すること，「協力」「チーム力」では，知っていることを同僚に伝えることがよく含まれる。

(4)　評価指標の使用頻度（Becker 1998：315）

体系的業績評価で用いられている評価指標の使用頻度に関する4人（Bernhard 1975, Gaugle u.a. 1978, Grunow 1976, Liebel/Walter 1978）の調査結果を比較したものが，図表3-3である。いずれも1970年代の調査である。これをみると，協力，率先力，理解力が上位を占める。

3 目標協定

(1) 定義および特色

① 定義

これは労働者と上司が個々人ごとの目標を合意し，その達成度評価にもとづいて業績を評価する制度である。目標管理である。それは「目標による指導（Führung）」ともよばれる。

目標協定は手法として部下との対話を通じて個人ごとに達成すべきことを具体化することにより，個人としての動機付けや目標達成をめざす気持ちが刺激される。その意味では「参加による動機付け」である。合意による目標設定は，戦略的な企業目標を部門や課という下位組織に下げて，そのレベルで具体化する方法でもあり，企業目標を個人に押しつける側面があり，同時に，合意が必要であるがゆえに労働者が強く関与するという両面をもつ（Kratzer/ Nies:58）。ただし，これを実施するうえで上司は多くの時間を割かれ，公正な評価をすることは上司にとって困難であり苦労である。

② 特色 （Kratzer/ Nies：59；Hill：103-104）

目標を定めることは，出来高給の標準業績，業績評価の評価指標の選択のように，他の方法でも間接的には含んでいる。この評価方法の特色として，以下の点が挙げられる。

イ）過去を振り返る考察に代わって，目標設定および達成度評価は将来を志向したものである。

ロ）「入力」に関してよりも，むしろ「出力」に関する評価である。労務提供の行動自体よりもその成果に関心が移る。

ハ）企業目標のより確実な達成のために，全体目標を個々人の目標と接合させる側面がある。目標協定は，新たな管理構想および組織的な戦略の統合された一部として機能する。とくに，品質管理，継続的な改善措置または企業との一体化（corporate Identity）等の目的のために用いられる。

ニ）ヒエラルヒー的な指揮命令とは反対に，変化する枠組み条件に恒常的

に適合する能力を作り出すべく柔軟な操作メカニズムを作り出す。

ホ）上司が一方的に評価するものではなく，両者が協力的に作り上げるという性格をもつ。この合意的な性格によって，個人に目標達成への強い拘束感をもたせる。目標規模を上司と共同で合意することにより自己責任感を高める。管理を弱め，動機付けおよび自分の課題との一体性を強める。

なお，運用上の課題の一つとして，目標の引き上げ問題がある。目標は定期的に合意され，単位期間満了ごとにつぎの目標を定める。その繰り返しのなかで，前期の目標が達成された場合には次期に定められる目標は自ずと前期の目標を上回るレベルの目標が合意される。そうすると目標レベルはそのつど高まっていき，労働者にとってその達成は次第に困難になる。

(2) 実施の手続きと原則

① **実施手続**（Hinrichs 2009b：57-58）

目標協定（目標管理）を実施するうえで，第1に，各人の職務を定義し分析する作業が行われる。第2に，その職務課題に彼が質的量的に影響を及ぼすことができるかどうかが調べられる。第3に，質的量的指標が測定される。従来型の職務を例にとれば，課題の遂行，顧客・利用者とのコミュニケーション，同僚との協力，職務を自分で組織することなどに細分化される。質的量的指標として，遂行した課題の数，コミュニケーション能力・苦情管理，チーム能力・協力，組織的能力，職務での柔軟性などがあげられる。

そのうえで，目標達成度を確定する方法（例：数，測定器，資料にもとづく確定，事実）が定められる。

② **原則**

適用は原則として任意原則による（Tondorf 2013：107）。すなわち，目標協定面談は本人と上司の間で行われる。そこで合意するか否かは，本人にとっても上司にとっても強制されない。合意が成立しない場合には，担当職務にかかわる業績評価が行われるか，または，より上級の労使が代わって目標を定める。後者の場合には，任意性原則ではなくなる。

目標協定で遂行のための条件が定められることがある。これを定める事業

所協定例として,「目標協定面談(目標面談)で,遂行のために必要な枠組み条件および必要な手段,たとえば,人員配置(Personalausstattung),労働時間量,職場設備,有益な技術,情報入手,予算等が交渉され確定される。…目標協定期間内に枠組み条件が重大に変更された場合には,それにかかわる目標が合意のうえで調整される。」

目標協定はSMART原則によって定められる旨,文献でよく指摘され(Rohn-Maas：5),事実いくつかの協定に,この原則によることが定められている。この用語は単語の頭文字である。その意味は多義的であり,協定により論者により意味する単語が異なりうる。すなわち,

S（spezifisch）：明確である,具体的である,正確である,担当職務に即した特殊的な内容である,schriftlich＝書面による合意

M（messbar）：数字で評価可能なように測定可能であること,協約・協定によってはさらに,検証可能である（nachvollziehbar）こと

A（anregend/ anspruchsvoll/ akzeptiert/ aktiv beeinflußbar）：魅力的で本人にとって意欲がでるような,担当職務に関連して求めるところの高い,上司と労働者の間で合意できるような,本人が積極的に影響を及ぼすことができる

R（realistisch und erreichbar）：彼の資格ないし所定労働時間に照らして,現実的であり達成可能であること

T（terminiert）：期限が明記されている。

(3) 目標協定のタイプ

目標は通常,職務上の課題に対応するが,その他に個人の能力開発を含める場合がある。

目標協定は通常,労働者と上司の間で目標を合意して定める。しかし,なかには上司（使用者）が一方的に目標を設定するタイプがある。これは目標設定（Zielvorgabe：目標基準）とよばれる。目標協定と目標設定の相違につき,事業所協定では「両者の相違は,労働者がさまざまな選択肢をもつか否か,および,いずれの選択肢が合意されるかにつき労働者が影響力をもつか否かである」（金融業36）と定められている。公務部門では目標設定はほとんどみられない。

また，目標達成度評価では，通常は両当事者の合意にもとづいて評価されるが，なかには，使用者が一方的に評価する場合がある。

グループ目標で評価する場合，配分をグループメンバーで平等に行うか，各人の寄与度を示して配分するか，両タイプがある。実情に応じた取り扱いになる。

(4) 事業所協定規定例（藤内2016a：10-16）

① 目標協定の原則

最もポピュラーな規定例はつぎの例である。車製造業269「当コンツェルン事業所協定の署名者は，以下に合意する。『目標をともなう指導』という手法は，コンツェルン全体につき上司および労働者全員に対し，賃金とリンクしている（変動的な賃金Vergütung）。それによって，合意された目標へ向かっての労働者の共同ないし個々人の努力は金銭で報われ，労働者は達成された企業の収益に参加する。後述の制度は利益参加の検証可能で透明な算定を保障する。」

業績の違い，透明さおよび検証可能な報酬支給のような，業績および成果を指向する取扱の例として，保険会社175「特に客観的に計測可能な業績および成果では，労働者は成果手当（Erfolgszulage）を支給される。成果手当を測る尺度は個別に関係者間で合意されている目標協定である。目標協定は労働者グループとの間でも締結されうる」。

目標協定は業績評価に比べて合理的な方法である。「客観的に測定可能である」という概念は，この脈絡ではしばしば見かける。一連の協定は，目標協定に代わって目標設定（Zielvorgabe）に言及する。食料品メーカー342「つぎの制度が適用される。目標基準：すべての労働者は営業年度および各四半期の初めに，事業所長を通じて目標値（Zielwerte）の通知をうける。」

目標協定と目標設定の策定手続は，両当事者の合意によるか，それとも使用者・上司の単独決定か，対照的に異なる。このような形式的な違いにもかかわらず，実際にはその違いは相対的なものであるといわれる（例：銀行分野）。すなわち，合意の場合でも，上司による目標引き上げの働きかけが強く行われていて上司による決定に近く，逆に上司による決定でも労働者の意向

が反映されている。さもないと，労働者がその目標設定に自己責任感を感じることはない。

② プロセス要素

目標協定で常に批判が寄せられる形成要素はプロセスである。目標指向的な制度は，設計および実施にあたり要求の高いことで知られている。それは企業に対してかなりの組織的な負担と世話の面倒を，関係者に対しては高度の自制力と能力を求める。それゆえに事業所当事者の間でそのプロセスに関して詳しく規定される。概観するかぎり，内容および詳しさにつき企業ごとの規定の違いは大きい。そのうち，簡単で，かつ当事者に大幅に授権する規定例として，小売業246「合意される目標は透明で，計測可能で，かつ，関係者で検証可能でなければならない。それは書面にされる必要がある。」

これとは対照的に，別の規定例では多様なプロセスが詳細に拘束力をともなって定められている。労働者によって事情や能力が異なることが無視されることのないよう，プロセスのそれぞれが分解して規定される。

以下に特徴的な規定を紹介する。

第1段階：協定の当事者

まず，協定の当事者が労働者側で個々の労働者か，チームないし部門かが問題になる。これは作業の進め方などとかかわる。使用者側では直属の上司である。

企業向けサービス提供企業275「個々人の目標が目標協定の基本である。さらに組織単位で目標が目標協定で定められ得る。個々人の目標は少なくとも50％以上を占める。個々人の目標に替えて，チームの目標を定めることも可能である。」

第2段階：目標協定面談の準備

労働者側からみて，準備は良好な結果にいたるための少なからぬ前提条件である。いくつかの規定例は，労働者が上司から独立して面談を準備できるように労働者に時間的余裕を与えている。様式例やチェックリストの存在もそれを支える。

面談で労働者が上司に提案する具体的な目標提案を準備のなかで煮詰めることが重要である。その点で，目標の意義および実現可能性をより正確に認識するために上級単位（機関）の目標を知らせることも有益である。次の例では情報提供義務を企業側に課している。金融業324「目標協定面談の基礎は銀行全体および各組織単位の目標である。この計画は目標協定プロセスに先立ち従業員代表と協議される。この目標はその後に従業員面談（Mitarbeiterbesprechung）で労働者に示され説明される。早くてもこの情報提供の1週間後に個別の目標協定面談が行われる。」ここでは個人目標が組織目標とリンクすることが明記されている。協定例では珍しい。

第3段階：面談の実施

面談のアポイントメントを適時に設定する。さらに，重要な面談内容，たとえば下記の例では，目標の提示と実施のアイデアが両当事者間で確定される。その後にこれにつき面談され協定が結ばれる。合意された目標は書面で記録される。研究・開発企業206「目標協定面談の最後に合意された結果が書面で記録される。この協定と確定は議事録に明記される。対応する議事録は人事記録の一部である。従業員代表は議事録の写しを渡される。」

第4段階：確定すべき目標に関する要求の規定（数，種類，内容など）

確定すべき目標の数につき，実際には大まかな原則が定められている。それによれば，労働者各人当たり3～5個である。

目標につき「できるだけ具体的に，かつ詳細に定式化する」と定める例もある。研究・開発企業206「合意される目標は，明確で，わかりやすく，現実的で，かつ，達成可能でなければならない。さらに目標の達成は労働者の努力や働きかけにより結果が異なる必要がある。同時に，目標協定には，完全，十分または欠けるという，それにより営業年度末に達成の程度が測定される，目標達成のための指標が定義されねばならない。」

金融業324「合意される目標は，特に労働協約上の等級で明示されている労働者の作業課題に関わらなければならない。労働者の労働協約上の格付けに対応するよりも包括的な目標が定められるような目標協定は許されない。」

いくつかの規定は，「目標は協約上の労働時間内に実際に達成可能でなければならない」と定める。

第5段階：目標協定期間中の活動

　評価期間中に労働者を援助することも成果を挙げるうえで重要である。この点については一部の規定が定めるにとどまる。特色ある規定は，「協定期間中，上司と労働者の間で対話」を求め，上司に継続的に労働者との「相談，援助および促進」を義務づけるものである。労働者は評価期間内にいつでも目標達成状況を知ることができるようにする。少ない例であるが，「毎月，少なくとも四半期ごとに達成状況につき情報を提供する」ことを義務づける規定例がある。金融業324「労働者と上司は定期的に目標達成状況を把握できる。銀行は必要な情報を提供する。」

　単位期間内に労働者がおかれている条件が大きく変わることがある。その場合に所期の目標を話し合いを通じて変更することも必要である。研究・開発企業206「目標合意後の事情の変更により目標達成がもはや完全に・基本的に不可能であることが明らかになった場合には，目標協定面談により新たな目標を取り決めることができる。従来の目標の達成は営業年の経過した期間に応じて評価され，期間の長さに応じて按分して取り扱われる。」

　評価期間内に途中経過につき面談が行われることがある。企業向けサービス提供企業275「上司と労働者は1年以内に目標達成状況に関する面談を行わなければならない。面談は，目標，目標協定における意義，優先順位または業績条件の必要な変更を行うことに役立てられる。」

　別の例では，目標変更・見直しの契機が明示されている。金融業324「以下の場合は，目標修正の契機となりうる。

・作業方法および作業組織の重大な変更（例：技術の変更，再構築）
・企業内の枠組み条件（Rahmenbedingungen）の重大な変更（例：追加的な課題の遂行に必要な同僚がいなくなる，生産物や条件の変更）
・外部的な枠組み条件の重大な変更（例：利率展開，有価証券市場の変動，競争条件の変更）
・目標協定にあたり労働者に関する情報不足により誤って設定された目標

・銀行が目標達成に必要な合意された前提条件を提供できない。」

第6段階：期間後に目標到達度を確定する

　協定の意味に照らし，上司と労働者ないしチームが評価期間後に達成度を共同で測ることになる。保険業175「目標達成期間の終わりに，労働者との間で目標達成度面談が行われる。この面談で合意した目標の達成度が合意のうえで（einvernehmlich）確定される。見解が一致しない場合には，申請にもとづき事業所内の目標達成度評価に関する委員会（Kommission）が手当額の算定および支給のために決定する。」

　以上によれば，目標協定の成立時のみならず，達成度評価でも合意不成立時に紛争解決の規定が制度の参加指向的な性格に影響を及ぼす。

(5)　目標協定例[2]

　1例として，タイピストでは次のような例がある（緒方桂子：135）。
・文書を1週間で約40枚書くこと
・1日に約20の外線および内線の電話交換を行うこと
・文書保管時の手助け

4　体系的業績評価と目標協定の組合せ型

以上で扱われた2つのタイプを組み合わせている事例がある。規定例調査からみる（Breisig 2009：57-；藤内 2015：34）。
　これにはさらに3つのタイプがある。
　イ）2つの制度を並行的に利用するタイプ
　ロ）目標協定を基本とし，それを補充する形で，目標協定を合意できなかった場合に業績評価を行うタイプ

2）　目標協定例として，藤内 2016b 内のアラーク保険，ドイツ鉄道，デュースブルク市（Duisburg，藤内 2015：99），目標協定に関する事業所協定が同「資料」No34，皆川宏之：16, 19 以下に，目標達成のためのサポート体制（ポツダム市＝藤内 2015：91）が紹介されている。

ハ）労働者のグループおよび部門により異なって適用されるタイプ。たとえば，販売部門では目標協定により，それ以外の部門では業績評価による。

ブライジッヒが分析した156の事例のうち，16がこれに該当し，うち5例は公務協約にもとづく。特徴ある事例を紹介する。第1の例は金融業で，2つの労働者グループにより異なって適用するタイプである（前記ハのタイプ）。

金融業150「個々人の業績の評価は，販売業務を有する支店では目標協定により，事業部門では業績評価による。本部では業績評価ならびに目標協定が用いられる。適切な定量化される目標を定めることができる場合には，目標協定による。

個々人の業績ボーナス（Leistungsbonus）の金額が業績評価によるかぎり，「協約適用労働者に対する業績評価」の事業所協定の諸原則が適用される。」

第2の事例は，公務における勤務所協定からなる，より長いもので，目標協定と体系的業績評価からなる。そこでは明確な方針があり，目標協定が優先される（前記ロのタイプ）。すなわち，職務がSMART要件を充足する目標を許容しない場合に，業績評価が補充的に活用される。公務393「業績給（Leistungsentgelt）は，事業部門（Betrieb）を含む行政部門全体で支給される。業績給支払のために行われる業績の評価は，目標協定とその達成度の比較により，または体系的業績評価により行われる。

業績給は原則として目標協定または・および体系的業績評価にもとづいて支給される。そのさいにできるだけ目標協定によるものとする。

業績割増（Leistungsprämie）は，目標協定期間の末に通常は1度のみ支給される。それは目標協定なしに体系的業績評価にもとづいても支給されうる。その金額は目標達成度の違いによる。

目標協定は上司と個別労働者または労働者グループ（チーム目標）の間の，業績目標およびそれを支援する条件に関する任意の取り決めである。目標協定締結は上司側からも労働者側からも提案できる。業績指向的な支払いにつながる目標は，上司と労働者の間で任意に合意されなければならない。したがって，チーム目標にあたっては全員が目標協定の締結に合意しなければならない。合意していないチーム・メンバーはチーム目標協定を通じた業績給制度には関係しない。

公務協約18条3項2号にもとづく支払義務は，特に1年を超えるプロジェクトの場合には，例外的に，それにより次会計年度の業績給予算が対応して上昇するような，具体的な数値化された引当金がこの目標協定のために用意されうるということが考慮される。目標協定が不可能な，または適合的でない場合には，体系的業績評価が考慮されうる。」

5　能率給および指数比較

金属電機産業で能率給が適用されてきた現業労働者の業績給のための評価方法につき，従来通り出来高給などの能率給タイプを定める協約地域もあれば，それに代えて指数比較方式に切り替えている協約地域もある（図表5-4，109頁）。これは上司が評価するという上述の評価方法とは異なる。業績評価方法の別のタイプとして，紹介する。ここでは評価者による主観的な判断は入らない。

(1)　能率給（久本・竹内64頁以下，藤原：18-19）

① 概要

ドイツでは現業労働者のなかで能率給の適用を受けている者が一定数いる。これは労働者の仕事成果を測定し，標準を上回る場合に能率給を支給するものである。日本でいう広義の出来高給である。

能率給の具体的な形態として，手数料，出来高給（Akkordlohn, Akkordsatz：出来高賃金率，アコード給）およびプレミア給（Pämienlohn：プレミア賃金率）がある。ここでは，時間給における成績手当など，能率（Leistung）と賃金の間に直接の関連がある，能率関連賃金を広く含む。金属電機産業の現業労働者おける賃金体系をみると（2005年），時間給52％，出来高給27％，プレミア給22％である（図表5-2, 106頁）。能率給には，個人単位のものとグループ単位のものがある。後者は複数人が共同で作業し共同の作業結果を生み出す場合に適用される。

労働者側がこれを希望する理由の一つは，従業員代表の共同決定が及ぶことである。これに対して，使用者側が時間給ではなく能率給をとるメリット

は，労働者の業務遂行ぶりを監視し評価する必要がなく，作業結果のみを評価すれば足りるので手間が省けることにある。

② **特別な労働者グループに対する歩合給ないし割増給**（Breisig 2009：59）

歩合給（Provision：手数料）ないし割増給（Prämie）規定は，直接に顧客と接する販売部門では，業績給および利益割増（Erfolgsbezug：成果給）とならんで古典的な賃金形態である。歩合給は，たとえば，販売員，顧客相談員，顧客サービスに従事する技術者，あらゆる分野の伝統的な外交員（Außendienst）に支払われる。特に外交員には，歩合給は動機付けとともに，操作する役割も果たす。というのは，彼らは上司と直接に接することは稀だからである。庶務部門（Sachbearbeitungsbereich）でも割増給が，作業を引き上げるために用意される。

③ **出来高給**

1920年代に標準作業時間（Vorgabezeit）計測方法としてREFA方式（労働時間測定全国委員会＝REFA－労働科学研究および経営組織協会）制度（徳永編：100，133〔野村正實〕，藤原：2，コジオール：63）が開発されて以来，生産現場で広く利用されるようになった。出来高給とは，労働時間にもとづいて（時間給）ではなく，むしろ作業量にもとづいて算定される賃金制度である。後述のプレミア給と異なり，作業量に正比例する。出来高給では，時間係数とともに貨幣係数（Geldfaktor：貨幣要素，分単価の訳もある）の決定が共同決定に服する。組合側は係数を集団的に規制できる点にメリットを感じている。

出来高給は，さらに金銭出来高給（単位出来高給ともいう）と時間出来高給に大別される。また，個数出来高（Stückakkord）もある。まず，金銭出来高給では，1個の生産に必要な時間の概算的な見積もりのもとに出来高係数が考慮されて，各加工品に対する賃金が定められる。賃金額は，達成された作業単位の数および単位ごとの貨幣係数にもとづいて定まる。これらの出来高給の間には，さほど重要な相違はなく，計算の方法が異なるにとどまる。実際には企業では時間出来高給のほうが普及している。

出来高標準は，原則として出来高基準値を考慮して定められる。出来高給適用の現業労働者はどれだけの収入を標準的能率のもとで時間当たり達成されるべきか（出来高基準値）が必ず定められる。たいていの製造業では，これは協約によって定められる。

時間出来高給では，時間標準は金銭出来高給とは反対に，時間調査にもとづき労働科学上の認識を適用して行われる。時間係数の調査では，労働者の平均的労務提供ではなく，標準的労務提供，すなわち，十分に適格で熟達した労働者が継続して期待可能な方法で提供することができる労務提供が出発点になる。標準的労務提供の書き換えは定期的に協約で行われる。協約に記述がない場合には，使用者と従業員代表が共同決定する。

④ プレミア給

出来高給が作業量に正比例するのに対し，これは作業量とは別の指標を追加して算定される。個人単位もあれば，グループ単位の運用もある。それは拡大された出来高給という経済的意味をもつ。たとえば，作業の質，材料節約，期限順守，設備のフル稼働などに応じた手当，または不良品の少なさに対するものである。これらは出来高給では評価できない。その結果，プレミア賃金体系を折れ線グラフで示すと，さまざまなカーブを描くことになる。それぞれのタイプに対応した名称がつけられている。

(2) 指数比較

指数比較は，出来高給を含む，より広い概念である。金属産業では以前は労働者の約半数が出来高賃金の適用を受けていたが，生産方法が刷新され個人の果たす役割が小さくなり，これが適用される労働者の比率は下がっている。

① 指標（Ehlscheid et al：268）
いくつかの協約地域（例：南バーデン）は業績評価方法の一つとして指数比較を定める。指数比較の場合，どのような指標を用いるかは協約地域により異なり，大きくは6つに分類される。そして各タイプが組み合わせて利用

されうる。

ⅰ）量（生産個数，標準作業時間，目標労働時間〈Sollzeit〉など）

これは単純で透明な指数である。多くの事業所でごく普通に利用されている。

　a　生産個数：例，組み立て職場で一種の水時計を取り付ける。1交代制勤務（Schicht）当たり1,000個の生産個数をめざす。それを達成した場合に労働者は130％のプレミア給を支給される。

　b　標準作業時間：これも能率給労働者に対する規制として伝統的な指標である。すなわち，能率給労働者の要員管理ないし労働密度に対する規制では，標準作業時間に関する規制という方法をとる。それは全国レベルの測定と事業所レベルの測定がある。全国レベルでは，まず，REFA[3]（労働時間測定全国委員会＝REFA—労働科学研究および経済組織協会）のもとで全国レベルの標準作業時間測定に専門家および使用者団体代表とともに労働組合代表が参加している。この全国レベルにおける時間測定をうけて，事業所レベルでは，事業所組織法にもとづき賃金算定原則の一つとして事業所当事者により標準作業時間測定が行われる。労働協約がその枠組みを定めることがある。現場で生産製品や生産方式が変更され，従来の労働価値や標準作業時間では通用しなくなるときには賃金算定方法が見直され，そのつど事業所当事者が共同決定する。

ⅱ）企業指標（生産費用，売上高など）

これは指数比較だけではなく，時間給での年次特別割増（ボーナス）としても用いられる。

　例：部門または生産品の売上げを，投入材料＋時間数で除する。

　例：売上げに占める製造コスト比率の低さ（削減率）

ⅲ）質（高品質，不良品）

最近，品質要求が高まってきた。モットーは「トータル品質管理」である。これには各種がある。たとえば，品質のすぐれた製品（Gutstück）を表彰するものである。

3）　徳永重良編：100，133〔野村正實〕

ⅳ）設備・施設の利用（利用度，停止状態）

これは施設・設備の稼働率が高いほど労働時間が効率的に運用されているという理解のもと，労働時間（−損失時間）内における機械稼働時間の比率が高い場合にプレミア（割増）を支払う取扱である。

ⅴ）生産性指数（Produktivitätskennziffern）

これは単位時間当たりの生産個数を測り，標準を超える場合にプレミアを支払うものである。

プレミア給の組み合せ例（S.273）

品質プレミア（例：3％）	個人別業績割増（例：5％）
生産量プレミア（例：25％）	生産量プレミア（例：25％）
基本給	基本給

② 指数比較の運用

これを，南バーデン地域の基本協約（2003年）17条でみる。

ここでは，業績結果は所定の業績指標にもとづいて業績結果と標準との比較によって確定される。標準は，主につぎの方法で調べられる。

〈指数比較の標準調査〉

1　標準の調査は，使用者が委託した専門家によって行われる。標準はつぎの規定を元に調査され，また具体化される。

2　標準調査のためのデータが把握される状況は，データ調査方法ごとに，検証が保証されるように確定されねばならない。

不可欠なデータは，機械的に把握され加工されうる。データ調査が職場で行われる場合には，従業員代表および関係労働者はその使用目的およびそれぞれのデータ調査方法を通知される。

3　つぎのデータ収集が許される。すなわち，測定，数量計算，計算，評

価，時間等級手続，質問，本人記述。以上の事項に関しては，そのために評価を行うことも許される。

4　業績に関連した標準を確定するために，事業所組織法87条1項11号の範囲内で，事業所内で適用されているデータ収集方法，その形態およびその目的が従業員代表との間で協定される。それは状況に即しており，検証可能で（nachvollziehbar）なければならない。そのさいに事業所内の所与の条件および可能性ならびに経済的な観点が考慮される。

予め時間を確定する制度を合意する場合には，当該協定には協約当事者の同意を必要とする。

5　データ収集にもとづいて標準が変更される場合には，それは使用者から従業員代表に通知される。変更は直ちに効力を有する。従業員代表が4週間以内に苦情を申し立てる場合には，苦情申立はそれが有効とされた時点に遡って効力を有する。

6　標準に関する苦情申立につき事業所協定で手続が定められる。手続の実施につき合意が成立しない場合には，仲裁委員会が拘束力をもって決定する。

つづいて労働協約は，指数確定にあたり考慮される指標を定める。

成績指標の選択は，つぎの指標群にもとづいて行われる。

1　作業工程との関連：たとえば，1個の仕上げに必要な時間，設備稼働率，製造過程所要時間，注文完成に要した時間，プロジェクト所要時間，量。

2　顧客との関係：たとえば，顧客の苦情，顧客満足度，接客，補正作業の削減。

3　生産品との関連：問題解決，アイデア，仕上げ完成度，人間工学。

4　本人との関連：協力，コミュニケーション，指導的行動，能力開発，配置換え頻度（Fluktuationsrate），作業方法，リーダーシップ，多能工性（Einsatz），資源・資金の有効利用，作業における注意度，職場の清潔さ，資格向上研修への参加。

5　資金との関連：操業間隔，共通経費，在庫，支払いの遅れ，資源の節約。

3 小括

 このように金属電機産業や化学産業では体系的業績評価および目標協定とは別の業績評価方法として能率給および指数比較がある。指数比較は従来,能率給が適用されていた者に適用される。その内容は協約地域により異なる。出来高給およびプレミア給が現在もなお用いられている地域もある。
 ここで特徴的なことは,協約で「標準」を測定する方法が明記されていることである。それは労使双方で納得が得られる方法で運用される。特にREFA方式では,専門家,労使団体代表が加わる三者で標準作業時間が計測される方法が長い伝統をもつ。それにより労働密度が規制される。

第4章　事業所協定規定例 (Breisig 2012)

1　序：事業所協定（勤務所協定を含む）の現状 (S.140)

　ブライジッヒは1993～2010年に締結・作成された人事評価に関する127の協定・文書を分析した。人事評価の目的は多様であり，人材育成（Personalentwicklung），協力の改善または賃金支払いにおける区別のためである。

　協定のほとんどは標準的な定めであるが，なかには特殊な制度がある。それは目的および評価の進め方で異なっており，たとえば，部下が匿名で上司を評価するなどの手続きを含む。ただし，本書では，標準的な規定例を分析する。

　図表4-1「協定のタイプ」をみると，事業所協定による定めが標準である。「指針」とは，通常，労使合意のうえで使用者側が定めるものである。また，「協力契約（Kooperationsvertrag）」とは，労働契約とは別に個別の労使間で，作業協力につき約する合意である。

　産業分野別にみると，この調査では公務関係が多く，製造業は少ない（図表4-2）。

　図表4-3「協定締結年」をみると，2006年前後が多く，公務協約が2005年に締結された直後に多いことがわかる。これは今回，公務部門の比重が高いことが影響している。

2　評価目的

(1)　目的の多様性 (S.14)

目的は多様である（Breisig 2005：53ff.）。
a　賃金政策，業績に応じた支給
b　人事計画，人員配置
c　人事決定の根拠付け
d　人事措置の再検討

図表 4-1　協定のタイプ (S. 141.)

規制の種類	一般的制度	特殊な制度
事業所協定	38	21
勤務所協定	18	2
中央事業所協定	12	2
コンツェルン事業所協定	1	5
指針	22	1
議事録	2	
企業別労働協約	1	
協力契約	1	
ハンドブック	1	
合　計	96	31

図表 4-2　産業分野別構成 (S. 141-142)

産業分野	一般的制度	特殊な制度	産業分野	一般的制度	特殊な制度
〈製造業〉	20	8	エネルギー・サービス		2
建設業	1		小売業	3	2
化学産業	6	1	飲食業		1
電機産業		1	不動産・住宅業務 (-wesen)	3	2
食品産業	1		金融業	12	6
石油・ガス産業	2		陸上運輸 (Landverkehr)		2
ゴム・プラスチック製造	1		郵便サービス		1
石炭業	1		通信サービス	3	2
機械製造	5	2	企業関連サービス	9	2
金属製造・加工	2	3	保険業	6	2
製紙業	1		〈公務〉	36	1
出版・印刷業		1	研究開発		1
〈民間サービス業〉	40	22	保健・社会事業	2	
情報加工・ソフトウェア開発	4		公務・行政	34	
			合計	96	31

図表 4-3 協定締結年 (S.143)

締結年	一般的制度	特殊な制度	締結年	一般的制度	特殊な制度
1993年およびそれ以前	9	4	2003年	7	2
1994年	2	1	2004年	7	2
1995年	4		2005年	6	2
1996年	4	1	2006年	12	2
1997年	3	3	2007年	2	3
1998年	3		2008年	6	2
1999年	3	1	2009年	1	
2000年	4		2010年	1	
2001年	2	5	不明	17	2
2002年	3	1	合計	96	31

e 証拠として提供
f 人材育成措置の計画,選考および実施
g 人事指導および促進

　実際には曖昧であったり複数が混ざることがある。なぜならば,いずれの目的でも指標は重なるし,動機付けの意味は常にあるからである。評価者と被評価者の双方に異なる役割理解を求めている。

　評価の目的が一つであることはまれであり,たいていは複数である。たとえば,ある保険会社 106 (2008年締結) によれば,

「定期的な業績評価 (Leistungsbeurteilung) は,以下の目的のために重要である。

・目的に即したコミュニケーション
・効率の向上
・企業業務遂行の管理
・労働者の業績能力の発揮および創造性の促進
・動機付け,弱点および能力の不足する点を本人が認識し,必要な措置を講じて企業目的への個々人の寄与を促すため

・業績に応じた（leistungsorientiert）賃金政策を行うため。」
　また，機械製造業 15 の規定では，「業績評価の目的は，労働者の業績能力を怠りなく体系的に把握し，人材育成，要員計画および業績に公平な（leistungsgerecht）賃金の課題に活用することである。」

　この点で，公務部門は法律規定により利用目的に限定がある，特別な事例である。すなわち，公務では適性，能力（Befähigung）および専門的業績（力量）にもとづいてのみ採用されると定められるが（基本法 33 条 2 項），それは採用のみならず，その後の経歴でも同じである。
　公務では，連邦および州の職階令（Laufbahnverordnung）ならびに評価・昇進指針（Beurteilungs- und Beförderungsrichtlinien）にもとづき，定期的に，また必要な機会に人事評価することにつき一般的な義務がある。とくに官吏については，適性および業績に公平な人事決定および配置（Stellenbesetzung）を確保するものとされている。
　多目的の事例として，「新たな評価制度により市管理局は，現代的で実務的な要請に対応した，人事指導，人材育成および人員配置を支えるための手段を導入し活用する。とくに評価は以下の目的に役立つ。
・専門的な業績，能力および適性の異なった，かつ比較可能な像（Bild）を与える。
・空席に適切な人材を配置するために，人事決定および選考決定に役立つ。
・州官吏法にもとづく昇進決定の基礎となる（ノルトライン・ヴェストファーレン州）。
　また，適性，能力および専門的業績を評価するために役立つ。「公務協約にもとづく賃金決定で停止（Hemmung）または昇進のための決定的な基準である。」
　さらに，金融業 119 では，「上司と労働者の定期的な面談により人材育成の可能性が生まれる。」「それは労働者の潜在能力（Potenziale）ならびに将来の幹部候補としての情報を提供する。」

(2) 目的の限定 (S.18)

このように多目的に利用することにともなう問題はある。そこでこれをより明確に定める事例がある。不動産・住宅会社45「評価の目的は，業績，行動ならびにさらなる能力開発のために必要なことを労働者にフィードバックすること，めざされるべき昇進の手がかりを得ること，専門的指導的資格，行動，社会的能力・チーム労働ならびに対外的な顧客指向に関する，できるだけ現実的な像を得ることである。」

また，公務58「評価は使用者（Dienstherr：所属長）に，職務課題の遂行にとって最善の人事選考を行う可能性を提供する。それは人材配置を定期的に再検討し，困難で責任ある職務にふさわしい人材の名前を挙げることを可能にする。」

このような取扱いは，目的が過剰であるという問題点を克服する試みである。

(3) 特定の目的を明示的に排除

目的をめぐる紛争（Zielkonflikt）を避けるために，いくつかの事業所協定は，とくに賃金決定に利用しないことを明記する。

ガム・食品メーカー12「評価はもっぱらこの目的のために利用し，業績主義的な賃金決定には用いない。」

銀行業47「両当事者は，評価は賃金決定では重要な地位を占めないことを合意する。」

3　制度設計 (S.19)

評価は評価者の主観的評価が入ることを防ぎ得ない。したがって，最大限，それが客観化されることが望まれる。これは長らく議論されてきたことである。そのために説得的な手法が求められる。

(1) 評価の原則

① 客観性というモデル

評価者の主観を最大限除去すべきである。たとえ自然科学的意味での客観性の確保はできないとしても。

保険業60「この勤務所協定の課題は，労働者の評価につき最大限客観的および統一的な手続きを実現することである。勤務所における評価は，担当している職務との関連で労働者の業績（業績状態）および能力（Befähigung）（業績の可能性）につき，できるだけ客観的，事実に即して（sachlich）かつ具体的な記述を得ることを目的とする。評価は事項外の考慮から免れ，偏見から解放されて客観的に行われるときに初めてこの目的を果たすことができる。したがって，上司は評価制度における対応する定めにしたがってその役割を良心的に，かつ，責任をもって遂行しなければならない。」

不動産・住宅会社43「評価制度は，客観的，比較可能，かつ透明でなければならない。それによってのみ被評価者に受け入れられ，指導手段として役に立つ。それゆえに，評価指標は明確であり，誰からも同じように解釈されなければならない。しかしそれは，指標の個々の評価等級が言葉のうえで明確に限定されている場合に可能である。――上司は評価等級を異なってランクづける。そこで評価等級を業績および行動の記述と結びつけることが不可欠である。この記述が指標と等級付けを一層明確にし，あらゆる関係者に対して検証可能な（nachvollziehbar　跡付け可能な）議論を可能にする。」

客観性という理念に対応すべく，評価指標と等級付けは明白，明確かつ比較可能であることが頻繁に合意されている。さらに，しばしば上司の責任感，良心および偏見にとらわれないことが強調されている。「評価の確定にかかわる人事評価の意義に関して，とくに高度の客観性が求められる。同情および反感はいかなる役割も果たしてはならない。評価では厳格で中立的な良心が求められる。」（公務・行政5）「評価には職業にかかわる事実と観察のみが考慮される。」（金融業51）

いくつかの場合には，明らかに誤った評価は管轄の部署に差し戻されている。

② 対話的で事実に即した（sachorientiert）主観性の事例

何人かの論者から，客観性というモデルの問題性および危険性が詳しく論じられている。人の認識は否応なく選択的であり，多様な主観的モデルを通じて色づけされている。その限りでは客観的に評価することは基本的に見込めない。そこで，「評価者の上司は被評価者である部下に対して，私は君をこうみていると事実に即して（sachlich）告げることに努めることがベストだ」という意見がある。それにより，実りあるコミュニケーション的な意見交換が始まることが確保される。

保険業80「評価行為は本人の経験や価値観に左右される主観的なことである。この評価手続によって，評価の主観的な要素が縮小し，評価が統一的で明瞭で，かつ検証可能な指標にもとづいて行われることが可能になる。」

金融業119「被評価者に対する主観的な見方および価値評価は避けがたい。それゆえに評価者には自省が求められるが，研修受講，同僚との意見交換，被評価者との会話によっても意識的に克服されうる。評価期間全体につき注意深く書面に作成された観察，ならびに被評価者へのフィードバックは，評価結果を根拠付けて，最大限の客観化を促す。」

フィードバックがもつ対話的コミュニケーションとしての側面が強調されている。不動産・住宅会社45「評価面談（Beurteilungsgespräch）の目的は，動機付け，改善の可能性を認識させることである。評価面談は評価者と労働者の対話である。評価票（Beurteilungsbogen）は被評価者の意見を含む，詳細な会話のための材料を提供する。評価は肯定的なフィードバック（Rückmeldung）も建設的な批判も含む。」

(2) ほかの人事制度とのつながり（S.26）

人事評価は，ほかの人事制度とリンクする。

① 職務記述（Stellen-/Aufgabe-/Funktions-/Arbeitsplatzbeschreibung：職務記述書）

しばしば職務記述と密接にリンクしている。金融業51「職務記述（Arbeitsbeschreibung）は，労働者の評価に対する前提であり基礎である。」これは

ドイツではジョブ（担当職務）を明示して求人され，それに採用されるという採用手続きとかかわる。

不動産・住宅会社 9「労働者の職務（Tätigkeit）はそれぞれの職務記述を基礎とする。職務記述は評価の尺度である。」

このような密接な関連は，評価指標は職務の課題ならびに要求（Anforderung：要件）にかかわって初めて有意義に理解されることによる。公務 17「職務記述ならびにほかのすべての入手できる書類等（例，日々の仕事上の接触，明文化されているかもしれない（etwaig vorhanden）職務記述；職務で処理されるべき課題への一般的な期待）から，労働者への要求および業績指標の評価に対してそこから生じる結論が導かれる。」

このような一体的な理解がある。情報加工・ソフトウェア開発企業 56「評価は書面による職務記述を前提とする。被評価者には職務記述書の写しが渡され説明される。」

② 要求プロフィル（Anforderungsprofile）

別の構想では，特殊な作業課題が職務に関連した要求プロフィルに記述されている。評価に先立ちまずプロフィルがある。公務 76「最初の評価は，＊＊までに行われる。その前に，職場の直接の上司から，評価される要求指標にもとづく要求プロフィルが作成される。この要求プロフィルは労働者に面談で説明される。」

つぎの抜粋には，要求プロフィルで何が理解されているかが示されている。公務 109「要求プロフィルの指標は人材育成構想（Personalentwicklungskonzeption）のコア・コンピテンシー（Kernkompetenz）および専門権能に対応する。それは現在職務に就いている者のあるべき状態（Soll-Zustand），および現在または将来に当該課題を遂行するために必要な知識，能力および資格を記述する。要求指標は，つぎの要件（Voraussetzungen）を満たさなければならない。

1　要求はすべての関係者に明確でなければならない。
2　要求指標の充足は事実上確定できなければならない。」

このように，要求プロフィルの内容は明確であり確定的であることが特徴

的である。

③　人材育成構想（S.29）

この目標の設定にあたって，評価は事業所内の人材育成と深く結びついている。

公務44「評価制度とリンクした人材育成の制度には，とくにつぎのものが含まれる。

―職務評価（Dienstpostenbewertung）
―協力的な指導スタイルに対する諸原則の展開
―労働者（Beschäftigten）の独立性および自己責任の強化
―職務における人物面での成長（Förderung）
―同僚および上司との面談
―必要に応じて，目標をめざした資格向上訓練（Fortbildung）および専門教育などの職業訓練
―資格向上訓練，行政の専門教育センター（Ausbildungszentrum）およびほかの専門教育施設に通うことを含む，職業的なキャリア展開（Karriere-entwicklung）への編入。」

(3)　評価者：誰か（S.30）

直属の上司が行うのが基本である。その場合，配置転換などで上司が部下を観察する期間が短い場合がある。そこで必要最短期間を半年または1年以上在任していることと定めることがある。

(4)　評価期間：いつ（S.42）

①　定期評価

分析した事業所協定では評価期間はさまざまである。企業で最多は1年または2年ごとである。

試用期間や職種で異なる場合がある。まず試用期間後である。金融業40「新しい職務に就いてから3年間は毎年であり，同様の職務に就いている場合には3年おきである。」

公務では職階令（Laufbahnverordnung）のような法的根拠との関係で，3年ないし4年ごとである。

② 臨時の評価

評価を行う機会は多様である。かなり頻繁に行われる。金融業20「労働者はさらにつぎの場合に評価を行われる。－別部門への配置転換時，課題ないし職務の重大な変更時，上司の交代時，労働者の希望がある場合，人事部の要望がある場合，試用期間終了時，労働関係終了時。」最後の機会は，証明書発行のためである。

(5) 評価対象：何が評価されるか (S.45)

イ）いわゆる指標にもとづくランク付けの手続きには，1990年以後，批判が高まっているが，なお頻繁に行われている。

ここで各指標に照らしてランク付けがされる。公務105「評価の客観性および比較可能性を最大限高めるために，評価票では資料にもとづいて評価指標が使用される。」

どのような評価指標を用いるかにルールはなく，関係当事者の話し合い次第である。したがって，その内容は多様である。つぎに2つの事例を紹介する。

機械製造15「評価指標　1　業績結果：―仕事のレベル（Arbeitsgüte）：質的な有効性に照らした課題遂行
　―担当業務の範囲：量的な有効性に照らした課題遂行
　2　業績行動
　3　業務遂行：経済的コスト意識のある行動による課題遂行
　4　協力：事業所内の協力を通じた課題遂行。」
公務41「評価指標に関する業績および行動指標
　1　職務における業績：仕事量，専門的力量
　2　能力：独立性，自分の作業の準備・手配（Organisation）
　3　主導性
　4　創造力

5　経済的な思考と行動
6　文書で表現する能力および書式にする能力
7　分析的な思考と行動
8　取り組む姿勢（Einsatzbereitschaft）と忍耐力（Belastbarkeit）
9　外部に対して行政を説明し広報すること：サービス指向（Dienstleistungsorientierung），議論および対話能力
10　行政内部での協力：同僚との協力，上司との協力
11　部下指導（部下を有する上司に限る）：目的指向的な指導，協力的な指導
12　動機付け能力（Motivationsfähigkeit）
13　専門分野における情報力と意思疎通
14　管理
15　権限や業務を割り振ること
16　組織化と調整
17　トラブル管理
18　同僚へのサポート・支援。」

ロ）分析した事業所協定には業績および行動にかかわる指標が多くみられた。とくに管理職向けでいえる。化学メーカー16「業績評価は職務にかかわる事業所内の業績に関連する。それは，人格的性格的指標は業績行動で考慮されるとしても重要ではないことを意味する。評価される行動は労働者に責任がある範囲に限られる，すなわち，本人から影響を受けない結果や過程は業績評価（Leistungsbewertung）の対象とはならない。」

公務104「評価は職務上の要求（Anforderung）を基礎に行われる。個々の評価指標は従事している具体的な職務に応じて，求められるところにしたがって定められる。」

強い批判にさらされながらも，業績および行動指標と並んで，人柄指標がなおも，とくに公務部門で用いられている。これはとくに法的根拠による。公務58「評価はその者の一般的精神的素質（allgemeine geistige Veranlagung），性格（Charakter），教育水準（Bildungsstand），作業業績および社

会的行動におよぶ。」

　人柄指標によることは評価の取扱いにあたり重大な問題を引きおこしうる。これは曖昧な概念であり，説明を強く必要とする。信頼，主導性，または企業資源の取扱い（Umgang mit Betriebsmitteln），作業業績のような指標でも同様である。

　比較可能な評価の原則（Grundsatz von vergleichbarer Beurteilung）を維持しようとすれば，この曖昧さは手続き設計者を大きなディレンマに陥れる。この原則からは誰が評価しても類似した評価結果が引き出されなければならない。すなわち，労働者Xにつき，上司A，上司Bおよび上司Cの誰が評価しても類似した評価結果が出るように制度設計されなければならない。このような曖昧さを小さくしようとすれば，協定で評価の指標を定義することも一案である。

　公務44「1　判断力（Urteilsfähigkeit）：ある問題の特定要素を認識し，それを考慮し，妥当な結論を引き出し，見つけた判断をそつなく状況に応じて根拠づける能力
　2　理解力：新しい状況の基本的な内容を直ちに理解する能力
　3　精神的な柔軟性：特定の思考・行動習慣ないし課題分野にとらわれず，異なる要求および条件に適応する能力
　4　忍耐力：時間的制約による負担，変化し，ときには困難な作業状況で生じる苦労に耐えること
　5　アイデアの豊富さ（Einfallsreichtum）：仕事に自分のアイデアを持ち込む
　6　経済的理解力：費用対効果の関係を理解する能力
　7　技術的理解力：技術的な関連を理解し代替的な技術的解決方法を見つけだす能力。」

　ハ）人物性格的な指標をできるだけ客観化すべく，事業所協定のなかでその判断基準を示している事例がある。ゴム・プラスチック・メーカー12
「1　専門知識：どれほどの範囲について労働者は彼の課題の遂行に必要な理論的実務的な専門知識をもっているか。

2 専門知識の活用能力，仕事のレベル：労働者は問題を認識しているか。彼の課題の計画・遂行にあたり専門知識を活用できているか。効率的に仕事するか。
3 理解力：労働者は新しい状況にどう対応しているか。どの程度新しさの内容を理解し分析しているか。重要なこととそうでないことを区別しているか。
4 決定能力：労働者は当面している問題の意味を理解しているか。優先順位は妥当か。提起された問題や異論にどう反応したか。」
企業向けサービス提供企業89「4つの分野で評価される。すなわち，専門性，遂行方法（Methode），社会性および経験である。それぞれの事項につき，詳しくは付属資料に記述される。」

ニ）調査したいくつかの協定には，潜在的な可能性を評価することが含まれる。これははっきりと指標や目標とは異なる発想にもとづく。これは評価が困難で評価者によって結論が異なるので，通常は導入するにしても上司によるのではなく，社内アセスメントセンターなど独自の部署が管轄することが多い。通信サービス業25「総合的評価で，確定された能力および資格にもとづいて，評価のさらなる利用につき提案が行われる。」

公務104「業績評価と並んで，将来的には，職務上の活用に関わって認識された能力・知識に関する確定が強く考慮される。これは将来的な配置につき根拠づけられた考慮を可能にし，人材育成の前提をなす。」

とくに公務分野では，これを一般的な人事評価のなかに組み込んでいることが多い。公務127「潜在的な可能性の評価では，職務範囲で観察され労働者のさらなる勤務および職業上の展開にとって有意義な能力が評価される。その指標は，忍耐力，労務提供の姿勢（Leistungsbereitschaft），動機付け，交渉の巧みさ，柔軟性・精神面での柔軟さ，刷新的な行動，理解力・判断能力，責任意識・責任を引き受ける覚悟，チーム能力，トラブルに気づき解決する能力，戦略的に連携して思考・行動する能力，決断力，貫徹する能力。この潜在的能力の総合的評価は，強い，平均，弱いに分類される。」ただし，この事例で挙げられている指標は，「潜在的」というよりも，実際の能力の指

標ともいえる。

これが公務で多いのには法的根拠があり，判例はそれを支持している。

(6) 評価方法：どのように評価するか （S.56）

① 評価実施のルール

評価者にとって重要なことは，具体的な職務上の要求（Stellenanforderung：職務で求められること）に即して指標を解釈することである。金融業40「労働者の業績および能力にとっての尺度は，あらゆる評価指標で職務上の要求である。」

評価では，各職務で求められることと労働者の現状が比較される（Soll-Ist-Vergleich）。公務67「尺度の問題は，評価の中心点である。評価者は期待されることと現状を比較する。期待は評価の尺度であり，現状は評価されるべき指標に対するものである。」

標準的な職務要求も尺度となりうる。公務53「評価の尺度は，労働契約上の義務の履行にとって不可欠な標準的な要求である。」

いくつかの評価原則は「客観性」という，広く普及している模範をめざしている。公務5「労働者（被用者）の評価は評価期間内における評価者による観察および確定にもとづく。自分の責任における公平な評価の前提は，作業方法の観察および仕事の結果の審査にもとづいて労働者の能力（Befähigung）および業績の全体像を得るために，評価者が被評価者と頻繁に接触をもつことである。」

同様のことが記述されている。公務111「きめ細かく，説得力ある結果をともなう職務上の評価は，業績原理（Leistungsprinzip）をめざした労働者への適用および向上のための適切な根拠として役立つ。評価は，明瞭で理にかない，かつ，本人を傷つけない形でまとめられなければならない。行政内部の業務上の配属にとって重要な本人の長所と短所が明らかにされるものとする。評価では，尺度を過度に引き上げることも，個人的な好感・反感による影響も避けねばならない。好き嫌い評価のような不適切な評価は許されない。そのような評価は秩序だった人材育成を不可能にし，行政および労働者自身を損なう。」

つぎの協定も明確である。企業向けサービス提供企業131「評価は被評価者1人ごとに行われる。評価過程をできるだけ客観的に行うために，権限を有する上司は部下を同じ評価指標にもとづいて評価する。」

② 等級付けの構想

手続きでつぎに重要なのは，伝統的な等級（ランク）付け手続きでは等級の付与である。指標ごとに行われる。調査した規定のほとんどにある。このモデルは学校の成績表（Schulnoten）である。情報加工・ソフトウェア企業118「労働者の業績の評価（Einschätzung）は，評価指標ごとに5段階の等級で行われる。この等級は総合得点で示され，利用される。したがって，数字1はとてもよい評価，数字2は，よい評価，数字3は満足できる（befriedigend）評価，数字4は十分な評価，数字5は欠点のある評価である。」

この場合に等級が数字ではなくアルファベットで表記されることもある。

また，等級が示す水準が言葉で表記されることがある。たとえば，協力という指標につき，「顕著な能力がある」から「協力の姿勢がない」まである。

ゴム・プラスチックメーカー12「10-9（要求をはるかに上回る）：労働者は卓越した業績を示す。この評価等級は例外的である。

8-7（要求を上回る）：労働者は非常に良好な業績を示す。はっきりと平均を上回る。

6-5（要求に完全に応えている）：労働者は当該職務を十分に満たしている。肯定的に評価される。

4-3（期待に留保付きで（bedingt）応える）：労働者は見守られて初めて役割を遂行する。さらなる訓練が必要である。

2-1（要求に沿わない）：労働者にはこの職務は荷が重すぎ，不適切である。この等級は例外的である。」

等級への当てはめにあたり，相当する基準が特に詳細に記述されている場合を示す。ここでは達成度が％で表示される。公務111「〈仕事のレベル〉

120％：仕事は特別に良心的に信頼できるレベルで仕上げられている。仕事をとても注意深く，ほとんどミスなく仕上げている。状況の個別的な事情を

考慮している。仕事を完全に仕上げているだけでなく，さらに特別な方法で自分で考えてこなしている（mitdenken）。

110％：中間

100％：仕事は注意深く良心的に仕上げられている。状況の個別的事情は十分に考慮されている。課題の仕上げにあたりミスは稀である。作業結果は特に訂正なく活用できる。

90％：中間

80％：一部では，外観だけであり，集中をともなわずに作業されている。状況の個別的事情がしばしば十分には考慮されていない。ルーティン的な課題の仕上げでミスが頻繁である。作業には見守りが必要である。」

評価指標として，基準が職務の要求（要件）に対応して定められている。保険業18「等級定義

　A：要求は常に特別に上回って達成されている。
　B：要求はたいてい上回って達成されている。
　C：要求はしばしば上回って達成されている。
　D：要求は完全に満たされている。
　E：要求は大部分が満たされている。
　F：要求はほとんど満たされていない。
　G：要求は満たされていない。」

類似した例として，公務127「評価は以下の6等級で行われる。

1：要求に対応しない（nicht entsprechen）。
2：要求に部分的にだけ対応する。
3：要求に基本的に対応する。
4：要求に完全に対応する。
5：要求を上回る。
6：要求を特別に上回る。
　労働契約上に記載されている労務には，評価値3-4が対応する。」

いくつかの事例では，特に低い評価にあたっては，それを根拠付ける理由を文章で記述することになっている。保険業60「以下の場合には，指標での記入と同時に，言葉で説明される：業績等級が当該指標につき妥当ではないとき。」

③ 総合評価（S.63）

個々の評価指標ごとの評価を合計する総合評価により，労働者1人ひとりをランクづけすることがよく行われる。これは適任者を1人に絞る採用や昇進の人事決定，評価にもとづく賃金・手当の算定では便利である。

通信サービス27「賃金に関わる評価の結果は，点数で表示される。総合的な合計点は人事決定の基礎として役に立ち，文章で根拠づけられる。」

それに対し，人事評価の目的が人材育成やコミュニケーションの促進である場合には総合評価する意義が乏しい。しかし実際には，そのような使用目的時でもそれが活用されている。

④ 配分基準（S.65）

総合得点と関わって，被評価者グループのなかで評価者が下しうる評価の比率が定められていることが多い。学術的な調査によれば，評価者は部下である被評価者をとかく，よりよく評価する傾向があると報告されている。この比率配分は客観性を高める意味で修正的機能をもつ。とくに官吏の職階令（Laufbahnverordnung）に対応する定めがある。

公務126「評価の比較可能性を改善するために，「とてもよい・よい」という高い評価点の配分の基準値（Richtwert）が定められる。比較可能なグループ内で，連邦職階令41条aに対応して評価される労働者（Mitarbeiter）の比率は「とてもよい」は15％，「よい」は35％を超えないものとする。関係者はすべてこの基準値を順守する義務を負う。評価者は比較するグループの被評価者を一覧表（Aufstellung）で業績に見合って順序立てるよう求められる。この一覧表は部外者には公開されず内部用であり，評価手続き終了後には廃棄される。」

石油・ガス製造7「ボーナスおよび業績給を算定するために業績ランキングが行われる。ここでは個々の労働者が他の同僚とのランキング・カテゴリーに分類される。カテゴリーはつぎの4つである。

上位10％—高度である,
次の30％—非常によい。多くの少数派である。
次の50〜60％—よい。多数派をなす。
それ以外の0〜10％—不十分な点がある。少数派である。
このランキング分布は事情により修正されうる。その場合,さらに上位の上司が点検する。」

一部の事業所協定は,このようなランキングづけに批判的であり,行わないこととされている。企業向けサービス提供企業23「評価結果で順守されるべき配分の基準はない。総合評価のような個別評価の累積は行われない。」
卸売企業36「業績等級を分類するような方法で労働者を等級分けすること,監視の圧力を引きおこすことは避けられることとする。」

4 評価手続 (S.68)

調査された事業所協定等では評価過程の各ステージが多かれ少なかれ詳しく記述されている。

(1) 当事者の準備

評価手続方法の構想につき,一部で詳しく記述された規定によれば,具体的な経過が実際に確定された要領にしたがって行われるようプロセスに関連した規定がおかれている。

評価過程は評価者と被評価者の両当事者が集中的に十分な準備をして始められるものとされている。対話的協力的構想（dialogisch-kooperativ Konzept）は,双方が十分に準備することを強く求める。これは必ずしも事業所協定・勤務所協定だけでなく,パンフレット,プロセス記述書,関係する研修資料などにも記述されている。食料品メーカー59「資格向上面談（Qualifizierungsgespräch)（少なくとも年1回）を上司（Führungskraft）および労働者が双方とも注意深く独立して準備することが不可欠である。面談準備のために十分な時間（経験的に1～1.5時間）が提供されるものとする。面談準備のために上司と労働者は資料8に添付されている準備用紙（票）を使用できる。」

いくつかの協定は，評価面談の一定期間内に被評価者には記入済みの評価用紙および関連資料が渡される旨を定める。企業向けサービス企業23「面談日設定とともに労働者には記入済みの評価用紙および面談マニュアルが渡される。」

このことは指標および所定の方法にしたがって自分で評価することに役立つ。上司がすでに記入した評価用紙を渡しておくならば，労働者の側で評価面談へ向けて調整することが可能である。製造業35「上司による労働者に対する面談の約束は遅くとも面談の1週間前までに行われる。同時に労働者には面談準備のために記入済みの評価用紙の写しが渡される。」

情報加工・ソフトウェアサービス企業56「評価の準備は労働時間内に行われうる。」

(2) 評価の実施（S.70）

評価実施のために協定は広範なプロセス（過程）規定をおく。この点について興味深いのは，評価面談の前に評価はすでに確定しているか，それとも面談を通じて双方によって行われるかである。

① プロセス規定

評価過程の展開に関する規定は，その内容および詳しさでかなり異なる。いくつかの例は簡単な記述である。建設業13「評価ののちに面談が行われ，面談では労働者が希望すれば従業員代表委員が同席する。面談では上司による評価の報告と労働者による自己評価が話し合われ，正当な場合には評価は訂正される。」

評価はたとえば3つの段階で行われる。第1に，労働者が職務への具体的な要求（職務記述書）をもとに評価指標につき自己評価をする。第2に，行

動,業績,コンピテンシー(Kompetenz:専門知識・学識経験に裏付けられた能力)[1]などにつき評価する。第3に,総合的な結果を確定する。

比較的複雑で,複数の評価者が組み込まれて客観化される過程は,公務で,特に官吏について,よく見られる。一部では,事前面談または原案面談(Entwurfsgespäch)が行われている。また,指標に照らした評価(体系的業績評価)ではなく,目標に照らした達成度評価(目標協定=目標管理)が行われる場合には,それに対応した手続きになる。

② 前もって確定している評価 (S.71)

以下の問題は制度の方向性に根底から影響を及ぼす。評価は上司によって決められるのが古典的ヒエラルヒー的な構想である。それに対し,あたかも共同作業のように,面談ののちに評価が確定される事例もある。前者は,とくに公務で支配的である。公務53「評価者の評価結果は確定的である。」

不動産・住宅企業9「労働者は部門長によって評価される。評価は原則として面談で労働者に説明され,個々の点につき相互に意見交換される。」

もっとも,このような事例でも面談の結果,評価者が評価を変える場合には事後に訂正されることが否定されているわけではない。

③ 対話で評価が決まる

全体としては確かに評価者自身が決定し,被評価者は決定からは埒外におかれる。しかし,「協力的な指導(kooperative Führung)」という考え方から,上司が評価案を示し,労働者が指標ないし目標に照らした本人の自己評価を用意して,それらを素材に意見交換・面談することがある。卸売業36「評価は評価者と被評価者の面談を通じて行われる。」企業向けサービス企業128「評価は評価面談で行われる。評価票は面談で双方から作成される。」

総じてこのような方法は一部にとどまる。だが,客観性を高める方法とし

---

[1] コンピテンシー(能力)とは,単なる知識や技能だけでなく,技能や態度を含む様々な心理的・社会的なリソースを活用して,特定の文脈のなかで複雑な要求(課題)に対応することができる力とされる(OECD=PISAの用語説明)。「成果を生む望ましい行動特性,特定の業務・役割において高い業績をあげる行動特性」ともいわれる。

て理解が深まっている。

(3) 上位での評価調整 (S.73)

これはよく行われている。これにより評価が同じ基準で行われる。だが，部門を異にする労働者を評価できるのか，常に疑問はだされている。

問題点として，第1に，2次評価者（Vor-Vorgesetzte）は被評価者について詳しく知らず，果たして正確な評価ができるか怪しい。第2に，修正した評価結果を被評価者にフィードバック（Feedback）することができない。これでは評価面談の意義が著しく低下する。

調査した協定のなかでもこの調整には様々なヴァリエーションがある。一方で単純なタイプでは，第2次評価者が内容的に修正するものである。公務で多い。

他方で，複雑な調整手続では，人事課が間にはいって，上位組織が管轄外の労働者を評価（Quervergleich）する。

さらに手の込んだ方法として，評価委員会（Beurteilugnskommission）を設置する例がある。公務55「評価委員会は議長により召集され，適時に定期評価を開始する。評価委員会によって統一的な評価尺度の維持が確保される。人事担当者（Personalreferat）は得点分布ならびに促進・適用のアドバイスが行われる比較グループに対する匿名の概要を作成する。概要を作成するために人事担当者には評価者から密封封筒で評価原案が渡される。人事担当の長は評価委員会の会議に発言権をもって出席する。」

似た例として，評価会議（Beurteilungskonferenz）が召集される例がある。化学企業72「客観性を高度に確保するために，各評価（Bewertung）は評価会議で調整される。」

(4) 評価面談・従業員面談 (S.75)

1990年以後の評価制度で注目すべき変化は，評価者と被評価者の間の評価面談ないし従業員面談（Mitarbeitergespräch　労働者面談）が確実に増えていることである。そのさいにしばしば対話的な性格が強調される。評価用紙に該当事項を記入するのではなく，信頼にもとづく面談が中心にある。こう

した1990年代以降の変化は，労働者の能力開発を重視し，高付加価値の産業分野でドイツの競争力を強めるというハイロード戦略と関係するかもしれない。

不動産・住宅企業45「上司と労働者の間の対話は最も重要な指導手段であり実りある協力の基礎である。それゆえに評価面談には特別な意義がある。」

金融業40「評価面談は評価制度の中心的な部分である。面談は評価者と労働者の間の協力的な対話である。」

金融業119「評価面談のために十分な時間が充てられ混乱なく行われるために注意が払われる。面談時間を所定勤務時間内にとれない場合には勤務時間外に行い，それは4週間以内に代休（Freizeit）によって補償される。評価面談の基礎は，以下の点である。
・労働者に割り当てられている課題，労働者に適用される職務記述書（Stellenbeschreibung），それに対応する職務・要求プロフィル
・過去の面談による特別な申し合わせ
・知識および能力に関する要求
・定められた目標との調整ならびに行動および業績に関する将来的な期待。」

面談における労働者の立場を強めるためには，労働者の要望があれば面談に従業員代表・公務員代表委員の同席を認めることが明記されることが重要である。公務70「労働者の要望があれば，公務員代表，重度障害者代表ならびに平等取扱委員（Gleichstellungsbeauftragte　平等取扱世話人）が説明に参加し，評価を閲覧することができる。」

(5) 措置の誘導 (S.77)

人事評価は，それ自体が目的ではなく，何らかの人事措置と結びついている。その目的には業績に応じた支払以外の事項も含まれる。以下に，規定にみられる目的や措置を紹介する。

① 人材育成

労働者側からみて，能力開発や人材育成のための措置が誘導されることは

特別に重要である。調査した協定等には，それに関して記述されている。ここで労働者が自分の弱点や欠陥を認識し，それを克服するための研修計画を組むこと，自分の長所をさらに伸ばす計画を組むことはキャリア展開にとって重要である。いくつかの規定はそれを上司の義務として定める。特に銀行業で重視されている。これは上位ポストの欠員補充に応募する上位資格者を増やすことになる。

通信サービス27「評価者は，必要とあれば担当する部署と相談のうえで，人材育成のための具体的な措置を評価のなかで示さなければならない。」

別の例では，措置を講じることは双方の義務であるとされている。労働者の育成計画は積極的に組み込まれている。情報加工・ソフトウェア開発30「上司と労働者は共同して労働者の育成計画を定める。労働者はいかなるキャリア目標をめざしたいかを明確にしなければならない。労働者の業績と彼のキャリア目標に応じて，それを達成すべき道が示されるものとする。」ここでは労働者は自分のキャリア計画をもつことが強く求められている。従業員代表は事業所協定のなかでそれを明示して，労働者を後押ししている。従業員代表に関する事業所組織法改正（2001年）はそれを促進している（藤内2009：154）。

人事指導のためには評価で明らかになった弱点を克服することも重要である。公務67「評価から弱点が明らかになった労働者は，現在の財政法上で可能な範囲内で，対応する研修・資格向上企画への参加を優先的に考慮される。」

食料品メーカー59「次期の評価期間内に，一方で労働者側は関係する合意（協定）を履行することが課題であり，他方で上司の課題は労働者による合意履行を補佐し対応する行動を支えることである。」

② それ以外の措置の誘導

通信サービス25「確定された能力および資格にもとづいて総合結果で評価をさらに活用する提案が行われる。評価は人員募集にあたって適性判断のためにも使用される。」

公務107「評価は，欠員補充手続きの範囲内で選考面談に招かれる可能性を開く。」すなわち，昇進の可能性を拡げる。

公務121「労働者内の比較は，客観的な選考の目標設定に対応して人事的措置（採用，昇進，上位ポストへの配置換え）の準備のために役立てられる。」

いくつかの制度では当事者間の目標協定がベースになっている。情報加工・ソフトウェア開発30「上司と労働者は共同して「将来の目標」を決める。そのさいに目標のみならず，それにもとづいて次期の目標設定の範囲内で目標達成度が審査されるような指標も確定される。目標設定にあたっては，評価者がその目標をどのように重視しているか，業績指標との関連で評価者がそれをどのように評価するかが明確になるようにする。」

食料品メーカー59「上司は，場合によっては本人と合意して，労働者の作業状況改善のための措置を誘導しなければならない。」

③ **評価者にとって不利な結果の取扱い（制裁）**（S.80）

組合側や従業員代表側からは，評価により労働者に不利な処遇が行われるのではないかという懸念が表明される。「労働者に不利な評価により不本意な配置転換や，場合によっては水準の低さを理由に解雇されるのではないか。」このような懸念や議論は一貫してある。そこで，制裁には利用されないという取扱いが明記されることがある。建設業13「評価は制裁のための手段ではない。職業上の欠点は職業訓練・資格向上訓練の措置によって補われうる。評価資料は部内でのみ利用される。経営上の理由による解雇は法的に許容された方法でのみ行われる。」

なかには，評価が低い労働者にとっては脅しとも受け取られるような定めの例もある。食料品メーカー59「この評価は，業績観点で妥当な職務ではない労働者にも行われる。そのような労働者には，適切な職位（Position）が探されるか，またはあらゆる状況を考慮して離職することも検討される。」

むすびに

以上，本章ではブライジッヒの事業所協定等の分析を紹介した。そこから一定のルールが定められていることがわかる。これらは事業所協定の規定で

あるから，従業員代表または公務員代表の同意を経て作成されたものである。その意味では労働者側の意見が反映されたものであり，日本の就業規則のように使用者側が単独で作成したものとは対照的に異なる。同時に，事業所レベルでは，使用者と従業員代表・公務員代表が独自に定めることからバラエティがあることもわかる。

第5章　民間企業での実際

1　金属電機産業

(1)　賃金制度（久本・竹内, 高橋 2001, 高橋 2006, 久本 1999, 藤内 2005b）

人事評価制度の説明に先立ち，その前提となる賃金制度をまず説明する。

①　賃金基本協約（賃金枠組み協定（Entgeltrahmenabkommen＝ERA））の特徴

バーデン・ヴュルテンベルク地域を例にとると，つぎの通りである。

イ）賃金は3つの構成要素（基本賃金，業績給，負担手当）から成る（下図参照）。業績給は基本賃金のうち15％に相当するよう定められている。うち負担手当は，現業労働者に特有な事情を考慮したもので，現業労働者に対してのみ支給され，標準基本賃金の7％を上限とする。

負担手当
業績給
基本賃金

ロ）基本賃金は，職員（Angestellte：ホワイトカラー）および現業労働者（Arbeiter, gewerbliche Beschäftigte：ブルーカラー，工員）に共通で，職務評価にもとづいて等級に分類される。その基本的な指標は，知識と能力（職業教育，専門教育と経験），判断，行為の裁量，責任，コミュニケーション，部下の指導の5つである（藤内 2005b：80-87）。これは総合的ではなく，分析的な職務評価である。職務評価記述の詳しさは産業により大きく異なるが，これは詳しいほうである。ここで職業経験も考慮される。協約は枠組みにとどまり，事業所当事者に対する，いわゆる開放条項（オープン条項）を含んでいる。

事業所内の各職務は，使用者と従業員代表が指名する委員から構成される

格付けのための労使同数委員会(または使用者と従業員代表の事業所当事者間)で,職務評価にもとづき格付けされる。企業内では,この同数委員会の同意をえて,協約上の水準例示を考慮して,事業所内の補充的な例示を定めることができる。格付け手続は使用者主導で行われる。すなわち,まず使用者が同数委員会に,決定の準備のために必要な資料を渡し,仮の格付けを通知する。この原案につき,同数委員会でその是非を検討する。

適用される事業所数は1万1000以上で,自動車,電機,金属機械,IT産業,造船業など多様であり,労働者の担当職務(ジョブ)も多様であり,協約で詳しく定めることは不可能である。この協約関連文書の一つとして,約140の代表的職務がいずれの賃金等級に格付けされるかにつき,指標ごとの点数付けと合計得点(等級)の例示集が出されている。これ参考にしながら,事業所レベルで使用者と従業員代表は「具体的な＊＊の職務はいずれに格付けされるか」を協議・決定することになる。

② **工職一本化**

金属(金属電機)産業の賃金制度は従来,工職(現業労働者と職員)別であったが,2002年に金属産業労働組合(IGメタル,以下,金属労組ともいう)と金属産業使用者団体が合意して,抜本的協約改定により賃金表が一本化された。この変更の背景は,工職の仕事内容が共通化してきたことである。現業労働者では力仕事が減り,職員の構成比率が高まり,作業組織が変化するなか,職員のなかにも単純業務が増えてきた。

労働密度の上昇も関係する。労働市場・職業研究所(IAB)調査でも,半数の労働者が作業期限および業績圧力が強まった。そのうち18%は「いつも」,20%は「頻繁に」強まったと回答している。その背景は,

ⅰ) 従来から行われているコンピュータを用いた業績管理
ⅱ) 時間および期限の標準
ⅲ) 作業組織:継続的な作業改善により恒常的に時間標準が短縮されている。
ⅳ) 制度的な人事測定等,である。

このような職員の事情変化は,金属電機産業に限ったことではない。賃金

の工職一本化の取扱いは化学産業などほかの産業分野でも広くみられる。

(2) 業績給－業績評価

ドイツにおける人事管理の重要な教義として，「賃金の一部は個々人の業績および企業収益により左右されるべきである」。これは1990年代以降，「管理の流行」になった。このような時代の流れから労働組合も完全には逃れることはできない。とくに金属産業では，現業労働者に対して出来高給およびプレミア給（割増給）という能率給が，労働協約にもとづいて長らく支給されてきたという事情がある。

それゆえに，金属産業で業績給（成績給）が支給されるのは新規なことではない。もっとも，職員の一部にとっては初めてのことである。製造部門の現業労働者では普及していることである。

① 背景・経緯

金属産業では業績給が1960年代に労働協約で導入された。それに先駆けて一部の事業所で使用者主導で，組合の反対にもかかわらず従業員代表の同意を得て導入が進む。その一定の普及とともに，使用者団体が協約レベルで「業績手当の形態であれば賃上げを認めてもいい」と提案，労働者の多くはこの形態でも上乗せ支給を希望する，その結果，労働組合が応じたという経緯がある。というのも，それが一定程度普及した時点で，組合は「すべてを事業所レベルの自由な交渉に委ねるよりも，一定の枠を協約で定める必要がある」として，次善の策として協約で導入し規制するようになる。協約規制がないままだと，従業員代表の力が弱い事業所では使用者主導で不公正な業績給・業績評価制度が導入されることがある。すなわち，組合は組合による規制を及ぼすために後追い的に協約で業績給制度を導入した（緒方桂子：131-132）。したがって，業績給導入の目的理解は労使双方で一致しているわけではない[1]。

基本給に占める業績給の比率は，かつては現業労働者で13～16％，職員で

---

[1] ここで組合側に「職務給にともなう不満を解消する，すなわち，個人間の公正を確保する」という位置づけがあったか否かはわからない。

4〜6％の工職別であった。だが，賃金制度の工職一本化により業績給の比率も統一され，職員に対する業績給の比重がはっきりと高まり，すべての協約地域で現業労働者と職員に対して平均業績給の比率も同じ扱いになった。数字は協約地域により異なるが，6％，10％または15％（例：バーデン・ヴュルテンベルク）であり，10％が最多である。例：「時間賃金の労働者の業績給は少なくとも協約基本給の10％に達しなければならない。」（テューリンゲン8条）

② **業績評価方法**（Ehlscheid et al：225；JILPT2013：96）
イ）タイプ

業績給は業績評価にもとづいて決定される。評価方法は協約地域により異なるが，バーデン・ヴュルテンベルクでは，体系的業績評価（業績評価），目標達成度評価（目標協定）および指数比較の3つのうちのいずれか，またはその組み合わせを事業所当事者が選ぶ。業績評価の評価指標および基準は協約で定められている。事業所内に具体化するさいに，使用者は従業員代表の同意を必要とする（事業所組織法94条2項）。指数比較は，標準業績と個人の業績結果の比較によって行われる。そこでは，「標準作業量」ないし「標準」の決定が重要な意義を有する。このうち目標達成度評価は比較的新しいものであり，目標合意に対する目標達成の度合いによって行われる。

協約改定後の業績評価方法のタイプをみると，図表5-1「業績評価方法のタイプ」のとおりである。能率賃金受給者は減りつつも少なからずあり，今後も残ることになる（図表5-2，5-3参照）。

業績評価の確定に関する紛争に備えて，苦情申立や関連する手続きが定められている。業績評価結果は，本人に対して開示されると同時に，従業員代表に対しても資料が交付される。

新協約では，事業所当事者に具体化や選択を委ねる定めが多い。これは，職員と現業労働者の賃金が一本化されたことにより，従来以上に多様な職務を統一的な格付け基準で処理することが容易ではないことによる。

ここで，賃金決定にあたり従業員代表と使用者が共同決定する事項を整理すると，つぎのようになる。すなわち，職務等級格付け，業績評価方法の選

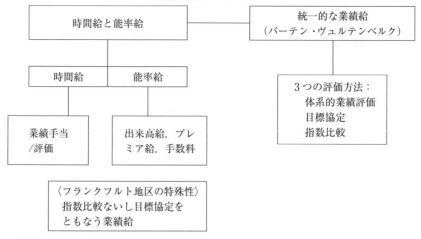

図表 5-1　業績評価方法のタイプ（金属電機産業）

出所：Ehlscheid et al, S. 206

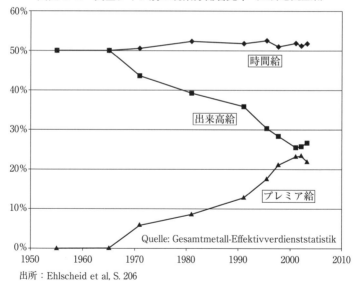

図表 5-2　賃金タイプ別の現業労働者比率（金属電機産業）

出所：Ehlscheid et al, S. 206

図表5-3 賃金タイプ別の労働者比率（金属電機産業）

年	時間給	出来高給	プレミア給	時間給	出来高給ないしプレミア給	目標協定／目標賃金
			新州（旧東ドイツ地域）			
1992	60.5	13.3	26.2			
1994	62.3	10.7	27.0			
1996	60.7	11.2	28.1			
1998	49.0	10.7	40.3			
2000	46.4	6.7	46.9			
2005	46.0	7.2	46.8			
2006	46.1	3.5	50.4			
2008				68.9	29.9	1.5
2009				71.8	27.9	0.3
2010				68.7	31.1	0.3
2011				72.8	26.4	0.8
2012				77.3	22.5	0.2
2013				75.0	24.8	0.2
			連邦全体			
2000	50.8	26.2	23.0			
2005	51.1	22.9	26.0			
2006	53.7	23.2	23.1			
2008				72.1	27.0	0.9
2009				72.8	26.7	0.5
2010				72.7	26.9	0.5
2011				73.1	26.3	0.5
2012				74.4	24.1	1.5
2013				78.6	20.9	0.5

出所：金属産業・使用者団体より入手

択，業績評価の間隔を決めること，標準に関する苦情申立の手続を定めること，必要とあれば事業所レベル独自の業績指標を決定すること，指数比較型ではさらに業績と業績給の関係を定めること等である。

ロ）評価手続など（Ehlscheid et al : 229）

以下の点では，協約は全国で共通している。

・業績の評価ないし確定は通常，使用者またはその代理により行われる。
・従業員代表および労働者は一定期間内に評価に対して異議申立をなしう

る。

・紛争時には協約規定にもとづく事項はたいていは対等な委員会で取り扱われる。

また，業績給算定の前提となる業績評価につき，何らかの事情で使用者側が業績評価を行わない場合には，少なくとも平均的な業績給が支給される旨を協約で定める例がある（ヘッセン地域協約8条5）。

もし事業所で従業員代表がない場合には，金属協約にしたがって使用者が単独で業績評価実施要領を定めることになる。

ハ）算定単位

業績給で平均を算定する労働者の単位として，事業所全体ではなく，賃金等級別労働者グループごとに割り出す方法がいくつかの協約地域でみられる。これは，事業所全体の平均で割り出す場合に，使用者側が高い格付けの労働者に平均を上回る業績評価をし，低い格付けの労働者に平均を下回る業績評価をする傾向（ヒエラルヒー効果）があったのを修正する狙いである。例：「業績給の総額は少なくとも基本給総額の10％に達しなければならない。そのさいに賃金グループ2-4, 4-9および10-13の各グループで達成される。」（ニーダーザクセン，7条5）この点で，ノルトライン・ヴェストファーレン地域協約ではもっと徹底していて，賃金等級ごとに平均してその数値になるように算定されている（協約10条10）。これは組合側の主張を反映したものである。

③ **評価方法の利用状況**（Ohl et al：196（IGM 2011：19））

これを金属産業労組が2011年に9つの協約地域につき調査した（図表5-4）。3つの業績評価タイプ分岐の背景は，労働者の構成で，能率給の適用に馴染むような職種の労働者の比率がかかわる。

これをみると，体系的業績評価の方法が圧倒的多数で採用されていること，協約が予定していないプレミア給および出来高給（アコード給）がまだ残っていることがわかる。プレミア給および出来高給はいずれ指標比較に移行することが予想される。

金属電機産業で目標協定の利用は低い。その一因は，目標達成度は検証さ

図表 5-4　業績評価方法の利用状況（金属電機産業，2011 年，%）

	BW	B	BBS	中間地域	沿岸部	Nds	NRW	ザクセンアンハルト	テューリンゲン
体系的業績評価	83.7	85.6	84.4	80.7	55.3	77.0	80.0	57.9	67.3
指数比較	5.3			16.9				35.3	11.8
プレミア給		7.7	11.2		22.5	21.3	14.1		
出来高給		6.7	0.4		9.8	1.6	4.8		
目標協定	0.8			2.4	12.4		1.1	6.8	
組み合せ	10.1		4.0						

備考：BW：バーデン・ヴュルテンベルク，B：バイエルン，BBS：ベルリン・ブランデンブルク，沿岸部：ブレーメンとその北部，Nds：ニーダーザクセン，NRW：ノルトライン・ヴェストファーレン

れなければならない旨を協約が明記しており，目標協定の利用にはそれが可能な場合に限られるという事情があろう。公務協約では，このような厳しい条件はない。

これをバーデン・ヴュルテンベルク地域につき，部門ごとにみると，機械製造および自動車製造で指数比較が1割近くて利用が多い（IGM 2011：33）。

④　職員における業績評価の困難さ（Kratzer/ Nies：33）

職員に対する業績給の根本的な問題は，職員の仕事は通常，現業労働者と同じようには仕事ぶりを数値で計測することが難しいことである。職員の業績評価では測定が特に困難である。それだけコントロールされやすい。業績評価では具体的に見えるようにしなければならないが，実際には透明性に欠ける。それゆえ，かつて金属電機産業で業績手当があったときでも，現業労働者における手当の比率に比べて職員の手当が賃金に占める比率は低かった。業績の客観的評価はかなり困難で，仮に可能であるとしても，事業所協定ないし従業員代表を通じて業績規制をする可能性は限られている。

(3)　体系的業績評価

これは共通した指標にもとづいて労働者を業績評価するものである。単に「業績評価」ともいう。2002 年以後の協約改定により大幅に変更された。ここで賃金が工職一本化された背景は，工職で仕事内容，仕事の進め方に共通

図表 5-5 協約地域別人事評価対象者

協約地域	1	2	3	4	5	6	7	8	9	10	11	12	13	14	15	16	17	18	19	20	21
現業労働者			○	○				○	○	○	○		○	○	○	○			○	○	
職員					○			○	○	○	○		○		○	○			○	○	

備考：1；Schleswig-Holstein, 2；Mechlenburg-Vorpommern, 3；Hamburg, 4；Bremen,
　　5；Nordwest.Niedersachsen, 6；Niedersachsen, 7；Osnabrück, 8；Nordrhein-Westfahren,
　　9；Hessen, 10；Rheinland-Rheinhessen, 11；Pfalz, 12；Saarland, 13；Bayern,
　　14；Nordwürttemburg-Nordbaden, 15；Sudwürttemburg-Hohenzollern, 16；Südbaden, 17；Berlin, 18；Berlin-Brandenburg, 19；Thüringen, 20；Sachsen, 21；Sachsen-Anhalt
出所：大塚忠 2008：68

点が増えてきたことであるから，評価指標にも共通点が増えてきたといえる。そこで 2002 年の以前と以後に分けて，評価指標を中心に紹介する（個別事例は，藤内 2016b）。

① **2002 年以前の協約規定例**（緒方桂子：133）

以前は現業労働者と職員の賃金表および職務評価は別々であった。したがって，賃金の一部である業績給に関しても，その比率等は工職別々であった。業績給の比重は現業労働者（時間給）と職員では異なって定められる。前者では基本給の 13〜16％であり，後者では同 4〜10％である。協約地域により，業績給の比重および実施手続きは異なる。

まず金属労組付属の応用労働科学研究所（Institut für angewandte Arbeitswissenschaft IfaA）が 1990 年代半ばに調査した，金属電機産業における地域別協約の現業労働者および職員に対する業績給（成績手当）および人事評価の実施状況調査を紹介する（図表 5-5）。これをみると協約地域により業績給支給の有無がかなり異なることがわかる。現業労働者および職員の評価指標をみると，「労働成果」の比重が高いが，指標および比重の置き方が協約地域により異なることがわかる（図表 5-6，5-7）。

図表 5-6　現業労働者の査定項目別ウェート

(%)

査定基準	労働成果	作業実行	作業配慮	労働投入	協働	作業安全
(3)	36	24	22	18		
(4)	36	24	22	18		
(8)	25	25	25	25		
(13)	28	28	16	16	12	
(14)	30	30	15	15		10
(16)	30	30	15	15		10
(20)	28	28	16	16	12	
(9)	40	20	20	20		
(10)	40	20	20	20		
(11)	40	20	20	20		
(19)	40	20	20	20		

備考：カッコつき番号は各協約地域を指す。
出所：大塚忠 2008：69

図表 5-7　職員の査定項目別ウェート

(%)

査定項目	労働成果	作業実行	作業配慮	労働投入	協働	知識の使用	多作業行動
〔5〕	25	25		25	25		
〔8〕				25	25	25	25
〔13〕	28	28	16	16	12		
〔15〕	28.6	28.6		14.3	14.3	14.3	
〔16〕	28.6	28.6		14.3	14.3	14.3	
〔20〕	28	28	16	16	12		

備考：カッコ内番号は各協約地域を指す。
出所：大塚忠 2008：69

A. 現業労働者

イ）南バーデン地域（久本 1999：27，藤内 2005：98-100）

a 労働の量（3点）：集中度，効果および作業方法

b 労働の質（3点）：作業規程の順守，苦情の範囲および頻度，後片づけ，不良品（Ausschuß），指導的能力。なお，事業所内における現在の作業水準が考慮される。

c 作業配慮（1.5点）：設備・備品（作業用具，設備，機械，器具）および材料の取扱い，原料，補助用具およびエネルギーの使用。

d 多能工性（Arbeitseinsatz）（1.5点）：通常の作業課題以外の業務を担当

できる。
　e　作業の安全性（1点）：規程や補足的な安全規則に注意すること。

ロ）沿岸部地域（ブレーメンなど）
評価項目：4項目，それぞれにつき7ランクで評価する。
　a　作業実績（36点）：作業任務の種類，範囲に照らして実際の労務提供が行われたか
　b　作業遂行（24点）：指示された品質を確保し，作業方法および製造規定を順守した製品の提供
　c　仕事ぶり（18点）：独立性，信頼性，必要な指導，監督
　d　作業中の注意力（22点）：機械・設備・工具などを適切に取り扱うこと，材料・エネルギーを節約して使用すること，安全規定の順守

　以上2例をみると，分析的業績評価でも評価指標は協約地域によりやや異なること，標準的指標では作業量，作業の質，多能工性，作業での注意深さが中心に位置づけられていること，いずれも協約はモデルを示すにとどまり事業所がこれと異なる評価指標を採用することを認めること（開放条項），評価手続は協約で定められ，従業員代表の共同決定権が及ぶことが確認されていること，分析的業績評価が主であるが，なかには総合的業績評価を許容する協約例があることがわかる。各地域の協約の定めはかなり共通している。

B.　職員
イ）ノルトライン・ヴェストファーレン地域の指標（藤内1996：186-188）
　a　専門知識の活用：注意深さ，正確さ，信頼性
　b　労務提供（Arbeitseinsatz）：集中度，能率，独立性，コスト意識
　c　異なった作業状況にさいしての作業態度：全体的見通し，迅速な対応，優先順位の設定
　d　協力：情報交換，説得力，抱えている課題を共同で解決するための協力

ロ）南バーデン地域（藤内2005：96-98）

図表 5-8 バイエルン地域協約（分析的業績評価）

評価指標	評価すべき例示	評 価 等 級				
		A：業績は不十分である	B：業績は全般的に要求を満たしている	C：業績は完全に要求を満たしている	D：業績は要求をかなり上回っている	E：業績は要求をはるかに上回っている
1 労働の量	作業結果の範囲，作業の集中，時間の利用	0	7	14	21	28
2 労働の質	欠陥の比率，品質	0	7	14	21	28
3 作業遂行・配置	リード，負担に耐えること，幅の広さ	0	4	8	12	16
4 作業の注意深さ	作業材料・機具の消費，取扱い－信頼，合理的でコストを意識した行動	0	4	8	12	16
5 職場での協力	作業課題を共同で遂行すること，情報の共有	0	3	6	9	12

注：これは 2002 年以前から同じものが使用されている。
出所：Ehlscheid et al.：228

　指標は，知識の活用・思考の早さ（8点），作業態度（8点），仕事量（16点），仕事の質（16点），協力および個人的な働きかけ（8点）の5指標による。

　以上2例をみると，労働の質・量のほかに，知識の活用，作業態度および協力が重要であることがわかる。

② **2003 年以後の協約・協定規定例**
　A．工職共通規制の例
　イ）バイエルン地域協約（分析的業績評価）を図表 5-8 に示す。
　ロ）南バーデン地域（2003 年）

第 5 章　民間企業での実際　113

協約は評価指標サンプルを定める。

協約にもとづく業績評価手続
　以下の業績評価指標1から5は原則として労働者全員に適用され（総合得点28が上限），指標6は役職者にのみ適用される（総合得点32）。評価にあたっては，指標は労働者の作業課題に即して適用される。例示されている指標は確定的なものではない。5段階評価である。

　指標1　効率性（計8点）　例：効果のある作業遂行，合理的な作業遂行，期日が順守されている

　指標2　仕事の質（8点）　例：課題を注意深く遂行している，ミスや欠陥の頻度，約束や申し合わせの順守，アイデアの多様性

　指標3　柔軟性（4点）　例：担当課題が変更された場合の仕事ぶり，作業環境が変化した場合の仕事ぶり

　指標4　責任ある行動（4点）　例：目標追求の姿勢，原材料の扱い方，独立性，責任を引き受ける姿勢，職場を清潔に保っているか，安全衛生や健康に気を配っているか

　指標5　協力（4点）　例：作業課題を共同で遂行する場合の協力，担当課題を遂行するさいの他の部署との協力，課題遂行の必要な情報と経験を同僚に伝達しているか

　指標6　指導的行動（4点）　例：権限を下部に委譲しているか，部下が職場のなかに溶け込むように配慮しているか，部下に対する動機づけ，部下の人材育成に努めているか，部下に必要な情報を提供しているか

　ハ）ジーメンス社（本社：バイエルン）の評価指標
　　a　効率性：量，期限順守の作業結果，時間との関わり，合理的な遂行，優先順位の妥当さ
　　b　質：注意深い課題遂行，ミスや欠陥の頻度，約束の順守
　　c　本人の取組み（Einsatz）：異なる作業構造および組織構造での仕事，率先，責任の引き受け，アイデアや刺激の提案・活用，安全規定・保

健規定の順守
- d 方法的 (methodisch) 作業：分析し決定する能力，コスト意識，横断的な思考と行動，顧客指向
- e 協力：チーム行動，コミュニケーション行動，紛争解決能力，情報交換，指導的行動，同僚を援助する姿勢

ニ) ジック社 (事業所：ヴァルトキルヒ＝フライブルク郊外) の評価指標
1 専門的な能力
- a 専門的知識：格付けされている協約上の要求に対応する。
- b 知識の実用性：労働者の地位に対応する職務をたいていは独力で満足できる程度に遂行できること。
- c 知識の活用：常時，自分の担当を問題なく処理することであり，同僚の援助はわずかで済むこと。
- d 担当を超える知識：自分の担当分野ではない職務にある同僚を援助できる状態にあること。

2 作業方法
- a 作業遂行：その者に与えられている課題を効率的に，すなわち，さほど滞ることなく日課のなかで処理できること。
- b 構想に関する能力：現在の構想に従って自分の課題を処理し，かつ，多様な課題の解決のために新しい発想を持ち込むことに役立てる状態にあること。
- c 決定行動：決定に必要な事実を知っている限り，しばらく考えれば，いつでも決定することができること。
- d ポイントを心得ている：その課題分野が何に依存しているかを知り，自分の担当のなかで個人的な可能性を探ることを試みること。
- e 安全性および生産現場における事故防止：職場における安全性確保を考え，規程を順守することに努めること。
- f 情報保護：人事情報ならびに取引先ないし顧客の情報を第三者に漏らすことなく扱い，保管すること。個人関連情報の消去にあたり連邦情報保護法および事業所組織法87条1項6号の諸原則を考慮すること。

3 社会的な態度
  a 協力：（ⅰ）情報をできるだけ速やかに回すこと，（ⅱ）自分の経験や知識を，必要な場合には自ら提供すること，（ⅲ）自分の担当をさほど疎かにすることなく，同僚を手助けすること，（ⅳ）同僚の提案やアドバイスが有意義な場合には，それを受け入れ自分の仕事に活かすこと。
  b 紛争解決能力：関係者と協力的な話し合いを通じてトラブルおよびミスを率直に，かつ自己批判的に分析し表明すること。
  c 指導的地位にある従業員に求められる指導的な振る舞い：（ⅰ）労働者を配置し，指導し，評価し，彼の能力を引き上げるように促す能力であり，それは，労働者の長所をさらに伸ばし，その短所を克服する手がかりを与えることであり，資格を高めることを促すこと。（ⅱ）良好な職場の雰囲気を醸し出すことであり，場合によっては個人指導により，誰でもが溶け込めるようなバランスのとれた職場の雰囲気を作ること。（ⅲ）労働者を支えることであり，それは，労働者の利害を外部から，上級および別の部門から守ること。
4 作業結果
  a 量
  （ⅰ）職務遂行の有効性，それは担当職務を目的に沿って，平均して，期待されている集中度を維持して処理・遂行することである。
  （ⅱ）その作業結果の範囲は，各自の職務記述に定義されている範囲ならびに合意された規模に対応する。
  （ⅲ）所要時間では，労働者本人によって用いられる時間は，事前に合意された程度と対応する。
  b 質
  （ⅰ）作業規程および手続指示を順守すること。上司がそれを伝達することが前提である。
  （ⅱ）作業結果にミスがないこと。作業遂行の正確さおよびミスがないことは，企業内の標準的水準に達していれば足りる。
  c 期限を順守すること。労働者に責任のない期限の遅れは，ここでは対象外である。

5 作業態度
  a 労働時間の柔軟さ：労働協約および事業所協定「フレックスタイム制」にもとづく企業内の規定の範囲内で労働時間を利用すること。
  b 創造性，独立性および自発性：問題を認識し，作業進行を促進するような解決を発見すること。
  c コスト意識：労働者が操作可能な予算を維持すること。

　この2例（ジーメンス社とジック社）をみると，まず規定の詳しさの程度で異なる。ジーメンス社は協約規定に準拠し簡単に定める。協約規定は概括的である。それに対し，ジック社は詳しい。また，2例の指標はかなり異なる。共通点として，「協力（社会的な態度）」がある。南バーデン地域協約では，「1 効率性，3 柔軟性，4 責任ある行動」，ジック社協定では，「2 作業方法」「5 作業態度」に相当する。相違点として，ジーメンス社では，「効率性，質」の比重が高い。これに対して，ジック社では，「専門的能力，作業方法」の比重が高い。また，「コスト意識」がある。

ホ）ダイムラー社ブレーメン工場（2014年）
　ここでは工職共通の取扱基準である。目標協定と体系的業績評価の組み合わせ型であり，特色がある。便宜上，目標協定を含めて紹介する。
　業績給支給は現業労働者と職員で異なる取扱いである。現業労働者に対しては協約上の業績給は一律支給であるが，企業内上乗せの業績給のために業績評価が行われている。それに対し職員（事業所内平均で15%，0〜30%の分布）では，協約上の業績給および事業所内上乗せ手当のために人事評価が行われる。
　現業労働者―賃金モデル1：事業所内上乗せ業績給
　職員―賃金モデル2：事業所内上乗せ手当＋協約上の業績給
　現業労働者（上乗せ業績給）では，金額は9〜21%で分布し，平均で15%とされる。
　業績評価方法は協約の定めによらずに，企業内独自の方法を合意している。「仕事の質・量」に相当するものを定めず，それを目標協定（ないし業績期待

(Leistungserwartung)）で対応している。

「目標協定」の項で目標協定にかかわり，目標協定が成立しなかった場合の「業績評価」の方法は，a）上司が定める，b）合意による，で対照的な取扱いである。前者a）の定め方は目標設定（Zielvorgabe）である。現業労働者の業績評価方法は，目標協定における「業績期待」の項で指数比較を利用する可能性がある。

〈指標〉
1　目標協定または業績期待に対する作業結果　12点，2点刻みで7段階評価（個人，グループ，またはチームで）
2　率先　4点，5段階評価
3　協力　4点，5段階評価
4　責任ある行動　4点，5段階評価（2～4はすべて個人単位）
　要するに，1＝業績結果に50％，2～4＝行動（合計12点）に50％の比重である。

〈評価指標〉
1　目標協定，または目標協定が成立しなかった場合には業績期待に対する作業結果
　　a）目標協定　→　その達成度
　目標協定は任意である。合意が成立しない場合には，上司が業績期待を定める。
　5つ以内の個別目標を定める。それには比重が定められる。
　目標協定の内容：目標は課題に即して特殊であり，測定可能であり，所定時間内に達成可能であり，有意味であり（relevant），かつ，期限が設定されていなければならない。それはできるだけ明確にされる。
　そのさいに，以下のことが考慮される。
　・翌年の主たる課題は何か。それは主要課題を含み，そして年により変わりうる。
　・いかなる課題を自分は引き受けたいか。

・いかなる資格が自分には必要か。
・いかなる支援を自分は必要としているか。
・いかなる枠組み条件が考慮されるべきか。
・いかなる決定の裁量を自分はもっているか。

b) 業績期待 → 質，量および期限順守に関して合意された業績期待の達成度

　これを測るさい，次のことが手がかりの指標として考慮される。
・指数（例：利用度，製造過程所要時間）を達成したか，品質基準を維持しているか。
・改善措置を具体的に活かしているか。
・業績合意を維持しているか。
・コスト目標を達成しているか。
・課題目標およびプロジェクト目標を達成しているか。

2　率先

　―作業過程にいかに関わり，柔軟に自分で貢献したか，
　―職業的な挑戦およびその作業領域における変化に関わったか，対応する潜在的能力を身につけたか（能力開発，学習姿勢），
　　これを測るさい，次のことが手がかりの指標として考慮される。
・変化する課題設定，行程および枠組み条件への対応。
・変更プロセスに積極的に関与する（例：取組姿勢）。
・日常茶飯事のやり方に疑問を呈し，新しいことに取り組む。
・物事を動かし，反発があっても意気消沈しない。
・部門の目的と発展のために主体的に関わる。
・課題を独創的に遂行し，場合によっては新たな道を進む。
・任されている設定課題の範囲内で，追加的な，または新しい課題を引き受け，多方面に配置可能である。

3　協力

　―密接な任務分野（例：チーム，グループ）および周辺分野（例：前後の関連する部門，顧客，納入者）で，協力とコミュニケーションはどんなか，
　　これを測るさいに次のことが手がかりの指標として考慮される。

・任務にかかわるコンタクトがとられ維持されている。
・情報が目的志向的に他人に回され，内容は分かりやすく説明されている。
・目的を主張し，他の関心と結びつけ，他の観点を考慮する。
・チームおよびグループの労働のために，トラブル時でも建設的に貢献する。
・同僚および協力者とのつながりを積極的に築き，自発的にコンタクトをとる。
・前後にある部門の利害を考慮する。
・根拠ある批判を行い，また受け入れる状態にある。
・避け難い紛争をオープンに建設的に解決する。
・同僚，とくに新任者を，問題解決にあたって支える。

4　責任ある行動
―労働者は，どのように独立して信頼されて働いているか，
―労働者は，行動の裁量をどのように活かしているか，
―労働者は，自分の行動の結果に対してどの程度，積極的または消極的に，責任を引き受けているか，
―ルールに従った行動（法令順守）はどの程度，労働者から自分の課題分野で考慮されているか，
　これを測るさいに次のことが手がかりの指標として考慮される。
・関連および相互作用的な依存を認識する。
・適時に根拠ある決定を行う。
・有能な決定能力ある話し相手である。
・労働時間を責任もって効率的に扱う。
・作業用具・設備および生産物を責任もって扱う。
・各過程の諸規定，指針および指示，安全・事故防止規程，および就業規則を考慮して守る。

B.　工職別の指標－現業労働者

ヘ）ノルトライン・ヴェストファーレン地域（Ehlscheid et al：227 = 2006年に適用あり，久本・竹内：71-74）

図表 5-9　現業労働者に対する業績評価
（ノルトライン・ヴェストファーレン地域協約 3 条：評価手続）

評価指標	評　価　等　級	点数
1) 作業結果	a) 働きぶり（Leistungsverhalten）はもたもたしている。 b) 働きぶりはまだ完全には当を得た（zweckmäßig）ものではない。 c) 働きぶりは当を得ている。 d) 働きぶりはとても当を得ている。 e) 働きぶりは優れている（vorzüglich）。	0 2 4 6 8
2) 作業遂行	a) 多くの苦情がある。 b) まだ頻繁に苦情がある。 c) しばしば苦情がある。 d) わずかながら苦情がある。 e) とりたてていうほど苦情はない。	0 2 4 6 8
3) 多能工性 （Arbeitseinsatz）	a) 狭く限られた範囲で配置可能。 b) 限られた範囲で配置可能。 c) いくつかの職務で配置可能。 d) さまざまに配置可能。 e) いたるところで配置可能。	0 2 4 6 8
4) 作業における 注意深さ	a) 目的を考えていない取扱いである。 b) まだ目的にかなった取扱いではない。 c) 目的にかなった取扱いである。 d) 目的にかない，考えられた取扱いである。 e) 模範的な取扱いである。	0 2 4 6 8

出所：Ehlscheid et al：227

　大きく 4 つの指標につき 5 段階で評価する。各指標とも配点は同じである（2 点刻みで 0～8 点）（図表 5-9）。

③　小括

　イ）2002 年以前（緒方桂子：135）
　評価指標は大別すると，労務提供の質・量，労務態様および労働者の特性に分けられる。そのうち労務態様と労働者の特性は混在して分類しがたいことが多い。工職で比較すると，指標では，いずれも作業の量・質が中心である。ただし，ノルトライン・ヴェストファーレン（NRW）地域の現業労働者用は異なり，「多能工性」「作業における注意深さ」の配点が高い。

職員には「専門知識の活用」「協力」の指標が必ず含まれる。その点，現業労働者では異なる。バイエルン地域では工職共通であるが，「協力」の指標がはいっている。

協約地域による違いもある。NRW 地域は現業労働者・職員とも，「労働の質・量」を含めていない点で特徴的である。もっとも，職員用「能率」の項目はそれに含めることが可能である。

ロ）2003 年以後

協約が標準的な評価指標を定めている。事業所レベルではそれを援用する事例が多い。

協約改定にともなう変化として，業績評価を工職で一本化する事例が増えている。その場合には，「協力」の指標があり，現業労働者の指標を職員の指標に近づけている。

各指標の意味ないし具体的な着眼点につき，解説，例示をしていることがある。その場合には規定は詳しいものになる（例：南バーデン地域，ジック社）。

評価等級は 5〜7 等級が多い。

(4) 目標協定

① 意義—集団的規制の意義

目標協定は組合および従業員代表にとって問題をかかえる領域である。なぜならば，達成されるべき業績は，現業労働者の出来高給（アコード給）とは反対に，集団的にではなく個別に定められるからである。業績指標ないし目標の比重などは本人と上司の間で定められる。「目標協定の決定的な違いは，あるべき業績（Soll-leistung）に関する協定が使用者と従業員代表により集団的にではなく，個別に合意される点である。これは従来のやり方と大きく異なる。」（金属産業労組担当者）

目標協定の運用がリスクとチャンスをともなうことから，金属協約は目標協定につき，業績は検証可能であることなど厳しい運用要件を定めている。業績評価では，評価票における評価指標，評価等級は協約および任意の事業所協定で定められる。ただし，具体的な解釈は上司に任される側面はある。

目標協定では設定が個々の労使に任され，集団的規制から遠ざかる。従業員代表は目標協定の交渉過程を規制する予定であるが，交渉対象事項への規制は考えていない。金属産業ではこれまでその経験に乏しく，労使ともにその運用に懸念がもたれている。

② **利用状況**
イ）普及度
金属電機産業ではまだ普及度は低く，ほかの産業では調査が少ない。バウミュラーが金属電機産業，繊維・衣服産業および銀行業で調査（2001 年）したところでは，管理者に対する回答によれば，つぎのようである。(Kratzer/Nies : 57)
・企業の 11％では，不熟練・技能職に対して
・企業の 24％では，専門職労働者に対して
・企業の 40％では，技術職員に対して
・企業の 67％では，管理職に対して
目標協定が適用されている。要するに，適用率は管理職に対して高い。
ロ）運用の実際
東地域・金属電機産業での調査によれば，事業所の半数以上で，どちらかといえば権威主義的な傾向をもつ目標協定制度が行われている。事業所のわずか 12％で労働者は意見を表明する権利を保障されており，20％の事業所では，目標設定に自分の提案を出す可能性を労働者はもっている（Hinke 2003：377)。

多くの企業は恒常的に目標を引き上げるための挑戦として，毎年の調査・検討を位置づけている。かつてドイツ IBM の会長であったクーンレ（Klaus Kuhnle）は，「我々は攻勢的な目標を定める。その達成は可能であるが，全員にとって達成可能ではない」と語る。こうして業績圧力は高まる。金属産業の調査で，職員部門では目標協定適用下で時間外労働が増加していることが報告されている。現業労働者部門では，工場ホールに掲示することにより目標が見えやすくされることで圧力がかかる。このことは目標協定の運用につき，懸念された現実があることを示している。

これらが示すことは，目標協定制度は必ずしも趣旨通りには運用されないということである。その理由は事業所や部門によって異なるが，場合によっては測定が困難であることによる。

以上からみれば，目標協定の制度設計・運用には労使対等な決定・運用という観点からみてばらつきがあり，「目標設定」のように，それが徹底されていない事例が一部にある。

なお，金属協約では，目標の設定および達成度評価にあたり当事者間で合意が成立しない場合には，事業所内の労使対等構成委員会が決定する旨定められている（例：ノルトライン・ヴェストファーレン地域）。

(5) 企業レベルでの業績評価の運用

各社の評価方法の特色，とくに体系的業績評価の評価指標に注目して紹介する。したがって，紛争解決手続や本人の署名などについて言及は抑える。それらの事項に関しては，別稿（藤内2016b）に譲る。

① 2002年以前の事例（藤内1994：108-110，緒方桂子：133-136，浅生卯一：81）

業績給を一律に支給する取扱いの事例は常にある（例：フォード社）。これは，労働協約は業績評価のうえで業績給を支給する旨を定めているところ，事業所レベル労使の合意により業績評価手続を省いている。

個々人別ではなく賃金グループ別にグループ内で業績給ランクを分けている例がある（AEG社）。

業績評価指標は協約モデルにそのままよる事例が多い（例：ジーメンス社，エアバス社，アトラス・エレクトロニクス社）が，企業内で独自に定める例もある（ジック社，ダイムラー社）。

フォルクスワーゲン（VW）社では企業別協約による定めであり，職員に対してのみ業績給がある。平均4%で，協約が評価指標を定める。6段階の評価。被評価者の9割が手当を支給されている。

〈指標〉1 有効性と時間の活用，2 労働成果の信頼性と質の良さ，3 自発性

図表 5-10　2003 年以後の事例（金属電機産業（藤内 2016b））

	現業労働者	職員
ジック社	2004 年当時，協約改定にともなう見直しはしていないが，その時点ですでに工職共通の業績評価基準であった。同時に，目標協定があり，組み合わせ型。	
ジーメンス社	協約の体系的業績評価による。個々人ごとに異なる金額を支給。	
ダイムラー社ブレーメン工場	現業労働者につき，協約上の業績給は一律支給。ただし，企業内の上乗せ業績給があり，それは工職に共通した企業内独自の目標協定と体系的業績評価による。組み合わせ型である。	
ダイムラー社本社[1]	適用労働協約（バーデン・ヴュルテンベルク地域）が定める業績評価にしたがって個人差を付けて支給。上乗せ支給がある。	
オペル社[2]	業績給は体系的業績評価の方法により個人差を付けて支給。業績評価の評価指標は適用協約（ヘッセン地域）の定めによる。なお，社内上乗せ支給（オペル加給）2％がある。	
エアバス防衛航空会社	業績給は全員一律支給	
エアバス社	個人ごと，指数比較による。	個人ごと，協約上の体系的業績評価による。

〈企業別協約による例〉

	現業労働者	職員
フォルクスワーゲン社[3]	業績給なし。人事評課なし。利益配当あり。クリスマス手当＋利益配当は VW 社の営業利益の 10％。	
オグリーンフィールド GmbH[4]	基本給の 10％まで，目標協定達成度による業績手当。	基本給の 25％まで，目標協定達成度による業績手当。

注：1）は大塚 2009：27，2）は同：24，3）は同：35，4）は同：5。

（または自立性と柔軟性），4 協力である。

② **2003 年以後の事例**（金属電機産業　藤内 2016b）（図表 5-10）

　ジック社およびダイムラー社では，工職共通の体系的業績評価である。同時に，各社独自の取扱いである。2 社とも労使が評価制度を定期的に見直している。それにより協約とは異なる独自の制度になる。

　ジーメンス社およびエアバス社は協約規定を援用している。なお，ダイムラー社では，本社，ブレーメン工場およびカッセル工場で業績給の運用方法は異なっている（大塚 2009：27）。

エアバス防衛航空会社は一律支給である。この企業では業績給とは無関係に，能力開発のために評価面談が実施されている。ダイムラー社でも現業労働者に対する協約上の業績給は一律支給である。この支給方法は労働者間の業績競争を制限するように機能するので，組合側はこの方法を従業員代表に推奨している。だが，事業所内でその方法を議論するとき，労働者間でこのような一律支給方法に異論がでることがある。その主張は，自分が事業所内でどのような位置にあるか，上司は自分の仕事ぶりをどうみているかを知りたいというものである。

エアバス社の現業労働者に対する業績評価方法は，指数比較である。

以上をみると，ここでも協約（地域によりやや異なる）が定める業績評価指標に準拠した体系的業績評価の利用が多い。それでも工職の扱いは共通扱いの事例と別扱いの事例に分かれる。

なお，労働者の能力開発のための個人面談は，ジック社およびエアバス防衛航空会社で，独自の事業所協定が定められ取り組まれている。ダイムラー社でも個人面談は重視されている。

なお，企業別協約による2社の事例を紹介している。フォルクスワーゲン社は金属使用者団体の構成員ではないので一貫して企業別協約による。それだけ産別協約に比べて独自性が出やすい。業績給がなく一律支給というのは珍しい。

(6) 小括

イ）金属電機産業の労働協約では能率給または業績給のための業績評価の3つの方法が詳しく示されている。そこで体系的業績評価のモデルも示されている。一定数の企業はそれを活用し，協約モデルに準拠している。ただし，企業内で独自に体系的業績評価制度を定める例もある。

業績評価をせずに業績給を一律に支給する企業の例は常に一定数ある。

ロ）2002年以前の協約は現業労働者と職員で別々に賃金および業績給を定めていた。それを一本化することには限度があり，金属産業では従来の能率給適用者を予定して指数比較の方法を定める。職員では目標協定方式がしばしば利用されている。しかし，利用率はまださほど高くない。

図表 5-11　金属電機産業と公務部門の人事評価比較 (藤内 2015)

	金属電機産業	公務部門
評価方法	協約は3つの方法を定める。それは協約に詳しく定められている。「業績評価にあたり使用者は業績を検証することが可能でなければならない」	協約は2つの評価方法を定める。協約規定はわずかであり，自治体ごとの相違が大きい。
体系的業績評価	標準的な評価指標を詳しく定める。事業所レベルではそれを援用することが多い。	協約にその内容に関する定めはない。したがって，勤務所レベルで詳しく定める。
紛争解決手続	協約：労使対等構成委員会が管轄することを標準とする。	労使対等構成の勤務所（事業所）内委員会が扱う。

　工職で異なった取扱いをする事例は少なくない（例：現業労働者には一律支給）。公務労働者では見られないことである。

　ハ）体系的業績評価の指標は公務労働者の場合に比べて大ざっぱである。業績給の比重が高いことに照らして意外である。それは，この産業分野では現業労働者の比率が高いこととかかわるのかもしれない。職員の人事評価のほうが評価者の主観的評価が入る余地が大きいので，労使ともより慎重になる。もちろん，企業・事業所レベルで労使が協約規定とは異なった取扱いを合意することは可能であり，それは一部で利用されている。

　金属電機産業と公務労働者の場合を比較すると別表のようになる（図表5-11）。

　目標協定につき協約は一般的に定めるにとどまる。紛争解決手続で両者とも労使対等構成委員会が扱うが，当該委員会の権限や，それとは別の扱いをする可能性は事業所により異なる。

　ニ）紛争解決手続は協約上，労使対等構成委員会が扱うことが標準である（南バーデン地域）。体系的業績評価でも目標協定でも，労働者に不服があればここに持ち込まれ，確定的に判断される。協約がそれを定めるので，事業所レベルでは紛争解決手続に関する定めは乏しい。また，苦情処理に関しては，労働者は苦情を提出できること，そのさいに希望すれば従業員代表委員ないし公務員代表委員に同行してもらえる旨，民間では事業所組織法が，公

務部門では公務員代表法が類似した定めをおく。

　評価手続に関しては，事業所組織法に定めがあるので，協約に特別な定めはない。法律規定を受けて，事業所協定で具体的に定められている（94頁）。評価面談を実施する例が多い。

　ホ）労働者の能力開発のための個人面談は，ジック社およびエアバス防衛航空会社で，独自の事業所協定をおく。この点は２社にとどまらず，EUの東欧拡大にともないドイツ工場の東欧移転が進む中，雇用および賃金水準を確保し，付加価値の高い分野で国際競争力を維持するために，金属産業労組は労働協約を通じて，また政労使の連携で労働者の能力開発に取り組んでいる（例：雇用のための政労使同盟）。

2　鉄鋼業

　鉄鋼業は石炭・鉄鋼業（モンタン）共同決定法が適用されていて，監査役会の半数は従業員代表および労働組合代表であるという特別な事情にある。そのため従業員代表委員は法定基準を超えて全員が専従委員であるという業界慣行がある。それは人事管理にも反映するかもしれない。

　まず，人事評価に関する鉄鋼業の協約規定を説明する。協約は，職員に対して協約上の業績給（Leistungsbezüge）支給を定める。鉄鋼業では職員の構成比率は低く，業績評価される労働者の比率は低い。協約により基本給に上乗せして平均で6.3％の業績給を支給することになっている（沿岸部地域。なお，ノルトライン・ヴェストファーレン，ニーダーザクセン，東地域では，8％以下となっている。職員に対してのみ支給される点は共通）。ただし，協約にはそのための業績評価方法の定めはなく，評価方法は各企業に委ねられている。現業労働者には業績給は支給されないが，それに相当する手当として負担手当（Belastungszulage）が支給される。それは業績評価とは関係なく，一律支給である。

　なお，鉄鋼業の賃金制度は現業労働者と職員で別々であり，現業労働者の賃金体系は単一レート職務給であり，職員のそれは経験年数とともに等級範囲内で号俸が上がる範囲レート職務給である。

(1) アルセロール・ミッタル社

① 概要

職員に対して，業績給支給のために人事評価が行われている。

イ）この事業所では業績評価のために32頁にわたる詳しい事業所協定（最新の改定は2013年）が締結されている。そこには人事評価で陥りがちなハロー効果などの危険性が記述され，それに注意して評価すること，上司は評価者訓練を受けることが書かれている。付属文書では評価指標とともに評価票サンプルが含まれる。

つぎに，ロ）労働者全員を対象に，資格向上および能力開発のために面談が行われる。そのさいに仕事ぶりの評価が含まれる。その評価指標は，イ）のものと同じである。その意味では，工職双方を念頭においている。「面談」資料をみると，労使で労働者の能力開発に努力していることがわかる。ドイツ企業全体にいえることであるが，労使双方が協力して労働者の能力を開発し労働生産性を高める努力をしている様子がうかがえる。面談事項に，ワークライフバランスの改善をどう進めるか，上司はどのように援助するかが含まれていることは事業所の雰囲気を示している。職員に対する動機付けも，業績給支給の方法よりも，むしろセットになっているこの面談のほうが主である。

② 職員向け業績評価

その方法は体系的業績評価による。

評価等級は5段階である。2年おきに実施。上位から月例賃金の8％，7％，6％，4.5％および3％の業績手当が毎月支給される。平均で6.3％である。職員個々人に対しては，上司が評価票にもとづいて各項目の評価を説明し，職員は説明を受けた旨をサインする。

この運用にあたり，5段階評価の該当者数が従業員代表に知らされて，平均で協約が履行されていることを確認する。従業員代表には職員一人ひとりの評価結果は知らされない。

③ 評価指標

評価指標は 11 の大項目である。13 の中項目ごとに総合評価される。Ⅰ (1-2) とⅡ (3-11) に分けて合計評点が出される。

これら評価指標は事業所協定として定められている。この詳しさは事業が製鉄業であることを反映している面があろう。とくに「7 安全な仕事の遂行」の比重が高い。「3 協力, コミュニケーション」では考慮される事項が多い。鉄鋼業としていったん事故が発生すれば大変な事態になることから, それを予防すべく労使で気を配っている様子がうかがえる。

「作業結果」に比べて「課題遂行」の項目で多くの事項が評価されている。鉄鋼業の仕事は共同で行うという仕事の進め方が反映している。

「7 安全な仕事の遂行」は特色があるので, その内訳の小項目をすべて示す。

1 専門的客観的な妥当性 (2つの小項目がある。以下, 同じ)
2 標準, 関連, 優先順位の考慮 (4)
3 協力, コミュニケーション (15)
4 顧客指向 (4)
5 参加, 取組み (10)
　③ 必要なトラブルを避けない
6 コスト意識 (8)
7 安全な仕事の遂行 (10)
　① 作業安全および健康保護のために適用されている規定を順守する
　② 同僚に対して規定を守るよう働きかける
　③ 継続的な改善過程の意味における作業安全的な行動を理解し, 自ら取り組む
　④ 前述の安全装置を規定に従って維持・操作する
　⑤ 危険な事故を通報し, 速やかに処理する
　⑥ いわゆる「安全のための 15 分 (Sicherheitsviertelstunden)」, 職長会議および安全委員会で建設的に行動する
　⑦ 必要とあれば, 安全のための 15 分, 職長会議を効率的目的適合的に運営する

⑧　事故の危険性および健康に有害なことを自分で取り除く，または通報する
⑨　模範的な行動によって同僚にプラスの影響を与える
⑩　自分の発言および行動で，安全保護および健康保護の必要性を同僚に説得的に示す
8　柔軟性，可動性（4）
9　創造性，アイデアの豊富（4）
10　独立性，自己責任（9）
11　協力的な指導（14）
以上，合計で94の小項目に達する。
なお，紛争解決手続は事業所内では労使対等委員会が管轄し，それでもなお解決しない場合には，協約規定にしたがい使用者と従業員代表が決定する。

このように当社の事業所協定は詳細なものであり，労使が労働者に何を求めているかがわかるようになっている。とくに「安全な仕事の遂行」では注意すべき点が詳しく記述されている。また，上司には労働者がワークライフバランスを保持しつつ働くように援助すべきことを定める。企業の雰囲気が伝わってくる。

(2)　ラッセルシュタイン・ヘキスト社（Arbeitsgemeinschaft Engere Mitarbeiter der Arbeitsdirektoren Stahl, S.15-17）

ここでは現業労働者を対象に，個人手当（persönliche Zulage）が業績評価にもとづき支給される。その評価指標は，大きくは，多能工性，作業注意力，率先・協力の3つである。具体的な指標はつぎのとおりである。
　ⅰ）多能工性：職場で担当可能な仕事の数，担当の異動頻度
　ⅱ）作業注意力：仕事の期限順守，仕事の質，経済性，資材の節約
　ⅲ）率先・協力：どの程度，労働者が自発的に作業目的を追求できるか，グループのなかで仕事をする姿勢，上司および同僚と経験・情報を交換する程度

図表5-12　鉄鋼業の人事評価

企業名	業績給の有無	人事評価の方法
アルセロール・ミッタル社	職員に対してのみあり	職員に対して，業績評価が業績給のため。現業労働者に対しては動機づけのために個人面談あり
ラッセルシュタイン社	現業労働者に対して業績手当あり	左記のため。現業労働者に対して業績評価
オイロパイプ社	現業労働者および技術職員に対してグループ手当あり	指数比較による
ディリンガー社	専門工に対して個人割増あり	左記のため。業績評価による
ティッセン社	職員に対して業績手当あり	左記のため。業績評価による

(3)　ディリンガー製鉄所（同上 S.20-24）

ここでは専門工に対して個人割増（persönliche Prämie）が支給される。そのために，大きくは2つ，細かくは8つの指標で業績評価される。

具体的には，職務関係では，追加的な資格，経験，柔軟性・担当可能な職務の幅，責任・独立した決定能力，の4つであり，個人的な指標は，作業取組・注意力，作業結果（量，質，遂行ぶり），協力（チーム力），個人的な参加（例：改善提案など）の4つである。

合計8つの指標につき，6段階で等級付けされる。評価するのは労使対等構成の専門工賃金委員会である。

(4)　小括

人事評価が実施されていないクレックナー製鉄所（藤内1994：107，アルセロール・ミッタル社ブレーメン工場の前身）を除き，実施されている鉄鋼5社をみると，人事評価の人的対象は現業労働者中心の場合と職員中心の場合に大きく分かれる（図表5-12）。協約は職員に対する業績給支給を定めているが，これが事業所内で運用されていない例が多数あることは意外である。目的は業績給または個人割増などの支給のためである。

評価方法は，1社が指数比較によるのを除いて体系的業績評価である。評価指標は，①作業における注意力など勤務態度がよく含まれている。これは

製鉄所では,いったん事故が発生すると大規模になりがちなことを警戒してのことであろうか。②下2社では現業労働者に対して,多能工性・柔軟さが求められている。アルセロール・ミッタル社の評価指標は詳しさの点で顕著である。

評価手続として,ディリンガー製鉄所では労使対等構成の委員会が業績評価をしている点が珍しい。

3 化学産業

1992～93年に3事業所（藤内1994），2007年以後に4事業所を調査した。

(1) 労働協約上の定め

まず,化学産業の関係協約規定を示す。化学産業では労働協約（16条）が事業所レベルで業績給（Leistungsvergütung）を導入することが可能である旨を定める。したがって,金属電機産業や鉄鋼業・職員のように支給は義務づけではない。

この協約上の業績給規定をみると,時間給労働者と能率給労働者の双方を予定した定めである。能率給（出来高給,プレミア給）では標準作業時間を測定するが,そのさいに「習熟と訓練の後に,十分に適した労働者から,労働者が個人的な回復時間をとることで,継続的に達成されうることが計測されなければならない」として,個人的な回復時間を定める。また,「業績給制度の適用により生じる個別事例での意見の対立にあたり,事業所内で使用者と従業員代表の合意にもとづいて設置される対等に構成される業績給委員会が招集され」るので,紛争はすべて労使対等委員会で解決される。

労働者の一部に業績給が支給される場合には,ほかの労働者には他の適切な手当が支給される旨が定められている（16条10項）。これは鉄鋼業で職員に業績給が支給され,現業労働者には負担手当が支給されるのと似ている。

協約には業績評価方法の定めはなく,目標協定の定めもない。したがって,それらは広く企業・事業所自治に委ねられている。

化学産業で組合の姿勢は社会パートナー的である。化学企業は国際競争力

があり，企業の収益（全社，部門，作業グループ単位など算定のレベルは多様）に依存した上乗せ払い（erfolgsabhängige Bezahlung：利益配当）を従業員代表は歓迎している。

　この産業にも能率給労働者がいる。現業労働者の約2割がそれで，ガラス加工などの職人に多い。組合は能率給をお勧めしない。理由は，「それによると働き過ぎになりがちだから」である。

　導入状況につき，化学関係労働組合は把握していないが，専門家は，「大手では過半数の事業所で業績給があるだろう」と語る。それに対する労働者の関心は，賃金形態により異なる。業績給実施の具体化は従業員代表との事業所協定による。導入提案は使用者側から行われる。部門により国際競争状態は異なる。従業員代表は組合と対応を相談する。従業員代表側は，業績評価結果は「検証可能である」ことを主張する。時間給労働者で業績評価が行われる場合，その方式は多様である。

(2)　サノフィ・アベンティス社（製薬業，フランクフルト市）

　イ）人事評価はある。目的は個人手当（individuelle Zulage）支給のため。事業所協定による。

　ロ）各項目につき5段階の評価ランクがある。

〔一般労働者向け　7項目〕

評価項目1　量的結果（作業量，作業テンポ：目標に適合的か，合目的的か，行為など）

評価項目2　質的結果および期限順守（作業の質：行動ないし作業安全および環境保護：期限に照らした時間的な達成度），

評価項目3　独立性，率先および動機付け（自立度，行為，自己目標の設定，自分の仕事の管理・修正：配置，忍耐力，誠実さ：さらに学ぶ意思，新しい課題を引き受ける）

評価項目4　柔軟性と忍耐力（状況に応じた対応，多面的な配置，求められる変化への対応）

評価項目5　思考および創造性（抽象的思考力，自分で解決を見いだす力等）

評価項目6　コスト意識（経済的な行動：材料，作業道具およびエネルギー

等の利用）

評価項目７　協力（情報交換，同僚，上司および顧客との協力と調整：応援，チーム力，援助の姿勢）

以上は標準的な評価指標である。

ハ）人事評価の運用は労使対等委員会が監視する。苦情処理は，本人が希望すれば評価者の上位にある者を含んだ合同の評価面談で行われる。この面談へは，労働者が希望すれば従業員代表委員に出席してもらうことができる。

(3) バイエル社本社（製薬業，レバークーゼン市）

業績給は一般労働者にはない。ただし，①能力開発および昇進のために人事評価が行われている。また，②年次特別手当（individuelle Einmalzahlung）がある。いずれも事業所協定で定めがある。この社でも能力開発が熱心に取り組まれている。それが高い収益を支えている。

②手当額は平均して賃金の1％とする。評価基礎は，提案や参加プロジェクトでの寄与である。各人の支給額は従業員代表に通知される。事業所協定は，「各人の評価の理由を示すこと，金額の上限」を定める。誰にいくら支給するかは使用者が決定し，苦情手続はない。珍しいことである。この企業の労使関係の慣行のようである。おそらく企業の高収益の恩恵に与っていることへの労働側からの対応であろう。

協約労働者とは別に協約適用外職員に対しては目標管理により賃金が決定される。この点で苦情処理手続が定められていて，目標達成度評価につき合意が成立しない場合には，まずより上位の上司を含めて評価の合意形成がめざされ，それでもなお合意が成立しない場合には，つぎに労使対等委員会が決定を下す。

(4) プファイザー社（製薬業，フライブルク市）

ここでは業績給が支給されている。それは労働者との個別の目標管理である。珍しい。そのために事業所協定が規制する。労働者は上司と年次面談を行い，目標を個人単位およびグループ単位で定める。両方とも同じ比重である。達成度評価で問題が生じれば労働者は従業員代表に助けを求めてくる。

従業員代表の仲介により評価対立をめぐり妥協が成立する。
　手当額は年間賃金の3％であり，労働者の平均で達成される。

(5)　ローディ社（葉巻メーカー，フライブルク市）

　業績給はない。ただし，変動的手当（variable Vergütung）のために人事評価が行われる。それは利益配当の一種であり，毎年必ず支給されるわけではない。年単位で行われ，事業所協定で定められている。
　手当額決定の基準要素は，①事業所の収益度，②個人的な目標達成度，③業績評価である。
　業績評価では，大きく4つの指標（具体的な評価事項を含む）につき，20等級（大きく5段階で，各段階にさらに4レベルがある）で評価する。
指標1　業績能力（Leistungsfähigkeit），完成度，仕事の質，指導
―職務記述書に記述された職務を，与えられた補助道具を用いてこなす
―所定時間内に仕事をこなす
―レベルを確保した仕事の遂行
―仕事の遂行および職場が清潔で秩序だっていること
―指導スタイル，部下をもつ場合には，その動機付け，部下の評価，部下との会話，行動の計画を立てること
指標2　柔軟性，新しい作業方法を身につけて活用する能力と心構え（Bereitschaft），チーム作業
―新規を含め複数の職務を遂行する心構え
―新しい作業方法，手続きおよび技術に対して受け入れる用意があり，それを身につけ活用する用意があるか
―変化，再編成および改善に積極的に対応するか
―チーム労働（同僚との協力，手助けの用意，新しい同僚などに対して知っていることを伝えること，指示を受け入れること，チームへの自らの貢献，自分と周囲に対する動機付けの能力）
指標3　企業内の規定と手続要領の順守（例：安全，環境，時間管理）
　a）安全，環境
―安全で環境に配慮した行動，慎重・確実な作業

―環境基準に関する規程の順守
―安全違反および環境を損なう状態および展開の認識と連絡
　b）時間管理
―仕事開始や面談等の遅刻または時間不順守
―欠勤，休暇計画，帰責事由のない不在にあたり同僚への配慮
　c）手続規定
―IQM作業書に記載されているような職務の遂行
指標4　独立性，イニシアおよび問題解決能力
―職務記述書の範囲内で作業を自力で遂行する
―専門教育を通じて学んだ個々の職務を自力で信頼を得て遂行する
―個々の依頼を処理する
―起こっている事態に対して取り組む率先力
―問題を認識し表現し，自力で，またはチームで解決する能力

　この事業所では，目的は年次特別手当（利益配当）という，さほど大きな利害関係のない労働条件なのに，業績評価事項は体系だって整備されている。従業員代表委員が研修を受けていることの反映であろう。
　葉巻たばこ製造という現業労働者比率の高い事業なのに，人事評価制度がよく取り組まれている。

(6)　ミューレンス社（化粧品「オーデコロン」メーカー，ケルン市）

　外交員に対して人材育成目的で実施されている。詳しい定めであり，精神的能力や人柄が含まれている。
　大きくは3本柱，細かくは14項目。①仕事ぶり（負担に耐えられるか，作業準備と誠実さ，作業計画，作業テンポ，注意深さ），②精神的能力（理解力，思考・判断能力，専門知識，記憶力），③人柄（同僚および上司からの信頼性，積極性＝行動的か無気力か，自分の行動に責任を負う姿勢，協調性，指導性）。それぞれについて5段階で評価される。

図表 5-13　化学産業の人事評価

企業名	業績給の有無	人事評価の方法→使途
サノフィ・アベンティス社	個人手当あり	業績評価→業績給のため
バイエル社本社	年次特別手当がある	左記手当のため，目標管理：提案や参加プロジェクトでの寄与につき達成度評価による。別に能力開発および昇進のために人事評価がある。
バイエル社ケルン販売店（1992年）	業績手当あり	業績評価あり。事業所協定はなく，それは制度化されていない
プファイザー社	業績給あり	目標協定による→業績給のため
ローディ社	なし	業績評価→利益配当の個人別差別化のため
北ドイツ銅精錬[1]	業績給（個人，チーム＝現業労働者に対してのみ），利益配当あり。	①業績手当は個人につき業績評価にもとづき基本給の4％まで，現業労働者のチームに対し目標協定達成度により基本給の4％まで ②利益配当は貢献度評価にもとづき個人差をつけて支給
アクゾ・ケミカル社（1992年）	割増給が現業労働者に対してのみ	現業労働者に対して業績評価→割増給のため
ミューレンス社（1993年）	なし	外交員に対して業績評価→能力開発
大手化学C社[2]	あり	全員に対して体系的業績評価→業績給のため

注：1）は大塚忠 2009：10 による。2）は久本・竹内：77-78 による。

(7) 小　括

化学7社8事業所のすべてで人事評価が行われている（図表5-13）。うち業績給があるのは6事業所である。7社とも業績評価または目標協定を行っている（労働者の一部に対してのみ実施する場合を含む）。他社の実施目的は，特別手当等支給の判断材料にすることである。1事業所以外では，事業所協定で定められている。人事評価に関して事業所協定がない事業所（バイエル社ケルン販売店）があることは珍しい。

目標協定が行われる場合でも，その目的が，バイエル社本社のように能力開発目的だけの場合と，プファイザー社のように業績給に用いられる場合では労働者の向き合い方は大きく異なる。後者では当事者間に緊張関係が生じる。

化学産業（とくに製薬業）は国際競争力が強く賃金レベルが高いためであろうが，バイエル社本社では年次特別手当（平均して賃金の1％）の金額決定を使用者に委ねていて珍しい。

個人面談はよく実施され，能力開発に取り組まれている。それがドイツ化学産業の高い生産性・競争力を支える。

紛争解決手続は協約に定めがあり，労使対等委員会が扱う。それは業績給を導入している企業でそのように運用されている。

4 醸造業

醸造業労働協約（Zander/ Knebel 1993：36-37）は，業績手当支給を定める。平均して，等級1の労働者で賃金の3％，等級2の労働者で同5％に相当する金額である。そのために協約は醸造業に標準的な人事評価指標を定める。これは現業労働者と職員の双方に適用される。珍しいことに，各指標につき，職務ごとに重要度を3ランクに等級付けして重み付けを示し，それに7等級の評価点を乗じて，ポイントを算出するという手法をとっている。

指標をみると，工職双方に適用可能なように標準的である。

ⅰ）作業遂行
1　質：仕事の質的な特徴
2　作業方法：一般的な作業指示および作業方法の順守
3　仕上げ規定：仕上げデータおよび仕上げ規定の順守

ⅱ）信頼
1　責任感：課題を状況にふさわしく目的適合的に仕上げる意思，安定した良心性（Gewissenhaftigkeit），管理が少なくてすむこと
2　時間順守：課題を期限順守で仕上げること，個人的な時間順守
3　仕事への取組姿勢（Arbeitsbereitschaft）：安定した労務提供

ⅲ）合理的な作業進行
 1 専門知識：現在の専門知識は作業要求に対応するか
 2 思考力・判断力：思考の活発さおよび作業遂行に関わる判断での自立性
 3 作業計画：コストを考慮したうえで自分の仕事を専門的組織的に計画する
 4 量：予定作業時間内での量的な生産性，目標指向および生産性
 5 協力：専門的および個人的な応接行動（Kontaktverhalten）
ⅳ）作業器具類の注意深い取扱い：待機課題を注意深く遂行する；破損の少なさ；機械，材料およびその他の補助用具の注意深い取扱い
ⅴ）安全規定の順守：人的物的損害を避けるための安全規定の順守，労働者および施設に関わる環境保護規定の順守
ⅵ）自発性の強さ（等級２の者に対してのみ）
 1 関心・学習意欲：課題遂行にあたって積極性を示す；全体の関連を理解する努力；さらなる学習の意欲；新しい作業方法に慣れる
 2 率先：課題遂行にあたり率先的に全力で取り組む；改善提案をする
 3 決定する用意：危機的な状況下でも適切な判断をする
 4 責任をとる覚悟：自分の管轄内で責任を引き受ける；課題遂行のために責任を負う。

なお，ビールメーカー・ベックス社（ブレーメン市，藤内1994：112）では人事評価は行われておらず，業績手当もない。

5 その他の製造業

それ以外の製造業も調査した（1992-93年，藤内1994：112-115）。木材加工業，たばこメーカー，水産加工業，建設業および印刷業，計９社のなかで人事評価が行われているのは，わずかに水産加工業の１社（営業職員対象のみ）と印刷業（技術職員対象のみ）の２例だけである。水産加工業の当社では関係する事業所協定はなく，業績手当支給のために使用者側の主導で行われて

いる。

　印刷業（技術職員対象のみ）では，事業所内上乗せ賃金算定のために人事評価が行われ，事業所協定がある。評価指標は5項目で，それぞれに配点が異なる。①労務提供（仕事の質2〜3点，作業テンポ・量3点），②仕事ぶり（多能工性2〜3点，忍耐力3点），③信頼性（正確に期限までに仕上げる2〜3点，責任意識と原価意識2点），④協力（職務への態度2点，順応姿勢2点），⑤勤務態度（上司および同僚への態度1〜2点，時間厳守1〜2点）である。印刷業の技術職員向けであることの特徴を表しているのは，③信頼性，②忍耐力であろう。

　なお，ここで人事評価が行われていないとするのは，私が調査した範囲内のことであり，当該産業分野のすべてで実施されていないとはいえない。

6　小売業

　協約は業績給につき何も定めない。私は小売業を4社（カールシュタット社，カウフホーフ社，Ｃ＆Ａ社，ホルテン社）6事業所で調査したが，いずれも業績給制度はない。人事評価は2事業所（カールシュタット社フライブルク店，同ブレーメン店）で実施されていたが多くない。実施の目的は，人材育成および昇進の判断材料にすることである。その意味では，個人面談が重要であり，そのための材料という位置づけになる。

(1)　カールシュタット社（百貨店）フライブルク店

　この事業所では人事評価が実施されている。その目的は，継続訓練計画および昇進の判断材料にすることである。評価指標および評価基準は，専門知識，顧客に対する態度，同僚・上司に対する態度，個人的な学習態度および勤務態度の4つの柱である。労働者の担当職務および役職に応じてやや詳しくなる。

　人材育成計画が個人ごとに定められている。しかし，女性比率が高いこともあって，多くの労働者は昇進に対する関心が乏しい。

　ⅰ）専門知識

1　商品知識および各品目に関する知識，とくに性質，利用可能性および環境調和性に関する知識を自由に使いこなせるか。

2　売上市場に関する知識，とくに地域の競争相手およびトレンドに関する知識を自由に使いこなせるか。

3　担当部門の商品経済制度の目的および構造を知り，そのための補助ツールを適切に利用できるか。

4　関連する法律・命令を順守し，機構上の規定をうまく適用しているか。

ⅱ）顧客に対して

1　コンタクトを適時に親切にとっているか。進んで，かつ適切に情報を提供しているか。

2　顧客の要望を把握し，商品使用方法を説明し，その利点を示し，異論に対して適切に対応しているか。

3　複数の用件，商品取り替え，苦情などの困難な状況でも，注意深く，かつ適切に振る舞っているか。

4　場合によっては部門を超えてでも，提供できる条件の中で顧客の要望を満足できるように努めているか。

ⅲ）同僚・上司に対する態度

1　連絡取りのさいに，開放的で配慮をともなっているか。

2　グループにとけ込んで，ほかの者を助けているか。

3　同僚と協力しあい，批判に対して建設的に対応しているか。

4　自分の仕事を通じて，グループの作業成果を確実にするために貢献しているか。

ⅳ）個人的な学習態度および作業態度

1　知識を吸収し，深め拡げ，状況に応じて適用できるか。

2　アイデア，刺激または提案によって学習や作業の成果に貢献しているか。

3　任された課題を確実・迅速に遂行しているか。

4　必要な作業を認識し，独立して処理しているか。

5　状況の変化に迅速に対応し，負担が高まるときにも対応できている

か。

(2) 小括

　小売業では売上げを考慮した出来高賃金制度等はあるが，そのために人事評価は利用されていない。人事評価が利用されているのは，むしろ人材育成の目的である。カールシュタット社フライブルク店の例をみると，評価指標は標準的である。ただし，顧客との対応の項目の比重が高い。なかには，カールシュタット社ブレーメン店（藤内 1994：115-119）のように詳しい定めをおく例もある。

7　銀行業

(1)　概要（Spitzbarth 2010）

① 実施目的

　銀行業では人事評価が広く行われている。そこには2つの目的がある。第1に，労働者を業績指向や顧客との前向きな接触に向かわせる後押しのためである。従業員面談では労働者の優れた点および弱点につき取りあげられ，今後の人材育成・研修計画が相談される。

　第2に，業績指向の（leistungsbezogen）賃金を支給するためである。多くの銀行では目標管理が行われ，それは人事評価と組み合わされる。その取扱いは協約上の定めではなく，たいていは事業所内の定めである。

　また，銀行・保険業の67％で企業収益に依存した報酬（利益配当）がある（2005年）。

② 変動的賃金に関する協約の定め

　2002年，民間および公立銀行における協約で，「業績および利益指向的な変動的賃金」協約が締結された。それは各銀行がこれを導入するか否かは自由な開放条項であり，変動的賃金の導入には当該銀行の従業員代表ないし公務員代表との合意が条件である。業績評価方法は体系的業績評価または目標協定である。

銀行業では，この協約の定めにより，協約賃金の一部が業績および／または成果（Erfolg）を指向した変動的な賃金として支給されうる。すなわち，業績給が追加的に支給されるのではなく，従業員代表との合意にもとづいて，基本給の一部として，個人ごとに差をつけて支給することも可能である。

そのさいに変動的な賃金の比重は最大で協約賃金の8％である。変動的な賃金部分は目標協定にもとづき，業績／成果指向的な対応する賃金制度は，目標の種類，数および場合によっては比重，および達成度とそこから生じる賃金の関連性を定めなければならない。それぞれの目標達成度は「求められることと現状の比較（Soll-Ist-Vergleich）」にもとづき確定され，労働者の要望があれば説明される。

さらに，事業所協定で紛争解決手続が定められ，また，従業員代表には労働者個々人に対して支給された変動的な賃金額が使用者側から情報提供される。それにより運用が協約通りであるか否かが点検される。

③　銀行業における調査（Becker/Stöcker 2000）

1998/99年に銀行68行につき，ベッカーとシュテッカーにより調査された。回答銀行の84％という多数で，人事評価が実施されている。なぜならば，銀行には評価は適しているという。

評価方法は銀行により多様である。調査者が予定した項目がそのままは当てはまらないことが多い。

イ）評価方法のタイプ

50の銀行は行内で標準的な評価タイプを答えた。それを選ぶ理由として，66％が挙げるのは，比較可能性ならびに統一性（Einheitlichkeit），および扱い易さ・評価の容易さである（各22％）。この調査から，明確な像が浮かび上がる。58％は指標に照らした業績評価（merkmalsorientierte Leistungsbeurteilung）手続を用いる（体系的業績評価）。総じて，10％は担当課題（役職）に照らした（aufgabeorientiert）業績評価であり，8％は目標に照らした（zielorientiert）評価（目標管理）である。役職，指標および目標の3つをミックスした評価形態は銀行の24％にある。

体系的業績評価では，職位横断的な標準的な指標（課題量のような課題指

標，信頼性および率先〈Initiativ〉のような特性）にもとづいて評価が行われる。職位に特有な変化は可能であり，それは性格を変えるものではない。役職および目標に照らした手続きは，その代わりに職位や時期に特有な指標を変更する。

銀行のうち，大手の公法上の組織（公立貯蓄銀行，州立銀行）では85％で指標に照らした評価が普及している。それは民間銀行では61％である。大規模になるほど，混合型は減る。目標に照らした評価は公法上の銀行ではわずかである。

この結果は従来の調査結果と一致する。

ロ）評価指標

回答のあった68行のうち88％では標準的な指標による。指標の数は4～23である。分散が大きく，このことはこの制度がまだ流動的であることを示している。

少なくとも1つの指標で，これらの銀行の73％は直接に，または間接的に特性に関わる指標を含んでいる。平均して3.4の特性に関わる指標があり，それは銀行により分散している。約4分の3の銀行がそれに該当するが，直接に業務に関連する指標の比重が次第に高まる傾向である。

評価に指標を用いる銀行のうち85％は，管理職（Führungskräfte）に対して特別な追加的指標を用いる。その86％では評価票に記載されている。その数は平均で4.1項目である。これがある場合でも管理職に対して特性に関する指標もある。

ハ）評価等級付け

一般的な指標を用いる手続きのなかで，81％という高率で上司による等級（ランク）付けが行われている。そこでの等級数は平均5.9であり，5-7の幅である。4分の3の例で奇数である。

評価票のうち31％で，追加的に総合評価の項目がある。これは比較のための措置である。

ニ）評価プロセス

3分の2の事例では，評価基礎は自由に記載された一般的な職務記述書（Aufgabenbeschreibung）であり，評価者は労働者の担当職務を明確に意識

し，評価は実際にそれに即して行われる。その基礎は目標にもなりうる。調査した手続きの60％で，定義されたような目標は記載されていない。

　自己評価方式（Selbstbild）で最も重要な業績評価の意義は，業績の承認および確認であり，労働者の個人面談，昇進および動機付けであり，ともに93％で指摘される。回答者の64％では，実施された人材育成措置の評価が重要な役割を果たす。役割のうち「長期の業績調査」が49％，「賃金の違いのための決定根拠をつくる」が47％である。

　調査された資料，とくに評価指針から，事例の10％で賃金との関連が示されている。以前の調査結果に比べて，評価は，職員の個人面談，動機付け，人材育成措置および教育訓練の材料として依然大きな意義をもつ。それに対し，人事計画（要員計画）および賃金配分（Entgeltdifferenzierung）における意義は低下してきている。回答した銀行の約半数が，評価は賃金の違いのための決定根拠として活用しているという。平均して1.75年ごと，最多は2年ごとに定期評価が行われている。

(2)　ドイツ銀行（1992年）

　イ）全行員を対象に人事評価が行われている。目的は，事業所内上乗せ賃金額の算定，従業員の研修計画策定および昇格など，あらゆることである。13頁におよぶ事業所協定が結ばれている。

　ロ）評価方法は体系的業績評価であり，評価指標は，仕事ぶり4項目，社会的行動3項目，勤務実績2項目，追加的記入欄，将来性3項目，さらに上級クラスの従業員には従業員指導4項目，合計17項目があり，それぞれに7ランクのなかから評価を下す。

　例）

　　〈仕事ぶり〉①見通しを持って考え行動すること（計画性，作業過程での積極的な操作・テコ入れ），②創意と独立性（自分の役割を明らかにし，また自分の目標を設定してそれを処理すること，提案を行うこと），③忍耐力と役割に耐える能力（ある作業目的を，困難な条件や，場合によっては逆流があるなかで達成しようと努力すること），④精神的な柔軟さ（新しく変化する状況に即座に適応して反応する能力を持つこと）

〈社会的行動（顧客，同僚，上司との間の）〉①コミュニケーション態度（会話でのやりとり，周囲の人に入っていくこと，相手・周囲から受け入れられているか），②協力，③情報に関する対応（どのように情報を集め，また，それを伝達しているか）

〈勤務実績〉仕事の質と量

〈将来性〉①学習状況（専門知識を持ち，実際に仕事に活かしているか），②学習姿勢（専門知識を広げ，専門的に最新の状況に通じるように努めているか，また，その用意があるか），③配置の可能性（可動性，および他の役割に多面的に対応できるか）

ハ）小括　評価指標「将来性①学習状況，②学習姿勢」があるのは，銀行員に求められることを示していて特徴的である。能力開発のために従業員面談が実施されている。

(3)　ベルリン国民銀行（2014年）

イ）人事評価は実施されている。そのための事業所協定はテーマ別に5つある。人事評価の目的は，利益配当（Tantieme）および人材育成である。

ロ）利益配当は，銀行全体の収益状態，グループ目標の達成度および個人評価が3分の1ずつの比率で考慮されて個人ごとにきめられる。グループ目標は上部から決められる。

業績評価方法：協約労働者は体系的業績評価により，協約適用外職員ではさらに目標管理が加わる。

　指標：①作業結果（特定の時間単位内での作業量を考慮したうえで，仕事遂行および提供された仕事の質），②作業行動（以下の5点に関する能力および姿勢。1 共同の目標達成のために課題に対する責任を引き受ける，2 結果指向的に，および自己責任をもって働く，3 一緒に考える，4 必要な変更を行う，5 自分の知識と能力を自力で拡げる）

　①と②は50％ずつで同じ比重で考慮される。この指標は労働者全員に統一的に適用される。この指標に関する評価は上司により検証可能でなければならない。

ハ）ベルリン国民銀行・評価面談表（うち「業績・行動評価」の項）は6

つの項目がある（図表5-14）。上司が6段階で評価する。

　評価等級6：卓越した業績を示し、要求（求められている基準・水準）をはっきりと上回り、明白で顕著な強みを示す。

　評価等級5：要求を上回り、強みが認められる。

　評価等級4：要求を完全に満たす。

　評価等級3：要求をほとんどで満たす。ただし、参加によって克服されるべき改善の必要性がある。

　評価等級2：要求を頻繁に満たしていない。改善の必要がある。

　評価等級1：要求を満たしていない。

各項目につき、「得意点」「発展の必要性」を書く。

1　専門知識：それぞれの専門分野および関連する分野で、担当課題に関わる専門知識、できることおよび経験の幅広さおよび深さの現状

2　作業結果：所定時間単位内での作業量を考慮したうえで、仕事遂行および提供された仕事の質

3　作業行動：以下の5点の能力と姿勢。1 共同の目標達成のために課題に対する責任を引き受ける、2 結果指向的に、および自己責任をもって働く、3 一緒に考える、4 必要な変更を行う、5 自分の知識と能力を自力で拡げる

4　協力：他人の価値観、考えおよび気持ちを考慮して、他人と対等に接する能力と姿勢

5　顧客・サービス指向：顧客および交渉相手方に満足感を与え、問題を解決するために、彼らと積極的に接触し、相手の要求、希望および関心を理解し、耳を傾け、そのために尽くす

6　労働者につき補足すべきコメントないし特別な潜在的可能性

　ニ）人事評価に関して事業所協定が定められている。全体として当銀行でも行員の能力開発に強い関心を払い、従業員面談のために時間を割いている。

　利益配当は、内容的には企業収益、グループ目標達成度が強く反映している。銀行業は収益が変動的なので、このような仕組みになるようである。

図表 5-14　評価面談表（ベルリン国民銀行，うち「業績・行動評価」の項）

卓越した業績を示し，要求をはっきりと上回り，明白で顕著な強みを示す。	要求を上回り，強みが認められる。	要求を完全に満たす。	要求をほとんどで満たす。ただし，参加によって克服されるべき改善の必要性がある。	要求を頻繁に満たしていない。改善の必要がある。	要求を満たしていない。
評価等級 6	評価等級 5	評価等級 4	評価等級 3	評価等級 2	評価等級 1

専門知識：それぞれの専門分野および関連する分野で，担当課題に関わる専門知識，できることおよび経験の幅広さおよび深さの現状
〈得意点〉　　　　　　　　〈発展の必要性〉
□

作業結果：所定時間単位内での作業量を考慮したうえで，仕事遂行および提供された仕事の質
〈得意点〉　　　　　　　　〈発展の必要性〉
□

作業行動：以下の5点の能力と姿勢。a.共同の目標達成のために課題に対する責任を引き受ける，b.結果指向的に，および自己責任をもって働く，c.一緒に考える，d.必要な変更を行う，e.自分の知識と能力を自力で拡げる
〈得意点〉　　　　　　　　〈発展の必要性〉
□

協力：他人の価値観，考えおよび気持ちを考慮して，他人と対等に接する能力と姿勢
〈得意点〉　　　　　　　　〈発展の必要性〉
□

顧客・サービス指向：顧客および交渉相手方に満足感を与え，問題を解決するために，彼らと積極的に接触し，相手の要求，希望および関心を理解し，耳を傾け，そのために尽くす
〈得意点〉　　　　　　　　〈発展の必要性〉
□

労働者につき補足すべきコメントないし特別な潜在的可能性

□

労働者の同意

　□私は評価に同意します。
　□私は評価に同意しません。理由：

　　　　日付，労働者の署名

第5章　民間企業での実際

(4) ブレーメン州立銀行（2014年）

この銀行の労働者は州公務員である。ブレーメン州公務員代表法の適用下にあり、公務員代表が設置されている。民間ではないが、銀行業の特色ある事例として紹介する。

人事評価は全行員を対象に実施されている。目的は能力開発である。利益配当制度はあるが、業績評価結果は支給額には影響しない。協約上乗せ支給もあるが、業績評価には影響されない。珍しいことである。

個人面談の実施要領につき、勤務所協定「相互協力的に従業員の潜在能力および業績を向上させる制度」で定められている。評価方法として体系的業績評価と目標協定の組み合わせが用いられている。この銀行も個人面談を通じて能力開発に熱心に取り組んでいる。

特色ある点として、前記勤務所協定の一部「コンピテンシー評価（仕事ぶり〈Arbeisverhalten〉にもとづく能力、完成度および知識の評価）」を紹介する（図表5-15）。

(5) 小括

銀行業では協約規定により、使用者と従業員代表の合意にもとづき、協約賃金の8％までを個人ごとに業績給として支給することができる。化学産業で、協約賃金とは別に上乗せして支給するのとは異なる。業績評価方法では、体系的業績評価または目標協定が用いられている。

① 銀行業の人事評価状況（図表5-16）

調査した5行すべてで人事評価が実施されている。ここから見てとれる特徴は、業績評価の主目的が能力開発（人材育成）にあることである。これは後述の保険業と共通するが、銀行業務遂行で求められる能力は高いレベルであり、継続的な資格向上訓練が必要であることによる。ただし、目的に金銭支給（例：利益配当）が含まれるか否かで大きく分かれる。

また、評価方法は体系的業績評価と目標協定に分かれる。いずれも、それにもとづく個人面談が重要である。業績評価の指標をみると、専門性が重視

図表 5-15 ブレーメン州立銀行の勤務所協定

コンピテンシー評価

A：まだコンピテンシーはない
B：知っている
C：それができる
D：専門家である

鍵となる コンピテンシー分野	含まれる個別のコンピテンシー	コンピテンシーのレベル			
		A	B	C	D
専門的 コンピテンシー	立ちあげ（Aufbau），保持および投入	☐	☐	☐	☐
方法的な コンピテンシー	プロジェクトをリードするコンピテンシー	☐	☐	☐	☐
	司会およびプレゼンテーションのコンピテンシー	☐	☐	☐	☐
	仕事の組織化	☐	☐	☐	☐
	管理にかかわる方法的知識	☐	☐	☐	☐
営業 コンピテンシー	販売コンピテンシー	☐	☐	☐	☐
	目標および結果を指向する	☐	☐	☐	☐
	企業家的な思考と行動	☐	☐	☐	☐
個人的な コンピテンシー	参加と自己責任	☐	☐	☐	☐
	学習の姿勢と能力	☐	☐	☐	☐
	行動し達成する能力	☐	☐	☐	☐
	問題解決，決定および具体化する能力	☐	☐	☐	☐
社会的な コンピテンシー	チーム能力	☐	☐	☐	☐
	コミュニケーションおよびコンタクトをとる能力	☐	☐	☐	☐
	紛争解決および批判する能力	☐	☐	☐	☐
指導能力	戦略をたて見直しをするコンピテンシー	☐	☐	☐	☐
	模範的役割の認識	☐	☐	☐	☐
	業績とチーム精神の強化・促進	☐	☐	☐	☐

コンピテンシー評価の説明	

図表 5-16　銀行業の人事評価

銀行名	目　　的	評価方法
ドイツ銀行	能力開発＋上乗せ賃金算定	体系的業績評価
コメルツ銀行[1)]	能力開発＋特別手当	能力開発のために体系的業績評価，特別手当のために目標管理
ブレーメン貯蓄銀行	能力開発	目標協定
ベルリン国民銀行	能力開発＋利益配当	体系的業績評価
マインツ国民銀行	能力開発＋業績手当	体系的業績評価または目標協定
ブレーメン州立銀行	能力開発	体系的業績評価＋目標協定

注：1) は大塚 2009：19 による。

されている。また，継続的に学ぶ姿勢も含まれる。この業界の性格を反映している。

② 能力開発の重要性

個人面談では今後の能力開発の努力目標が合意される。本書では紹介を省いたマインツ国民銀行でも能力開発につき事業所協定が結ばれている。行員には能力開発の用意が求められる。昇給は上級職に昇進するという方法による。各銀行の規定をみると個人面談につき事業所協定または勤務所協定で詳しい定めがおかれ，意気込みが伝わってくる。私のヒアリング調査でも，この点につき従業員代表委員は熱っぽく語る。

資格向上・教育訓練では，銀行内外の研修制度とセットになっており，外部制度ではビジネス・スクールの講座を活用し，内部では研修制度を整備していることが特徴的である。その意味では業界として教育訓練制度が体系的に整備されている。その背景にギルド（職人・商人の同業者組合）による企業横断的な職業資格の伝統がある。

学歴はこれまで専門学校卒が中心であったが，今やドイツでも大学進学率が 42％（2015 年）なので，新卒採用では大学卒が中心になりつつある。

8　保険業

保険業の労働協約には業績給に関する定めはない。

(1)　アリアンツ社（1992年）

　内勤従業員全員に人事評価が行われている。目的は成績手当支給（従業員平均，月200マルク≒100ユーロ≒1.3万円）の算定基礎である。当社も業績給支給の目的と同時に，業績評価にもとづいて個人面談を行い，能力開発につなげている。実施要領パンフは23頁あり，力を入れている。評価指標は保険業にともなう特色はなく総花的である。

　評価指標は大きく2本の柱からなり，担当職務に関係した事項と，従業員全員に共通する事項がある。

共通事項：①専門知識の程度，②それを実際に活用する能力，③口頭での表現能力，④文章表現能力，⑤仕事のスピード，⑥仕事の正確さ，⑦独立性（補佐なしで担当業務を遂行できること），⑧担当業務をこなし役割に耐える能力，⑨指揮命令に従って労務提供する姿勢，⑩交渉技能，⑪教育学的な技術（同僚や部下に担当・役割を理解させ，その能力を伸ばすように補佐する能力），⑫同僚との協力，⑬上司との協力

(2)　プロヴィンツィアール・ラインラント社（2013年, デュッセルドルフ市）

　能力開発に取り組まれ，そのための面談カードのなかに評価がある。各項目で両当事者が5段階で評価し，「得意な点，苦手な点」を記入する。

①専門知識：職務部門におけるあらゆる業務をこなすために必要な知識の幅と深さ。

②作業結果：費やした費用を考慮のうえで，仕事の質（正確さ，完全さ，ミスのなさ）および量（所定時間内に達成した業務量）。具体的な職務におけるこれらの諸要素の重要度。

③作業行動：積極的に課題に立ち向かい，独立して体系的に働く，責任をもって引き受ける，ならびに自らの知識を広げる能力と姿勢。

④販売・顧客指向：販売協力者および内外の顧客との，信頼と高い評価に裏付けられた積極的な関係を築き保持する能力と姿勢，および相手の状況に自らをおき，その要望を理解し，販売協力者および顧客を最大限手助けする能力と姿勢。
⑤協力：上司および同僚との関係の形成。作業課題を共同で解決するための率直さ。知識と経験を適時に目的に即して伝えること。
⑥総合的評価：前記各項目の包括的な評価。ほかの評価観点からみた補足。

これは面談カードの記入事項である。この現状評価にもとづいて，得意点を伸ばし，弱点を克服すべく研修計画が合意される。評価指標では，③で学習姿勢が含まれている点が特徴的である。

(3) ビクトリア社（1993年，デュッセルドルフ市）

能力開発目的のために個人面談が行われ，そのための面談資料に従業員の担当業務，意欲・関心，目標等の記入事項がある。事項は以下の5項目である。

①職務遂行，本人はいかなる職務を担当しているか。その職務は遂行されているか。
②本人はその職務に関心と喜びを抱いているか。将来の希望する職務。
③より良い勤務成績を挙げるには本人と企業は何をすべきか。
④いかなる具体的な目標が本人との間で合意されたか。
⑤本人は職務上の知識を広げるために研修に参加する意思を持っているか。本人はその職業生活上の進展のために個人的な希望と目標イメージを持っているか。

ここでは能力開発のための面談資料なので，業績給支給のための人事評価のような緊張感はないだろう。

(4) 小括

このように保険業では人事評価は主に能力開発（人材育成）のためである（図表5-17）。

銀行業と共通する点が多い。訓練生のなかから優先的に採用する，出身学

図表 5-17　保険業の人事評価

保険会社名	目　的	評価方法
アリアンツ社	内勤職員に対して，業績手当算定＋能力開発	体系的業績評価
プロヴィンツィアール・ラインラント社	能力開発	面談カードのなかに体系的業績評価がある
アラーク社	能力開発	目標協定。使用者側主導
ビクトリア社	能力開発	個人面談用資料に面談事項を記入

歴は総合大学卒ではなく，専門学校（または専門大学）卒が主である，能力開発が重視され，そのための個人面談の資料として評価が行われる，職業資格が企業横断的であり業界として教育訓練制度が整備されている。

　保険会社の一部では人事評価が業績給支給の目的で行われている。この点，銀行業における業績主義的賃金の普及度に比べて低い。業界最大手のアリアンツ社がそれを行っていることの影響は大きいであろう。アリアンツ社以外は能力開発目的であり，そうなると勢い，評価も個人面談のための資料という位置づけになってくる。アラーク社では目標協定の方法をとる。

　4社のうち，個人面談実施要領が事業所協定になっていないのは，アラーク社だけである。従業員代表の関心は低いようである。

9　準公共部門（運輸・通信，病院）

　ドイツでは1995年に法律により，鉄道，郵便およびテレコム各社が民営化された。それを受けて，新会社で業績給が導入されている。

　自治体レベルでも，公共交通，エネルギー公社（電気・ガス・水道供給事業），公立病院で各種の民営化が進んでいる。病院でいえば，変更以前は，民営約680，教会系約750，公立約1330の3タイプ（合計約2760病院）があり，公立が中心であった。しかしこの間，公立が大規模に減らされ715病院にまで減り（2012年），その経営形態は公益有限会社（gemeinnüzige GmbH）の形態が主である。それとともに，一部で業績給が導入され，業績給算定または能力開発のために人事評価の実施が進んでいる。

(1) ドイツ鉄道（2014年）

① 業績指向の賃金

コンツェルン事業所協定として、「業績指向の賃金」が定められ、業績評価にもとづく業績手当がある。それは利益配当制度に業績評価を反映させて個々人に差額を設けたものである。

人事評価は手当支給と能力開発の両方に用いられる。ドイツ鉄道では人材育成が重視されていて、事業所協定「従業員指導」がある。

② 業績評価の指標

イ）仕事の質：従業員は
・内外の顧客の期待を満たしている
・目指している作業結果を達成している
・その職務遂行にあたって、鉄道に特有な、または法律上の指針、および合意されている標準を順守している

ロ）作業の効率性：従業員は
・その活動で適切に優先順位をつけて、組織している
・仕事上の支出および利用を有益に行っている
・作業資材を資源節約的に使用している

ハ）参加および取組姿勢（Einsatzbereitschaft）：従業員は
・その役割において、新規および部分的には追加的な課題をも引き受ける用意がある、ないし、すでに引き受けている
・その職業的な経験および情報を同僚および上司に伝達している
・率先性を示し、アイデアを持ち込む

以上につき、5段階で評価する。

③ 小括

人事評価による手当への反映の比重は小さい。

評価事項は、業績、コンピテンシー、潜在能力および能力開発の4つであり、能力開発と将来的な能力を重視している様子である。技能労働者の比率

が高いと推測されるのに意外である。

　業績評価指標は標準的である。鉄道業では「安全第一主義」であろうが，その旨の指標は「仕事の質③その職務遂行にあたって，鉄道に特有な，または法律上の指針，および合意されている標準を順守している」だけであり，比重が低い印象をうける。鉄鋼業・アルセロール・ミッタル社の「安全な仕事の遂行」の項目に比べて簡素な定めである。

(2)　ドイツ郵便（2010年）(Teuscher 2010：174-182)

①　業績給

　基本給に追加して平均で5％の業績給が支給される。業績給のための人事評価実施要領は企業別労働協約（37頁）に定められている。労働者（現業労働者と職員）は賃金等級別に3グループに分類されて，グループごとに異なった人事評価制度になっている。

②　業績評価の特徴

　賃金等級5～7の中級労働者の場合には，4項目の業績評価と目標達成度評価（Zielbewertung）の2本柱で，各50％の配分である。5段階評価である。
　ⅰ）作業量（作業結果の範囲，追加的および特別な課題への対応姿勢，忍耐力）
　ⅱ）作業のレベル（作業結果の質，作業および時間の仕分け，期日順守，目標指向性度（Zielstrebigkeit），責任意識，信頼性）
　ⅲ）作業方法（独立性，計画的で創造的な仕事ぶり，作業テンポ，優先順位の置き方，柔軟性，経済的行動，顧客指向の思考と行動）
　ⅳ）前提条件およびコンピテンシー（専門的能力：市場および企業に関する知識を経済的状況のなかに置き換える，パートナーと協力して成果を追求する，場合によっては方向性をさし示し手本を示す）。

目標協定：目標は3つまでで，合計で100％になるように比重を設定する。各目標で20％以上の比重をおくこと。目標ごとに達成度を評価して合計点を出す。

　賃金等級8～9の上級労働者の場合には，8項目の業績評価と目標達成度評

価の2本柱で，各50％の配分である。5段階評価である。
  ⅰ）顧客指向の思考と行動（顧客とのやりとり，信頼性，作業結果の質，苦情の頻度，サービスおよび販売促進（Vertriebsorientierung））
  ⅱ）経済的な思考と行動（作業結果の正確さ，費用・便益意識），組織化と計画，製品およびプロセスの知識を実際に活かす）
  ⅲ）組織およびプロセスをまたがる思考と行動（企業家的な全体的関連性）
  ⅳ）労務提供の態勢（仕事量，自発性，追加的および特別な課題への備え，柔軟性，目標を追求する姿勢，忍耐力，可動性（Mobilität））
  ⅴ）協力的に成果を追求する（チーム能力，協力，情報の伝達・配分，批判能力（Kritikfähigkeit））
  ⅵ）方向性を指し示し責任を負う（説得能力，実行力，責任の引き受け）
  ⅶ）製品，サービスおよびプロセスを継続的に改善する（変更への備え，創造性，効率的に追求する）
  ⅷ）専門的能力（専門知識，専門的な技能（Fachfertigkeit））。

④ 人事評価の利用目的
　賃金等級1～4のグループ：評価点は職務手当支給の判断材料とされる。
　賃金等級5～9のグループ：変動的な賃金（variable Entgelt）として支給される。
　すべて人事評価にもとづいて個人面談が行われ，能力開発につなげられている。

⑤ 小括
　業績評価の特色は，2本柱（業績評価および目標達成度評価）で同じ比重で適用されていることである（ただし，下位等級グループは業績評価のみ）。賃金グループを3つに分けて，それぞれ異なる評価指標によっている。「君にはどのような力量，能力をつけて欲しいか」に関する使用者と従業員代表の期待が伝わってくる。指標は労務提供の量・質，労務態様，労働者の特性に対応していてわかりやすい。現場に目が向いた細かい扱いである。毎年，評価票にもとづいて個人面談が行われており，能力開発に力を注いでいる。現

業労働者の比率が高い企業なのに意外である。

評価指標は，サービスへの姿勢，チーム協力への姿勢の項目が特徴的である。上位等級グループには「批判能力」の指標がある。これは学校教員や公務部門でみられる指標であり，元公務であることの名残であろうか。

郵便では企業別協約で詳しく定める。苦情処理手続の定めも明快である。「評価をめぐる紛争解決（27条）：業績評価および目標達成度評価をめぐり労働者が納得できない場合には，総合評価の通知から2週間以内に使用者または従業員代表に苦情を申し立てることができる。これにつき前条で設置された委員会が管轄する。委員会は召集から4週間以内に苦情につき決定を行う。」賃金グループごとに定め，評価ランク別に手当額を明示し，評価票サンプルを付属資料として付けている。そのために関係協約は37頁の分量になっている。

(3) ドイツテレコム社（2013年）(Fischer：207-210)

テレコム社では民営化以前から業績依存的な賃金部分があった。それは基本給の追加支給であったが，現在は基本給の一部に組み込まれている。

① 概要

協約の定めにより，賃金等級グループ1〜8（初級・中級）の労働者に関しては固定部分の比率が95％に引き上げられ，残る5％分が評価により労働者ごとに異なって支給されることになった。5％のうち2.5％分は業績評価にもとづく割増（Prämie）として，残る2.5％は監査役会が定める企業目標の達成度に応じて支給される。ただし，賃金等級グループ9〜10の上級労働者に対しては，賃金の90％は固定部分で，残る10％は個人目標またはチーム目標の達成度に応じて労働者ごとに支給額が異なる業績給である。

② 評価指標

業績給算定のための評価指標（賃金等級1〜8のグループ用）
以下5つの大括りごとに5段階で評価する。
イ　顧客を満足させる（顧客指向）

ⅰ）自らを顧客の状態・立場におく
　　　ⅱ）顧客のニーズおよび要望を満足させる
　　　ⅲ）顧客の期待に沿う
　　　ⅳ）できる範囲内で顧客の生き方・体験を肯定的に評価する
　　　ⅴ）自ら改善と刷新に努めている
　ロ　完全さ（Integrität）と価値評価（価値指向）
　　　ⅰ）倫理に関する企業規程にもとづいて行動する
　　　ⅱ）誠意をもってオープンに行動する
　　　ⅲ）自分の言ったことに忠実に行動する
　　　ⅳ）反倫理的で無責任な行動をしない
　ハ　最新の専門的な知識（専門的能力 Fachkompetenz）
　　　ⅰ）根拠のある専門的知識を用いる
　　　ⅱ）できるだけ最新の状態であるように努める
　　　ⅲ）知識を実際に具体的に適用・応用する
　　　ⅳ）自分の知識を他人に伝え分かち合う
　ニ　最善の結果を追求する（結果指向）
　　　ⅰ）経済的に振る舞う
　　　ⅱ）目標および結果を指向して振る舞い，質にも配慮する
　　　ⅲ）優先順位を考え効率的に進める
　　　ⅳ）適時に妥当な決断を行う
　ホ　変化に対して積極的である（変化への姿勢）
　　　ⅰ）変化に対してオープンであり，可能性を認識する
　　　ⅱ）新しい課題および挑戦に前向きに臨み，可能性を探究する
　　　ⅲ）自分のエンプロイアビリティ向上に取り組む
　　　ⅳ）他人を動機付け，他人と協力して収益を上げる
　　　ⅴ）変化の過程に率先して臨み対応する

③　**能力開発**

　協約適用労働者に対しては，能力開発プランが個別にたてられ，労働者の業績，コンピテンシーおよび潜在能力につき事業所協定にもとづき能力開発

図表 5-18　準公共部門の人事評価

	業績給の有無, 内容	業績評価指標
ドイツ鉄道	あり。ただし, 利益配当が個人ごとに差額をつけられる形で。使途: ＋能力開発	業績, コンピテンシー, 潜在能力, 能力開発の4つについて。ほかに面談あり→目標協定
ドイツ郵便	あり。業績評価は業績給と能力開発のため。	指標は標準的であるが, サービス姿勢, チーム協力に関する指標が多い。面談あり。
テレコム社	あり。賃金の5％ないし10％	業績給のための評価は体系的業績評価による。能力開発のための面談あり。
シャリテ大学病院	なし。定期的な人事評価は介護職についてのみあり。	評価指標：標準的である
エルンスト・フォン・ベルクマン病院	なし。定期評価はない。面談を重視する（能力開発目的）	(なし)

が取り組まれる。

　毎年, 労働者とその直接の上司の間で「基礎面談」が行われる。

④　小括

　協約賃金の5％ないし10％が業績給として支給されることが協約に定められている。基本給の追加ではなくその一部に含まれているのは, 金属・電機産業でもみられるが, 珍しいほうである。

　評価方法は中級・初級職では体系的業績評価中心であり, 評価指標では, 専門知識, 変化への姿勢を重視している。「エンプロイアビリティ向上」の指標がある。他方で, 上級職では目標管理による。

　この社も能力開発に熱心であり, 全労働者を対象に毎年個人面談が行われる。「業績, コンピテンシー, 潜在能力」の開発につき面談される。総じて, 能力開発に対する力の入れ方が並ではない。

(4)　小括

　この産業分野は最近20～30年間に大きく構造転換した分野である（図表5-18）。公共交通およびエネルギー供給業では, 1992～93年当時, 業績給は

なく人事評価は行われていなかった（藤内1994：122-124）。しかし，それらの分野でも業績給の導入が進んでいるという。

業績給支給は，郵便，テレコム社である。病院ではない。

各企業別労働協約は人事評価の指標および手続きを詳しく定める。なかでも郵便協約は労働者を3つのグループに分類して，各レベルに対応した評価指標を定めているのは工夫である。

人事評価は病院以外では定期的に実施されている。エルンスト・フォン・ベルクマン病院では個人面談を重視している。業績給が支給されている鉄道，郵便およびテレコム社でも面談は重視されている。全体として，能力開発（人材育成）に熱心であるとの印象をもつ。

指標としては，鉄道，テレコム社で，「エンプロイアビリティ向上」がある。

10 小 括

以上の産業別分析を産業横断的に整理すると，つぎのようになる。

(1) 実施状況（民間以外を含む）

産業部門別に表にすると，図表5-19のようになる。ただし，これは傾向を示すにとどまり，各産業に属する企業のすべてを示すものではない。被評価労働者の比率は約4割である。

イ）以上をみると，産業分野ごとの取扱方の違いは大きい。まず，金属電機産業では協約で業績給が基本給の一部として支給されることが定められている。かつ，協約がそのための業績評価の3つの方法を詳しく定めている（ただし，協約地域によりやや異なる）。また，鉄道，郵便およびテレコム社でも企業別協約で業績給支給が定められている。そのために人事評価が行われている。

他方で，銀行・保険業では，一部で業績給が支給されるが，それが支給されなくても能力開発目的で人事評価が実施される。とくに面談が重視されている。それは病院の一部でも同様である。

図表 5-19　人事評価実施状況（産業分野別）

	人事評価あり	人事評価なし
業績給あり＝協約規定あり	金属電機産業（約380万），鉄道（29万），郵便，テレコム社（24万），鉄鋼・職員，公務労働者（連邦・市町村約135万），醸造業一部，エネルギー会社・イオンエネルギー社，印刷業・技術者	多くの製造業，鉄鋼業・現業，建設，印刷・技術者以外，木材加工，小売業・主，食品加工，ホテル・飲食，州公務労働者（約105万）
業績給あり＝協約では任意規定	化学大手・主，銀行業・主，官吏・一部	
業績給なし＝主に能力開発目的	小売業・一部，銀行業・一部，保険業，病院・一部，官吏の多数・学校教員	

　それでも，人事評価の実施は民間企業では労働者の半数以下にとどまる。本書では経済社会科学研究所（WSI）資料を基に業績給がある産業分野を中心に調査している[2]。

　金属労組は人事評価を実施させない方針ではなく，業績給支給を認め，そのうえでそのための人事評価実施方法を協約で厳しく規制している。そこに協約交渉の主眼をおいている。

　ロ）「欧米のブルーカラー労働者は，査定の公平性が欠けていることと平等主義に執着することから，査定を認めていない」（橘木編：2〔橘木〕）と主張されることがある。しかし，ドイツの金属電機産業，郵便などブルーカラー労働者が主である産業分野では，組合員を含めて業績給が支給され人事評価が行われている。いずれも協約で規制されている。人事評価の公正さでは，公正であるとみる労働者が7割である（後述）。

(2) 評価目的

　人事評価実施の目的は，主に業績給などの金銭支給ないし能力開発の判断材料にすることである。

---

[2]　WSI 2010 が協約概要を紹介している。業績給の産業別分布状況につき，協約に業績給の項目が含まれているかどうかをみるのが簡便な調べ方である。

図表 5-20　金銭支給の形態

業績給	基本給（一部または追加支給） 割増（Leistungspämie） 手当（Leistungszulage）	毎月支給 年1回支給 毎月支給
年次特別割増	個人ごとの金額差あり。制度設計は産業・企業により異なる。	
利益配当	個人ごとの金額差あり 　　同　　なし（一律支給）	支給するか否かは不確定 （企業業績次第）

① 金銭支給の形態（図表 5-20）

　なお，業績給（成績給）は，協約賃金の一部として支給される場合（例：金属電機産業，テレコム社）もあれば，基本給の外枠で追加して支給される場合（鉄鋼・職員，化学）もある。銀行ではいずれも可能である。利益配当が多い産業分野は銀行業である。年次特別手当（individuelle Einmalzahlung）は制度化されていることもあれば，いないこともある（例：バイエル社）。

　これらのうち業績・成果依存の割増・手当がないのは，ブレーメン州立銀行，プロヴィンツィアール保険およびビクトリア保険等である。

　業績評価で最低評価でも不利益取扱はない。

② **能力開発目的**

　能力開発目的で実施されているのは，銀行業，保険業，鉄道，郵便，テレコム社および小売業の一部，病院の一部である。この場合には評価後の面談が重視されている。

　能力開発の目的として，金属電機産業は明示してはいないが，外国企業に対する競争力強化のために労働生産性を向上させるという位置づけはある。とくに東欧諸国との競争関係が重要である。組合にとって，かつて 2003～04 年に国内の IT 技術者不足を補うために，国内に多数の失業者がいたにもかかわらず，政府が外国人 IT 専門労働者にグリーンカード制度と呼ばれる特別の労働許可書を発行した経験がある。そのとき，金属労組は失業者に対する職業訓練による IT 技術者養成を政府に求めた。政労使の「雇用のための同盟」で，人材育成を共同して行う共通認識がある。

図表 5-21 業績給および業績評価方法に関する協約規定分類

事　項	業績給の規定があり，支給は義務である	任意に支給することができる	協約上，定めはない
業績給の有無，支給は義務か任意か	金属・電機産業，鉄鋼（職員），醸造，郵便，テレコム社 cf. 鉄道：事業所協定→個人差つきの利益配当	化学，（国民）銀行	なし：小売，保険，病院2例
業績評価方法の定め	・詳しい定め―金属・電機産業，一部の企業別協約 ・標準的な体系的業績評価―醸造 ・定めなし―鉄鋼	化学：なし 国民銀行：目標協定による	―

(3) 制度設計手続

① 法律および協約による規制

　事業所組織法（94条2項）の定めにより，人事評価の導入にあたっては従業員代表の共同決定権が及び，使用者はその同意を得なければならない。したがって，人事評価制度は通常，事業所協定で定められる。これは全産業に及ぶ共通のルールである。その一方で，金属電機産業などでは労働協約で業績給支給とその算定のための業績評価方法につき詳しく定めて規制している（業績給の比率，業績評価方法の枠組み，体系的業績評価における評価指標，評価手続等）。ほかに企業別協約として，鉄道，郵便およびテレコム社で同様の協約規制がある。したがって，人事評価制度に対する外部からの規制は法律規定（事業所組織法）といくつかの産業分野での協約規定の双方が及んでいる。協約規制の内容は業績給の有無および業績評価方法の定めなどで産業分野により大きく異なる（図表5-21）。

② 協約による規制と事業所レベルの規制の関係

　協約規定の詳しさは産業分野により異なる。
　第1に，協約が詳しく定める例であり，金属電機産業が該当する。ここでは協約は業績給の金額，業績評価方法，評価手続（紛争解決など）を定める。
　第2に，協約に定めがない例である。たとえば，銀行業協約には業績給支

図表 5-22　業績評価方法の分布（産業別）

体系的業績評価	金属電機の多数，公務労働者の多数，銀行・主，保険・主，化学・多数
目標協定	金属電機の一部，公務労働者の一部，病院の一部，化学・一部，銀行の一部
両者併用または選択	金属電機の一部，公務労働者の一部，
能率給／指数比較	金属電機の一部，化学の一部（いずれも現業労働者）

給は事業所の任意であるとし，支給する場合は基本給の8％まで，業績評価は目標協定と定めるが紛争解決手続規定はない。協約に定めがない事項は事業所レベルで使用者と従業員代表が合意して定めることになる。

　なお，人事評価が実施されていながら，それに関する事業所協定・勤務所協定の定めがない事例として，バイエル社ケルン販売店，アラーク保険，および水産加工業1社，シャリテ大学病院がある。

　同一企業でも事業所により異なることがある。ダイムラー社[3]，カールシュタット百貨店がそうである。異なる理由は，主に従業員代表の立場・関心の違いによる。

(4)　評価方法

労働契約にもとづき職務記述書に照らして評価される。

① 概要

　まず，賃金算定方法が時間給か能率給かで大別される。多数を占める時間給労働者では，体系的業績評価または目標協定の方法による。これに対し能率給は，時間給算定（支払）ではない点で，明確に別のタイプである（図表5-22）。

　これをみると，体系的業績評価が主流であることがわかる。ただし，最近20年間では目標協定の比重が高まりつつある。

　なお，金属協約は評価方法を詳しく定めており，評価者は評価結果を検証

---

[3]　ダイムラー社では，本社，カッセル工場およびブレーメン工場で，業績評価の取扱いは異なる（5章125頁）。

しなければならない。検証の点では，ベルリン国民銀行，マインツ国民銀行および郵便も同じである。

文献には，評価方法として代表的な3つの方法以外にも，360度多面評価，アセスメントセンター，コーチング，自己評価（Selbstbeurteilung）などが登場し，とくに幹部選考では複数の方法が組み合わされている。だが，業績給支給や人材育成のための業績評価方法では体系的業績評価および目標協定という2つの代表的な方法が圧倒的に重きをなしている。

② **体系的業績評価**
イ）特色ある例

独自に制度を工夫している事例として，ジック社，ダイムラー社ブレーメン工場およびアルセロール・ミッタル社がある。たとえばダイムラー社は，目標協定と体系的業績評価の組み合わせで，目標協定のなかに「仕事の質・量」を盛り込む。いずれも定期的に労使で制度を見直している。各社は関係する協約の適用を受けつつも独自の評価制度を定める。

郵便では労働者を役割別に3グループに分けて，グループごとに評価指標を定める。「各グループで何が求められているか」を明示する工夫例である。テレコム社では上級者と中・初級者で評価指標を別にしている。

ロ）指標例

標準型として，次の例がある（Müller-Trunk 2012：51）。

i 専門知識とその活用：例：思考の敏速さ，重要なことを理解する，独立して仕事を遂行する[4]

ii 仕事量：達成された結果の範囲，仕事遂行の集中度

iii 仕事の質：仕事遂行の正確さ，作業結果のミスの少なさ

iv 仕事の遂行：率先性，忍耐強さ，信頼

v 協力：情報交換，協力

ハ）特徴的な指標

「顧客の気持ちになって（感情を移入して）」，「批判能力」（郵便・上級グ

---

[4] コンピテンシー（成果を継続的安定的に実現できる行動特性）はここに分類できる。ブレーメン州立銀行およびドイツ鉄道では多くの項目でこれが用いられている。

ループ,シャリテ大学病院・看護職),「紛争解決能力」(ジーメンス社),「自分の知識を他人に伝える」(テレコム社),「作業の優先順位を考える」,「責任をとる覚悟」,「必要なことを主張する」等がある。ドイツでは,「自分の意見をもち,容易に自分の意見を譲歩せず,だが,妥協の用意があること」が必要である。顧客に対しても言うべきことはいう。「お客様は神様」ではない。鉄道,テレコムでは「エンプロイアビリティ向上」がある。

産業分野別の特色として,鉄鋼業では,アルセロール・ミッタル社の「安全な仕事の遂行」10の小項目に特色がある。銀行・保険業では「学ぶ姿勢・意思」の重視に特色がある。

「業績」といえばアウトプットのように聞こえるが,実際そこに含まれて理解されている指標には,通常は「能力」に分類されるべき項目がよく含まれている。

③ 目標協定

採用にあたり担当職務が明示される。職務記述書に書かれている担当職務に照らして,かなり具体的に目標が合意される。能力開発の目標設定にあたり,企業横断的な職業資格・職業能力評価制度があるので,目標を立てやすく,達成度評価もしやすい。ただし,社内資格が目標として用いられることもある。自分の能力開発が目標の一つに含められる例がある(マインツ国民銀行)。

目標協定は本来労使間で合意する制度であるが,上司が一方的に目標を定める「目標設定」の例がある(ダイムラー社)。

実施目的との関連をみると,能力開発を重視する場合には目標協定を利用することが多い。その理由は,個別面談を確実に行うためである。

(5) 実施手続

① 定期評価の頻度等

評価の目的によるが,業績給支給では毎年であり,能力開発目的では2年おきが多い(例:銀行業)。業績給が支給されている場合でも2年ごとの実施例がある(アルセロール・ミッタル社の職員)

実施時期は全員一斉である。例外は試用期間6カ月満了後の評価である。

② 評価の段階

評価の段階はせいぜい2次までであり少ない。その理由は，役職者にはそれに応じた責任を求めることにある。

相対評価か絶対評価かをみると，基本給に対する業績給の比率が協約等で定められている場合には，2次評価者でそれが調整されることになる。結果的に相対評価になる。分布比率をつくる例は少ない。

金銭支給目的の場合で絶対評価の例はある。その場合には，評価にもとづきポイントを算定し，配分予算から1ポイント当たり単価を算出する。

被評価者の人的範囲としては，組合員・非組合員を問わず事業所内労働者全員に対して行われる。ただし，手当を現業労働者には一律支給なのに対し，職員には評価により個人差をつけるという形で工職で異なる例はある。

③ 評価手続

評価手続として，必ず本人に開示される。評価票には本人署名の欄がある。署名の意味は，a）本人が閲覧したこと，b）本人に説明したこと（アルセロール・ミッタル社，郵便），c）面談が行われたこと，d）本人が評価に同意すること（銀行）に分かれる。

評価者訓練がよく実施されている。人事部スタッフは訓練されていて力量レベルは高いという印象をもつ。

④ 紛争解決（異議申立，苦情処理）手続

協約または事業所協定は詳しい定めをおく。評価に対する不服，達成度評価の不合意などの紛争は，原則として使用者と従業員代表の協議，または事業所内労使対等委員会で処理される。金属電機産業と郵便で最も明確な定めである。タイプとして，つぎの3つが代表的である（第2章3）。

 a）一つ上級の上司を加えての拡大委員会による合意を追求する（サービス業：テレコム社）。

 b）上級機関への持ち込み，

c）使用者と従業員代表の協議に委ねる例，または事業所内労使対等委員会が扱う。構成員は使用者側と従業員代表側から同数ずつ任命される（金属電機産業協約，化学産業協約，郵便協約および公務協約）。

　いずれも使用者と従業員代表の対等構成原則に則り，苦情はそこで決着がつけられる。事業所組織法によれば，苦情の当否につき労使で意見の相違がある場合には仲裁委員会が設置され，「仲裁委員会は事業所と関係労働者の利益を適切に考慮して公正な裁量にもとづいて決定する」（同法76条5項）。

　紛争解決手続が整備されている背景として，関係法規の整備がある。すなわち，労働者は，その者の賃金の計算方法および構成を説明すること，およびその者の成績の評価および事業所内におけるキャリア展開の可能性を話し合うことを使用者に求めることができる。労働者は，本人の人事記録を閲覧する権利を有する（事業所組織法83条1項）。苦情処理制度が法律で定められていて，自分の処遇に不満を持つ労働者は本人が直接に，または従業員代表を通じてそれを使用者側に伝え，使用者側の説明を求めることができる（84条）。このような法律規定のもとで，使用者も関係規定の合意に応じていると推測される。

　なお，苦情が発生するのは，人事評価が金銭支給目的で実施される場合であろう。

(6) 労働側の対応

① 個人評価の反映の仕方

　職員の昇進格差がつく年齢は早い（佐藤博樹2002：265）。業績評価の個人ごとの違いは昇進スピードの違いに表れる。

② 労働者の受容状況

　評価者の主観が入る評価指標は多数ある。だが，①民間：フェルテの調査（1999年（藤内2016c：53））によれば，公正であると見る者は7割である。私が1992-93年に30余りの従業員代表および公務員代表対象調査で人事評価調査の一環として運用の公正さを問うたが，従業員代表側はおおむね公正に運用されているとみている（藤内2009：397）。ただし，人事評価の制度設計は

産業・企業により異なる，②公務労働者では公務員代表は人事評価の運用を公正であると見る傾向にある（後述）。ただし，労働者個々人レベルではやや批判的な見方をしている。

　制度および運用が公正であると受けとめる者の比率が高い背景として，人事評価の制度設計に従業員代表および労働組合（金属電機産業）が参加し，自分たちの意見が反映した制度内容になっていることによると推測される。

(7)　ドイツの特徴

　イ）人事評価が実施されている労働者の比率は約4割であり，さほど高くない。組合員に対しても実施されている（同旨，遠藤公嗣1999：72）。ただし，評価者（上司）は非組合員であり，組合員が組合員を評価することはない。全従業員を対象に実施することはない。

　ロ）制度設計が使用者の単独決定ではなく従業員代表との共同決定による。いくつかの産業分野では協約が強く規制する。それは制度の内容に反映している。たとえば，体系的業績評価でも目標協定でも，評価結果を評価者は被評価者に示さなければならない。目標協定した上司は目標達成度評価の面談で理由を説明しなければならない。金属電機産業，ベルリン国民銀行，マインツ国民銀行，郵便では，その評価結果は検証可能でなければならない。

　人事評価の実施要領がたいてい事業所協定で定められている。その結果，制度内容はわかりやすく，指標の内容が比較的明確である。

　ただし，このような取扱いは多くの点で法的規制に由来し，それを確認している側面が強いことが特徴である。それでも，協約による規制は法的規定を上回る定めをいくつか有していることも明瞭である。

　ハ）採用時に担当ジョブが明示されていて，業績評価も目標協定も評価は職務記述書を基準に行われる。

　能力開発にリンクされ，能力開発が労使双方から重視されている。

　ニ）使用者側は，評価者訓練の実施，個人面談時間の確保，評価につき労働者から異議申立や詳しい説明の要求があるかもしれないことを覚悟しなければならないことなど，人事評価の運用に多くの手間・ヒマをかけている。とくに上司にとって，評価を根拠づけなければならないことはかなりの苦労

である。
　ホ）制度および運用は公正であると受け止めている労働者の比率が高い。

第6章　総　括—日独比較—（民間企業）

1　日本の特徴

(1)　法的取扱

人事考課にもとづく不公正な処遇をめぐり多くの裁判で争われてきた。判例[1]は人事考課を使用者の人事権行使の一環として理解し，その裁量を逸脱・濫用した人事考課にもとづく人事権行使（例，昇給，昇進）を違法であるとし，裁量の逸脱・濫用の場合につき限定的に認めている。それに対し通説は，その法的根拠を労働契約上の付随義務として把握するか，それとも人事権行使の一環として把握するかという相違はあるが，人事考課（査定）が処遇に及ぼす影響の大きさに鑑み，使用者が人事考課を公正に行う義務（公正査定（適正評価）義務）があると理解する。その義務の内容として，査定基準が客観的合理的であること，評価が適正に行われること，評価基準および評価結果が労働者に公開されること，苦情処理手続の整備などの公正な手続きがとられるべきことと解する。現行法のもとでは労働契約法3条1項，4項でこうした内容が理解される[2]（集団的労使関係における法的取扱については別記）。

(2)　実施状況

人事考課・業績評価の実施・運用に関する調査として，全企業（労働者数30人以上または5人以上）を対象とする厚生労働省調査および上場企業（および，それに匹敵する非上場企業）を対象とする労務行政研究所の調査が代表的である。

雇用管理調査（厚生労働省，2002年，労働者30人以上）によれば，人事考課は企業の51％で実施されている。産業別にみると，金融・保険業（84.7％），電気・ガス・熱供給・水道業（79.7％）で実施が多い。厚生労働省・就労条

---

1) 　判例の動向につき，柳屋孝安：12。
2) 　毛塚勝利：5，石井保雄：124，唐津博：55，藤内2003b：70。

件総合調査によれば,「業績評価制度」につき2010年には企業の45%, 2012年には36%で導入されている（労務2013c：108）[3]。中小企業では以前に作った人事考課規程は手元にあるが,現在は使われていない例をしばしばきく。

労務行政研究所調査（2010年,対象企業は上場企業,回答率5.4%,労務2011：18）によれば,上場企業のほぼすべてで人事考課が実施されている。実施につき,企業規模間格差が大きい。

(3) 評価目的

人事考課は賞与,昇給および昇進など多目的に用いられる。労務行政研究所調査によれば,利用目的により,使用される考課要素（評価指標）のウェートのおき方は異なる（図表6-1）。賞与の目的では「業績評価のみ考慮」が30.7%,「業績＋行動」が29.1%であり,昇給の目的では3項目考慮は29.9%,「業績のみ」考慮は2.8%である（労務2014：85）。その結果,「評価結果により賃金・賞与には相当の配分格差がついている」上場企業は31.5%に達する（図表6-2）。

人事考課が能力開発にリンクしているのは一部にとどまる（労務2014：93）。「考課結果は人材育成や能力開発に十分生かされているか」の問いに対して,「当てはまる」は3.1%,「やや当てはまる」は29.9%である（図表6-2）。肯定回答は少なく,中小企業でとくに低い（労務2011：39）。人材育成にあたり,個別企業は「自社の利益になるかどうか」と考えて取り組むかどうかを判断する傾向がある。

(4) 制度設計

人事評価制度は広義で労働条件に該当し,団体交渉における義務的交渉事項に該当する（通説,判例　例：大幸鋲釘事件・大阪地労委命令昭46・12・25,富士輸送機事件・大阪地労委命令昭45・3・6,沖縄セメント工業事件・中労委命令平28・3・28）。実際に外資系企業や生協の一部では人事考課制度は労使合意にもとづいて労働協約で規制されている。

3）　なお,この調査で「業績評価制度」とは,労働者の業績や成果に対して労働価値（貢献度）を,あらかじめ定めた一定の方式に基づいて評価する制度をいう。

図表6-1　考課要素ウエート構成の変化（％）

区　分		賞　与		昇　給	
		2006年	2011年	2006年	2011年
担当者 （総合職）	業績	60.9	54.1	33.9	31.2
	能力	17.2	14.9	40.8	33.3
	情意・行動	20.7	28.5	24.6	33.4
	その他	1.2	2.5	0.6	2.1

資料：労務行政研究所「人事考課制度に関する実態調査」
出所：労務2011：11

図表6-2　人事評価制度の運用状況

運用状況	当てはまる	やや当てはまる	どちらともいえない	あまり当てはまらない	当てはまらない
評価結果により賃金賞与には相当の配分格差がついている	31.5	46.9	12.2	7.9	1.6
評価結果によっては，同期入社者の間でも昇格昇進スピードに相当の開きが付いている	33.5	47.6	14.2	3.9	0.8
評価結果によって降格や降職となるものが実際にいる（除く懲戒）	26.4	25.6	8.7	13.4	26.0
現場の評価者の評価能力はほとんどバラツキがなく適正な評価ができている	2.4	15.7	46.5	28.3	7.1
評価結果は人材育成や能力開発に十分生かされている	3.1	29.9	41.7	21.7	3.5

出所：労務行政研究所「人事評価制度の実態と運用に関する調査」2014年実施（「労政時報」第3873号93頁）

　しかし，職場に労働組合がある場合でも，組合の多くは人事評価の制度設計につき労使協議して，使用者側の責任で決定され，就業規則で定められている。協約では定められていない。組合側の発言が反映される程度は，組合の発言力の程度および使用者側の受け止め方により幅がある。実際には組合

規制はわずかであり，基本的には経営側の意思にしたがって人事考課が実施されている（石田光男：32-33，遠藤公嗣 1999：276，白井泰四郎 228-229）。その背景には，組合側の遠慮と使用者側がこれを人事制度の一環として単独決定によることへの固執がある。

(5) 評価方法

① 業績評価方法

業績評価方法は統一した評価基準による業績評価（ドイツでいう体系的業績評価）が主である。「目標管理による達成度判定を反映した考課体系」が上場企業の86％である（一般社員向け，2014年，労務2014：82）。

② 業績評価

評価指標をみると，指標「勤務態度・行動」は抽象的であり，そこに何が含まれるか労働者からは理解しがたい。そこに「協調性・協力」を含めることは，日本では同僚と協力して作業を進めるという御神輿経営の作業方法に照らして必要性は高い。しかし，そこには評価者の主観的評価が強く入り込み，これまで人事考課にもとづく昇進・昇給差別事件で明らかになっている。

評価項目「情意考課＝勤務態度」の代表的指標として，責任感，協調性，規律性とする例がある。

③ 目標管理（労務2013：44）

上場企業の82％は人事評価にこれを組み込んでいる。

目標達成度の反映項目は，賞与87％，賃金改定73％，昇進71％，人材育成26％であり，人事評価目的と重なる。そこでは，能力開発の位置づけは低い。その結果，評価面談が形式的になるおそれがある。

目標設定の頻度は半年ごとが61％で最多である。

運用課題として，目標設定時に「設定する目標レベルの基準が不明確で，設定する目標のレベルにバラツキがある」（61％，労務2013：54），目標遂行過程で「管理職が自分の目標達成や日々の業務に追われ，部下への指導・支援が十分にできていない」（55％）（図表6-3），目標達成度評価で「面談は部下

図表6-3 目標遂行過程での問題点（3つまでの複数回答）

集計社数：13年 170社
06年 113社

項目	13年	06年
管理者が自分の目標達成や日々の業務に追われ，部下への指導・支援が十分にできていない	54.7	
目標設定後は，管理者のフォローや関与がない	41.2	33.6
外部環境の変化に対して，検証や見直しができていない	38.2	28.3
中間面談の実施が義務づけられているが，面談が形式化している	33.5	38.9
管理者ならびにメンバーの異動に伴い，期初に設定した目標をフォローできていない	29.4	36.3
数値目標の達成を優先して，部下の能力開発や指導がおろそかになりがち	22.4	27.4

出所：「労働時報」第3853号55頁

の自己評価の結果を確認する程度で，今後の課題解決や能力開発に関する話しあいになっていない」（51％，労務2013：56）が挙げられている。そこからは，部下の育成が管理職の役割の一つであると明確に位置づけられていない様子がうかがえる。

達成度評価不一致の場合の紛争解決手続につき，各社規定には定めが見あたらない。実際には，上司による評価によっているといわれる。直接の上司による第1次評価に続く第2次評価では，上司による評価が採用されがちだといわれる。

(6) 実施手続

① 相対評価か絶対評価か

一次評価が絶対評価であるのは，昇給で85.4％，賞与で81.5％である（労務2014：86）。それに対し，最終評価が相対評価であるのは，昇給で63.8％，賞与で64.2％である。したがって，一次評価の後に上位で調整がたいてい入っている。

② フィードバック

雇用管理調査（2002 年）では，人事考課実施企業のうち「人事考課の公開制度がある」は26.8％にとどまる（労働者数30～99人：22.7％，5000人以上：60.2％）。したがって，公開度は企業規模によって大きく異なる。上場企業等に限ると，人事考課実施企業のうち被評価者に評価結果がフィードバック（本人開示）されるのは87％である（2014年，労務2014：91）。

組合員対象の調査によれば（連合実施，2004年，対象者は連合加盟労働組合の組合員であり，回答数は2万928枚，過半数は1000人以上規模の大企業所属である。連合総研2005：128），評価結果がフィードバックされているのは大企業労働者対象調査で48.4％にとどまる。ただし，企業規模不問の連合傘下組合員2万人余りを対象とするアンケート調査（連合総研，1999年実施）によれば，人事評価結果が本人にフィードバックされたのは19.6％にとどまっている。したがって，フィードバック実施率も企業規模により，また，使用者側回答か組合員回答かで大きく異なる（遠藤公嗣1999：103）。建前としては労働者に開示することになっていても，実際には徹底されていないことがある。そして「人事考課は公開されている」と回答しても，その徹底の程度，説明の程度には濃淡がある。

③ 面談

機会は少ない。部下がフィードバック面談で自分の改善課題を模索していても，その部下の要望にはさほど応えていない。考課者訓練も少ない。

④ 苦情処理手続

厚生労働省「労使コミュニケーション調査」（2014年実施）によれば事業所の24.7％に苦情処理委員会がある（厚労省2014：12）。苦情処理ルールにつき「なし」が36.6％で最多である（労務2014：82）。少ないながらも協約で苦情処理手続が定められている場合，最終的には「労働委員会に依頼する」とする例が散見される（産業労働調査所1985：113）。

苦情処理委員会がある場合でも労働者からの利用は少ない。その理由は「述べたところでどうにもならないから」が最多である。苦情は「直接上司へ」

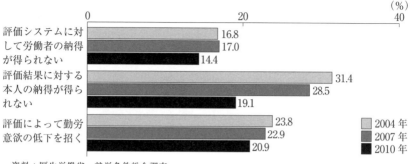

図表 6-4　業績評価制度によって生じる問題点（3つまで複数回答）

資料：厚生労働省，就労条件総合調査
出所：労務 2011：15

出されることが多い（78％）。その理由は，評価基準が曖昧で，評価結果が必ずしもフィードバックされないなかでは，たとえ苦情を上司に伝えたとしても，紛争解決を期待してというよりは一応伝えておくという意味合いであろう（藤内 1995：341）。

(7)　全体的特徴

①　各企業が抱える運用上の問題点

「評価結果に対する本人の納得が得られない」が最多で，評価制度のある企業のうち 19.1％，「評価システムに対する労働者の納得を得られない」は同 14.4％である（図表 6-4）。

②　制度設計・運用の公正さ

評価者側の評価（上場企業）として，「現場の考課者の評価能力は，ほぼ適正な評価ができているか」の問いに対し，「当てはまらない」の回答が高い（図表 6-2）。このように，公正さは乏しい。

その理由は，第1に，考課要素（評価指標）の内容があいまいであること，すなわち，考課要素の内訳が詳しく記述されることが少ないことにある。その結果，様々な事柄が含まれ，たとえば年休取得および時間外労働との関連で，つぎのよう問題がある。

イ）厚生労働省「労働時間等の設定の改善の促進を通じた仕事と生活の調和に関する意識調査」（2013年）によれば，「有給休暇取得にためらいを感じるか」の問いに対し，回答者の22.6％は「ためらいを感じる」。その理由として，8.6％が「昇格や査定に影響があるから」と回答している。
ロ）年休を取り残す理由として，「勤務評価等への影響が心配だから」が23.9％である（JILPT調査，JILPT2012b：64）。
ハ）日本では，時間外労働に対して非協力的であることが人事考課の対象事項とされ労働者に不利に評価されることがある。その是非が争われた事件（メディカルシステム研究所事件・東京地判平11.9.21労働判例786号67頁以下）で，判決は時間外労働に協力的であるか否かを評価対象に含めることを正当とした。

第2に，評価結果の本人開示が不徹底であることにある。フィードバック実施率は，企業規模により，また，回答者が使用者側か組合員かにより大きく異なるが，いずれにせよ実施は徹底されていない。これが徹底されれば，前記の評価基準の曖昧さ，評価者の主観的評価が入りがちな評価項目の評価でも，いくらか客観性が確保され，被評価者の納得も高まるであろうが，現状はそうではない。評価項目の3本柱の一つに，評価者の主観的評価が入りがちな「情意考課（勤務態度）」があるという比重の高さのなかで，公開・説明を欠くことは公正さの点で不十分である。

このように評価基準が曖昧だと，労働者が上司のいい評価を得ようと，ついムリをして過度の目標を「自発的に」めざすことがあるかもしれない（鈴木良始1994：221，熊沢誠1989：59）。

2　日独比較

(1)　法的取扱

日本では人事考課の労働契約上の取扱いにつき，通説と判例は対立する。判例によれば，人事考課は使用者の人事権行使の一つであるとして，その裁量権を広く認めている。その結果，その適用が不公正であり違法と判断される例は限られる。

これに対しドイツでは，事業所組織法の定めにより，労働者の仕事ぶりに関する評価について労働者の求めがあれば使用者はそれを説明し話し合う義務がある（事業所組織法82条2項）。また，労働者は自分の人事記録を閲覧する権利を有する（同法83条1項），（第2章44頁参照）。実際には事業所協定あるいは労働協約の定めにより，本人への開示が義務づけられている。このような日独の違いは対照的である。

集団的労働関係レベルにおける法的取扱は別項で述べる。

(2) 実施状況

日本では企業の36％（厚生労働省調査，2012年）で，ドイツでは約4割の労働者に対して実施されている。日本で適用される労働者比率の正確な数字は不明であるが，おそらく日本のほうが多い。産業分野別にみると，日本では全産業で広く行われる。日独とも銀行・保険業で特に多い。

(3) 評価目的

ドイツでは金属電機産業および化学産業で業績給のために，銀行・保険業で能力開発のために実施が多い。

銀行業では，日独とも能力開発に熱心である。日本の銀行では人事考課で「業績」はまず賞与に強く反映する。銀行業では銀行業務検定試験が整備され，人事考課の「能力」の評価対象になり，能力開発に労働者は熱心に取り組む。

人材育成につき，ドイツではデュアルシステム（学校と企業の二元的教育制度）の伝統を背景に，経済界全体で育成に責任を負う傾向がある。日本では自社の利益になるか否かで判断する傾向にある。日本では，労働者一人ひとりに投資される教育訓練費用は低い[4]。

---

[4] 人事評価の日独比較をみていくと，労働者に対する教育訓練投資や職業的資格の企業横断的な性格の有無など，労働生産性の高低とかかわる事柄がいくつかあることがわかる。ここで，労働生産性に関して整理しておく。日本の単位時間当たり労働生産性はOECD加盟国中，19-20位と低い。産業分野，とくに製造業かサービス業かによる違いは大きいが，その原因をドイツとの比較で考える。

　1　人的資本論　　この点では，ドイツでは学校教育および職業訓練で国民1人当たりに投入される予算が大きい。まず，公的職業訓練予算の対GDP比率は，日本0.03％，ド

ドイツにおける能力開発目的の頻度につき，金属電機産業では業績給が評価目的としていわれるが，同時に面談を重視している様子であり，銀行・保

イツ 0.26％である。この比率が高いのは，フィンランド 0.51％，デンマーク 0.50％である（JILPT2015：264）。
　つぎに，労働費用のうち教育訓練費の比率（製造業）は，ドイツ（2008 年）で 0.5％であるのに対し日本（2011 年）は 0.2％にとどまる。ちなみに，イギリス 0.5％，フランス 2.2％，オランダ 0.8％，スウェーデン 0.8％，韓国 0.6％である（JILPT2015：179）。要するに，日本では公的予算でも企業の OJT でも教育訓練費用は少ない。
2　専門職（ジョブ型雇用）の多寡　　ドイツでは採用にあたり担当職務と職務レベルを明示するジョブ型雇用である。専門職の比率が高く，労働者はその職務で訓練を重ねてキャリアアップしていく。そうすると自ずと当該職務に関してはプロになり仕事の効率もよくなる。
3　職業的資格・職業能力評価制度　　前記 2 と関係するが，労働者と上司の間で人材育成（能力開発）に関する計画が，場合によっては目標協定の一つとして合意して立てられる。そのさいに，ドイツでは職務ごとに企業横断的に職業能力（熟練度別）を評価する制度のランクがあり，能力開発の目標を設定しやすく，かつ達成度評価をしやすい。ドイツでは，とくにこの資格・能力評価制度が整備されている。この点では，ギルド（職人・商人の同職組合）の伝統があるか否かの違いが大きい。
　それに対し，企業横断的な職業的資格・職業能力評価制度が乏しい日本の現状では，「1 年後および 3 年後にどのような資格取得を目指すか」という具体的な目標を設定することが難しい。
　ここで日本における改善案として，企業横断的な職業的資格を増やすことが考えられる。例：ビジネスキャリア制度（ホワイトカラーの専門職）
　なお，本書のテーマとは直接に関係はないが，その他に日本の労働生産性が低い原因として，つぎのことが考えられる。
　第 1 に，会議の持ち方であり，日本の会議開催は多く，効率は悪い。ただし，この点ドイツはじっくりと意見と疑問を出しあうタイプであり，結論が出るまでに時間がかかりぎみである。
　第 2 に，接客業・サービス業の特殊性であり，日本では「おもてなしの国」といわれるように，「お客様は神様です」の傾向が強く，顧客の好意・関心をひくためにサービス過剰な傾向がある。これは生産性を低下させる。
　第 3 に，中間管理職の役割の違いである。ドイツの人事評価における彼らに対する「指導」の評価指標をみると，権限を委譲することの重要性が徹底している。「チーム内の信頼関係を形成し協力を促進する」「動機付け能力」，そして目標管理では目標設定の適切さが含まれる。
　ここでは管理職は，権限委譲や動機付けなど部下育成の役割が明確である。プレーヤーであると同時にマネージャーでもある。部下に仕事を所定時間内に終わらせること，年休を多くとったうえで仕事を達成させることも管理職の仕事である。そのために訓練計画が組まれ，訓練が積まれている。
　第 4 に，労働時間の長短である。日本は長時間労働による悪循環であるのに対し，ドイツでは労働時間は短い。それにより平日また週末に気分転換できており，その分だけ「今日も元気に働こう」という意欲は高くなろう。
　総じて日本では，労働者を安上がりに使うローロード戦略という特徴がある。

険業以外でも能力開発目的の重視を感じる。これは，労働者の能力開発を重視し，付加価値の高い分野でドイツ企業の国際競争力を高めるという，ハイロード戦略とかかわる。

(4) 制度設計

日本では労使協議を経たうえで使用者側が単独で決定するのが主であるのに対し，ドイツでは法律の定めにより従業員代表との共同決定による。

その結果，ドイツでは労働者一人ひとりの担当職務が特定されているジョブ型雇用であることと相まって，「比較可能な評価の原則」(88頁) から，同じ労働者に関しては，いずれの上司が評価しても類似した結果になることが求められている (33頁)。

(5) 評価方法

全体として，日独とも (体系的) 業績評価が中心である。
ドイツでは労働契約により担当職務が特定されているので，職務記述書に照らして業績評価される。

① 業績評価

業績評価指標につき，日独で共通点が多い。
目標管理制度と併用されているか否かで評価指標は異なる。目標管理がある場合には，それに対応する箇所は業績評価では除かれることがある。
役職・地位，担当業務により評価指標，比重を違える扱いは，ドイツでは少ない (例：郵便協約)。日本では頻繁である。

② 目標管理 (目標協定)

目標設定の明確度では，職務記述書の有無により大きく異なる。日本の職員では，ないことが通常である。それにより達成度評価の難易が異なる。また，個人の能力開発目標の設定では，(企業横断的な) 職業資格および職業能力評価制度の普及整備度により異なる。

日本では上部組織の目標を次第に下部に落とし込んでいく，本人の分担に

図表 6-5　目標管理の日独比較

項　目	日　本	ドイツ
実施状況	上場企業の86％で実施	一部企業で実施
目標の決め方	上部から組織目標を下ろす方法で	通常は本人の職務記述書に照らして。ただし、上部目標から下ろすこともある
達成度の処遇反映事項	賞与、賃金改定、昇進など。能力開発の位置づけは低い	業績評価として業績給または能力開発のため。両目的に用いられることも多い
目標設定の頻度	半年ごとが最多（61％）	1年ごと
達成度面談の様子	行われる。ただし、形式的になることがある	評価結果は開示され、面談が行われる
達成度評価の合意不成立時の取扱い	取扱規定に定めがない。上司の評価が最終評価になることが多い	協約または事業所協定の規定次第：通常、労使同数委員会または使用者と従業員代表が協議（労使双方の利害を考慮）

照らして個人目標を定めるという決め方が多い。

　達成度評価にあたり当事者間で合意不成立時の取扱いにつき，ドイツでは使用者と従業員代表の協議または労使同数委員会による決定，もしくは仲裁手続が基本になる。すなわち，労使対等決定の原則が基本的に貫かれている。ただし，一部には使用者の決定による取扱いがある。その場合の取扱いにつき日本では関係規定に定めがなく，さらに上の上司による第2次評価によると伝えられる。

　目標管理につき日独比較すると，図表6-5のようになる。

(6)　評価手続

①　フィードバック実施度

　日本では企業規模により，使用者回答か労働者回答かにより数字は大きく異なる。人事考課実施企業のうち約27％で，上場企業等のほとんどで実施されている。ドイツでは評価票が整備されていいて，ほぼすべてで実施されている。

図表 6-6　人事評価の日独比較

	日　　本	ドイツ
実施状況	企業の 36%（2012 年）	労働者の約 4 割
目的	賞与，昇給，昇進等 一部では能力開発 ローロード戦略の一環である	業績給，能力開発，一部で特別手当・利益配当 銀行・保険業では主に能力開発目的 ハイロード戦略の一環である
制度設計	組合と協議のうえで使用者が決定 就業規則で定める	従業員代表との共同決定。金属・電機産業等では協約が詳しく定める
評価方法	業績評価＋目標管理の組合せが多い	体系的業績評価が主。目標管理も一部で
評価手続	使用者が人事権の一環として実施する。使用者に広い裁量が認められ，例外的に権利濫用とされることがある。開示は人事評価実施企業の 27%（2002 年），上場企業の 87%で実施組合員の 2 割に（組合調査，1999 年）。	労働者の求めがあれば評価結果の理由を説明しなければならない。通常，面談が行われている。本人の署名がある。
苦情処理	「規定なし」が多い。あっても利用は少ない	協定・協約で詳しく定められる。内容的には労使対等原則の手続きによる
公正さ	「評価結果に対する本人の納得が得られない」19%	「公正だ」の回答は被適用労働者の約 7 割

② 苦情処理手続

日本では「規定なし」が 36.6％で最多である。あっても利用度は低い。

ドイツでは事業所組織法上の規定を背景に事業所協定および労働協約で詳しく定められている。内容的には手続きに労使対等原則が貫かれている。

(7) 全体的特徴

制度設計手続をみると，ドイツでは法律により成績評価制度は従業員代表との共同決定事項であり，人事評価もその対象となる。日本では使用者側は組合と協議のうえで単独で決め，就業規則に定めている。この制度設計手続の違いが制度内容にも反映している。

このことは，この制度・運用を労働者が公正であると感じるか否かの違いの重要な背景であろう。

以上の日独比較を表にすると図表 6-6 のようになる（目標管理を除く）。

〈補論〉アメリカの人事評価との比較

　日独比較のついでにアメリカの人事評価の要点を紹介する（笹島芳雄，遠藤公嗣 1999）。

　実施状況は，大量観察調査がないようで不明である。ただし，大企業ではほとんどで実施されている。

　目的は，昇給およびボーナスのためである。

　年1度設計は基本的に使用者による単独決定である（遠藤公嗣説）。

　評価方法は，能力評価と業績評価であり，後者は主に目標管理の方法による。

　評価手続では，本人へのフィードバックが約8割で行われ，本人署名がある。

　紛争解決との関係では，評価制度が雇用差別禁止法制に違反して差別的であると裁判所に認定されることがありうる。

3　日本への示唆

　以上の検討を通じて，日本で改善を必要とする点，今後の課題を箇条書きすると以下のことを指摘できる。

　1）　制度設計（作成手続）にあたり，労働組合の参加の程度を強め，協約による規制が望まれる。現行法上，人事評課関連事項は義務的団体交渉事項であり，組合側がそれを団体交渉で取り上げることを求めれば正式の議題にしなければならない。労働組合側はこれを団体交渉で取り上げ，合意にもとづき労働協約で定めることができる。

　日独の違いは，就業規則作成がドイツでは従業員代表との共同決定事項であるのに対し，日本では過半数組合・過半数代表者の意見を聴取したうえで使用者が決定することに対応する。人事評価がその後の労働者の処遇に反映することを考えれば労働条件に該当する。使用者による単独決定を防止し，労働条件労使対等決定の原則を反映させる立法上の工夫が必要である。労働契約法が2007年に制定され，労働契約は労使が対等な立場で合意するという労使合意原則が強調されるようになってすでに10年が経つ。この法原則はほ

かの論点でも活かされるべきである。

そこで，労働者側代表を作成手続に参加させ，策定にあたり労働組合または過半数代表者の同意を得るようにすることが検討されるべきである[5]。その労働者代表（従業員代表）制の制度設計では，以下の点が重要である。

・労働者全体の意見を従業員代表委員の構成に反映させるべく，比例代表選挙方法によるべきこと，
・代表委員が専門知識をもって使用者側と協議できるようにするために代表委員として必要な専門知識（例，労働法，経営分析）を有給で学ぶ機会を提供することが考えられる（藤内2003a）。

2) 業績評価の評価指標を労働者にはっきりと公開することである。それによって労働者の不必要な懸念は小さくなろう。

3) 個別的労働関係レベルでも労働条件労使対等決定原則を貫くべく，まず，フィードバックを確実に実施する[6]。そのために個人ごとの評価票に本人署名欄をおくことも有益である。そのうえで，本人の求めがあれば評価結果を説明することを義務づけるべきである。そして，紛争解決手続を整備すべきである。

4) 目標管理－評価不一致時の取扱につき，労使対等原則を徹底させる方向へ改めるべきである。たとえば，仲裁手続という方法も仲裁委員が労使双方から同数ずつ出されれば対等原則にもとづく。

5) 目標管理で能力開発（人材育成）目的の成果を挙げるためには，企業横断的な職業能力評価制度の整備・充実が望まれる。目標管理のなかで，労働者と上司の間で目標の一つとして人材育成（能力開発）に関する目標が合意される。そのさいに，ドイツでは職務ごとに企業横断的に職業能力（熟練度別）を評価する制度のランクがあり，能力開発の目標を設定しやすく，かつ達成度評価をしやすい。

しかし，企業横断的な職業的資格・職業能力評価制度が乏しい日本の現状

[5) この点，イギリスでは人事評価が行われている場合，労働組合が強い規制を及ぼしているようである。黒田謙一：37。
6) この点，アメリカでは人事評価結果は必ず本人にフィードバックされている。遠藤公嗣1999：98，永由裕美：142。

では,「1年後および3年後にどのような資格取得を目指すか」という具体的な目標を設定することは容易ではない。

第2部

公務労働者

第2部は公務部門（公務労働者，官吏）における公務労働者の人事評価を扱う。

第7章　公務労働者での概要

　公務労働者（以下，単に「労働者」ともいう）に対しては業績給（leistungs-orientierte Bezahlung, Leistungsentgelt）を導入する労働協約を労使が合意し（2005年），2007年から支給されている。業績給とは労働者個々人の業績を評価し，それにもとづいて一時金ないし手当を支給するものである。金属電機産業における業績給と同じである。そのために人事評価が行われている。
　以下，労働者につき，制度の概要，導入の経緯，実情をみていく。

1　前提的な事項

(1)　概念

　日本でいう公務員は，ドイツでは公務労働者（Arbeitnehmer, Tarifange-hörige, öffentliche Beschäftigte：公務被用者）と官吏（Beamte）に分類される[1]。公務労働者は以前，職員（Angestellte＝ホワイトカラー）と現業労働者（Arbeiter＝ブルーカラー，工員）に区分され賃金体系は別々であった。公務労働者は自治体と私法上の労働契約関係にあるにに対し，官吏は公法上の任用関係にある。労働条件決定では，労働者では労使自治原則であり，労働者はストライキ権を有する。それに対し，官吏では重要労働条件は議会で決定され（法定），官吏はストライキ権を認められていない。人数的には，全体としては労働者のほうが多く，とくに市町村ではそうである。ただし，連邦・州に限れば官吏のほうが多い。図表7-1は公務部門における人数である。

(2)　賃金制度

　公務部門における賃金体系は職務給である。担当職務が明示されて募集・採用される。労働契約に定められている職務（ジョブ）の協約（公務部門の労働協約＝公務協約）上の格付けによって賃金額は定まる。上位ポストの欠

---

1)　この区分につき，室井力：23以下，30以下，塩野宏：204以下，早津裕貴：7。

図表 7-1 公務員構成員数

(全国，2015 年 3 月時点　単位：1000 人)

	連邦	州	市町村	社会保険機構	合計
官吏	245.7	1,273.3	186.1	32.1	1,671.3
公務労働者	143.7	1,073.6	1,253.4	337.5	2,808.2
合計	489.4	2,346.9	1,439.5	369.6	4,645.5

注：パートタイムはフルタイムに時間換算されている。そのため人数に端数がでている。
出所：Statistisches Bundesamt

員補充・採用に応募して格付けの高い職務に異動し，昇進していく。その補充・採用に応募するには応募資格があり，必要な職業資格をもち，研修を受講していなければならない。

同じ賃金グループ内における号俸（Stufe）の昇給（Stufenaufstieg）は，職業経験と勤続年数によってきまる（藤内 2005c：147-148）。

(3) 評価目的

公務労働者での業績評価は業績給支給のためであり[2]，業績給は日本の賞与（勤勉手当）に相当する。ドイツでは日本のように業績評価が昇進および昇給に用いられることはない。

その理由は，①昇進の手続きは空きポスト補充が勤務所（事業所）内で公募され，労働者はそれに応募するという方法であり，応募者に対して選考手続で人事評価が行われることで足りるからである。新規採用および欠員補充には公務員代表の同意（ただし，同意拒否権。官吏では制限的共同決定権）が必要である（共同決定権）。②定期昇給制度はなく，職務給では同じジョブを担当していても，経験年数にもとづいて賃金の格付けがあがるにとどまる。そのさいに人事評価が考慮されることはない。ただし，同じ賃金等級でも経験年数（または年齢）により賃金号俸が異なる。同一等級内での号俸昇給は見方によっては定期昇給ともいえる。ただし，毎年ではなくて数年に 1 回の

---

[2]　人事評価の目的につき，公務ではサービス労組は能力開発目的と業績給支給をはっきり区別しようとする。理由は，評価が業績給にリンクすると能力開発に結びつきにくく，対立しがちだからである。

昇給である。この号俸昇給は評価結果とは関係がなく自動的な取扱いである。③日本の賞与に相当するのは，ドイツではクリスマス手当および休暇手当であるが，それは協約または勤務所協定で「月給の＊カ月分」と定まっている。ただし，個別評価により個人ごとに違いをもたせる事例もある。公務協約では，クリスマス手当（年次特別手当：Jahressonderzahlung）は月賃金の60〜90％（協約地域により異なる）である（WSI：129）。

多くの自治体では，協約上の業績給支給のための業績評価とは別に，従来から定期評価が行われている（例：デュースブルク市，デュッセルドルフ市，ケルン市，フランクフルト市，本書中の郡V1）。

(4) 公務員代表の参加

人事評価制度の設計には公務員代表（Personalrat 職員代表委員会の訳もある。藤内1998：1）が参加する（公務員代表法）。労働者に関する制度設計は共同決定事項であり，官吏の勤務評価は制限的共同決定事項である（後述）。

2　法的取扱（Baden 2006：244-249）

業績給および業績評価は，いかなる法律適用下におかれるのであろうか。以下，説明する。

公務労働者の業績給は公務員代表の共同決定に服する。すなわち，公務員代表の同意なしには実施できない。

a）連邦公務員代表法75条3項は公務員代表の共同決定権が及ぶ事項を定めるが，4号に「当該勤務所（官庁）内における賃金算定および支払いの問題，とくに支払原則の決定，新しい支払方法の導入および適用」をあげる（藤内1998：38）。ただし，共同決定の対象になるのは，支払原則に関することであり，個々人への支払いの問題は集団的な性格ではないので対象外である。

協約が業績給を定める場合には，協約規定に照らして勤務所レベルで勤務所当事者（使用者と公務員代表）が決定すべき裁量の余地があるか否かにより，勤務所レベルで委ねられているとみられる事項（開放条項）に関しては勤務所当事者の共同決定対象になる。公務協約18条は業績給の具体化を各自

治体における勤務所協定で定めるように明記しているので，公務員代表の共同決定権が及び勤務所協定の対象事項になることにつき異論はない。協約によれば，業績給の支給には勤務所協定が必要であり，使用者が是非とも業績給を導入したいならば公務員代表の同意を得るために譲歩を迫られることがある。

　b）人事評価の評価指針，すなわち，評価指標および評価手続は，共同決定事項である（連邦公務員代表法75条3項9号）。公務員代表が共同決定に関与する目的は，公務員代表が採用時の人事選考指針を共同決定するのと共通する。それは人事評価の対象事項を勤務所における労務提供業績および将来的な経歴のため人物的な適性に限定することを確実にし，恣意的な運用を防ぐためである。そして，評価手続をそれにふさわしいものにするためである。それはドイツ国民が公務に就く平等なチャンスを保障することになり（基本法33条2項），労働者の人格的利益の確保につながる。(Dietz/ Richardi 1978：1097)

　c）個人ごとの評価の手続きに関して，民間労働者は自分の業績評価について説明を求め話し合うことを使用者に対して求めることができる（事業所組織法82条2項　藤内2009：391）。しかし，公務労働者に関してはこのような定めはない。事業所組織法のこの規定は1972年改正で導入されたが，公務員代表法では1955年制定以来，そのような大きな法律改正はない。1974年の連邦公務員代表法改正もさほど大きなものではない。その理由は，民間では法律改正を必要とするような適用対象労働者ないし事業所の状況変化があり，従来の規定では不十分であることが認識されたが，公務部門では労働者の9割以上が公務員代表のある官庁で勤務しているように，公務員代表の安定的な設置・運用のもとで，そのような必要性が民間ほど強く認識されていないことによる。

　d）このように公務員代表の共同決定権は公務員代表法と労働協約の双方から生じる。公務員代表は業績給の制度設計に共同決定権をもつと同時に，業績給の運用にも関与する。事業所内委員会委員の半数を指名し，労働者個々人の評価につき情報提供を受ける。

　なお，公務員代表の構成は労働者と官吏で人数に比例して別々に選出され

る。したがって，各グループの代表から委員会は構成される。

3 公務労働協約における規定

公務労働者の業績給は2005年の公務部門労働協約（Tarifvertrag für den öffentlichen Dienst＝TVöD：公務協約）改定により導入された。当初は連邦，州および市町村（Gemeinde：ゲマインデ）で適用されたが，途中から州が離脱し，現在は連邦と市町村の労働者に業績給制度がある。関係する協約（自治体団体）規定はつぎの通りである。

18条：業績給

(1) 業績指向ないし成果指向（erfolgsorientiert）の賃金は，公務の改善に資するものとする（sollen）。同時に，動機付け，自己責任および指導能力が強められるものとする。

(2) 2007年1月より業績給が支給される。これは賃金表に追加された変動的な業績本位の（leistungsorientiert）支払いである。

(3) 8％という合意された目標規模から出発して，協約適用労働者全員の前年の全賃金額の1％が，より高額の比率が合意されるまで適用される。業績給に充てられる総額は目的に適合して支出される。毎年業績給を支払う義務がある。

(4) 業績給は表の賃金（Tabellenentgelt）に追加されて，業績割増（Leistungsprämie：業績プレミア），成果割増（Erfolgsprämie）または業績手当（Leistungszulage）として支給されうる。業績給のさまざまな形態の組み合わせが許容される。業績割増は，通常，一般には目標協定を基礎に行われ，1回かぎりの支給である。それは続けて支給されうる。成果割増は，一定の経済的成果に依存して支給される。業績手当は，期間的に限定され，取消可能であり，通常は毎月反復して支給される。業績給は労働者のグループに対しても支給されうる。労働者全員に支給される可能性がある。

(5) 業績の確定ないし評価は，目標協定（Zielvereinbarung＝ZV：目標管理）で定められた目標に照らした目標達成度比較，または体系的な業績

評価 (systematische Leistungsbewertung = SLB) による。目標協定は客観的な業績目標およびその遂行の条件に関する労働者個々人ないし労働者グループと上司の間の任意の取り決めである。業績評価は，できる限り測定可能な，または他の方法で客観化できるような指標，もしくは職務に関連した (aufgabenbezogen) 評価にもとづいて，提供された業績を事業所内で合意されているシステムにもとづき確定することである。

(6) 業績に関連した支払いの各制度は，事業所内で合意される。労働者個々人または労働者グループの業績目標は，その者の働きに影響され (einflußbar)，かつ，所定労働時間内に達成可能でなければならない。その定めは事業所協定または合意された勤務所協定による。そこには下記の事項が定められる。

・業績または・および成果指向の賃金の導入の手続き，

・目標協定の許容される指標，

・実効性および効率性を確保・改善するための目標，とくに付加価値増加（例：経済性，サービスの質，顧客・市民指向（Kunden-/ Bürgerorientierung）の改善）のため，

・業績給の形態，方法ならびに体系的な業績評価および職務に関連した評価（測定可能で算定可能な，またはその他の方法で客観化可能な）—場合によっては作業結果，目標達成度により異なる−の選択

・業務基礎が重大に変更される場合に目標協定を適応させること，

・配分原則の合意，

・支出できる予算量の再検討および配分，場合によっては再分配される個々人の業績給の上限，

・業績評価に関する記録および評価へのアクセス。

(7) この制度の展開および日常的な監視にあたり，事業所内委員会 (betriebliche Kommission) が関与する。その委員会委員は，使用者側および公務員代表・従業員代表側から，事業所内のなかから同数ずつ指名される。事業所内委員会は，この制度の欠陥ないしその適用に関する，書面による根拠ある苦情申立を取り扱う。使用者は事業所内委員会の提案にもとづき，苦情が個別事案で対策を講じられるか否か，どの範囲かに

つき決定する。使用者が委員会の提案に従わない場合には，その理由を説明しなければならない。事業所内委員会は必要な制度の修正を提案する。事業所内の共同決定の権利はこれとは関係しない。

　協約は「職務にかかわる評価」と定めている。協約は業績給を客観的，透明に，かつ公正に運用することを求める。
　このように協約では業績給率は，2012年には（賃金の）1.5％，2014年には2％になっている。
　業績評価は目標協定または体系的業績評価のほかに指数（Kennzahlen）にもとづくことも可能である。この指数比較は，個数，時間，欠陥率，資源消費などで測られる。製造業で用いられているが，公務部門でも不可能ではない。ただし，労働協約はそれを予定していない。
　つづいて，業績給を定める協約として，金属協約と公務協約を比較する。まず，両者で共通するのは，苦情処理手続，評価不一致時の取扱いである。
　それに対し異なる点は，業績給の位置づけ・程度，業績評価方法の種類，記述の詳しさなどである。公務協約では業績評価方法の種類が示されるだけで，その制度設計は各自治体に委ねられている。評価方法の種類として，金属協約では現業労働者の一部に能率給や指数比較などがある。相違点を表にすると，図表7-2のとおりである。図表5-11と一部重なる。
　なお，体系的業績評価における評価指標は，公務部門では自治体ごと異なるので多様になる。それでも重要な点は共通点が多い。

4　業績給導入の経緯

　2005年に公務協約で業績給制度が労働者につき導入された。その背景と経緯をみる。

(1)　全般的な背景

①　背景
1997年官吏法改正により官吏に業績給を支給できることになった。しか

図表 7-2　金属協約と公務協約の相違点

	金属協約	公務協約
協約内容は全国で一律か否か	協約地域によりやや異なる	全国1本の協約により一律の内容
評価目的	業績給支払	業績給，公務改善，動機付け，自己責任向上
業績給の比重等	基本給の一部として，その15％前後	基本給に追加する。1％から始めて8％を目標とする
評価方法	体系的業績評価，目標協定，能率給など	体系的業績評価／目標協定
評価方法記述の程度	各タイプにつき詳しい定め	タイプを定めるだけ
評価手続	評価結果は検証可能であること。（事業所協定で具体的な手続きを定める）	（協約に特に記述はない。事業所協定における具体的な定めは金属産業の場合と同じ）
関係する労働者代表	従業員代表	公務員代表

し，公務部門では業績給の伝統は一般的にはない。統一サービス産業労働組合（以下，「サービス労組」ともいう）が望んでいるわけではない。むしろ導入は，社会的な圧力による。すなわち，この間，民間企業の多くで成果主義賃金（leistungsbezogene Vergütung）が普及し，労働者はそこで働いている。そこで公の議論でも，業績原理の適用が主張され，組合はそれに抗しきれず，協約でそれを導入することに同意した。長期にわたる社会的な圧力から逃れることはできない。使用者団体メンバー（州首相，市長など）は政治家であり，世論に敏感であることが反映しているかもしれない。

② **出発点**（Bergauer：12ff）

かつて公務協約は連邦職員協約（Bundesangestelltentarifvertrag ＝ BAT）が中心であった。そこでは，賃金額は職務の協約格付けおよび勤続年数によって決まっていた。個々人の業績による違いはなかった。

だが次第に，協約の構造が複雑になり全体を概観することが困難になった。そこで公務部門の協約当事者（連邦，州，自治体レベル）は協約見直しの議論を始めた。それが2003年に合意に達した。同時に，賃金制度は工職（現業

労働者および職員）で一本化された。

　この議論の過程で，公務の効率化が議論になった。そこで課題指向や業績指向の賃金制度への変更が使用者側から提案された。ここで合意された協約18条は一種の労使の妥協である。市町村の使用者団体が業績向上への刺激策として導入に熱心である。州レベルではすでに業績給から離脱して止めている。

(2)　現代化手段としての協約政策（Schmidt et al. 2011b : 9ff.）

　ここでは公務部門における協約の最近の転換の交渉過程と実施過程を振り返る。それは現業労働者と職員の協約一本化と並行し，賃金原則を扶養原理から業績本位の方向に転換するものでもある。その意味で公務部門にとどまらず，協約現代化の先駆けでもある。

　一般に協約は現代化の手段とは理解されていない。しかし，公務部門における2000年以後の変化は大きい。この過程で，公務で，州と連邦・自治体の間で亀裂が生じた。以前は一本の使用者団体であったが，交渉過程で州レベルで，まず連邦職員協約の労働時間をめぐり離脱を表明する州がでてきた。そこでサービス労組は連邦・自治体団体で交渉を継続した。それにより公務部門での使用者側の一体的な対応はくずれる。

　公務部門に対する世間の見方は厳しいものがある。1990年代に民間企業で人事管理などの変化が進行するなかで，世間はそういう視線で公務をみる。そこで民営化圧力や人件費節約の要請が強まり，公務でのインプット・アウトプットの非効率性が指摘される。民間サービス提供企業のなかに，公務が担当している業務と類似したものがでてくる。そうすると，それとの競争にさらされる。周辺諸国では公務部門での新公共経営（NPM）が進む。公務協約が変化しないことに世間は寛容ではない。政治家は有権者のそうした変化に敏感であり，政治問題になりかねない。そのような政治家が使用者団体構成員であるなかで，組合もそれを考慮せざるをえない。特に，財政難にあえぐ自治体（Kommunen）でいえる。

　協約が公務部門の発展阻害要因となっているようにみえるとき，使用者側としては，それとも協約を変えるか，使用者団体から離脱するかが検討され

る。そのさいに，企業と異なり公務では説明義務が強く求められる。議会・有権者への説明では，協約維持が望まれる。一因は公務部門で労働者の98％が協約適用下にあることである。そういうなか使用者側では協約を維持し，かつ，説明できるように変更することが追求される。

組合側の事情としては，社会の動きからして協約に何らかの改革が必要であると認識しつつ，だが，使用者側が協約から離脱することには大きな抵抗を示した。背景の第1は，賃金制度での見直しの必要を感じていた。第2に，更なる民営化を防ぐためであり，第3に，賃金を公正で差別的でないものに改定する必要である。こういう両者の思いから，労使共同で「賃金改革プロジェクト」が発足した。

自治体使用者団体にとって協約の維持は重要であり，その用意がある。なぜならば，団体は主に協約締結のために設立されているからである。個々の自治体にとって個別に交渉するより団体を通じた交渉・合意のほうが好都合である。

(3) 交渉過程と改革の前史（S.41）

公務協約の改革に先立って福祉関係事業所および公共交通関係事業所に関する協約交渉（2000年）があり，これがモデルとなった。

公務協約の抜本的な改革の必要性は協約当事者（労働組合および使用者団体）に認識されていた。一方で，協約が現業労働者と職員で別々に締結され差別的であること，時代遅れであること，他方で，公務を取り巻く環境条件の変化である。後者は，自治体の財政難，民営化を要請する周辺の声，EU法規定を通じた競争の強まり，民間サービス提供者との競争である。

使用者側の目からみて，州レベルでは人件費比率の高さが指摘されていた。市町村ではサービス提供者ライバルの登場がある。それゆえ，目標は，現代化，弾力化，効率性の向上であった。そのさいに業績指向的賃金の導入を考えた。また，民間で協約適用率が次第に低下するなか，団体協約を結ぶ必要性への疑問が出されてきた。いくつかの州および市町村は協約拘束からの離脱を本気で検討した。そういうなか組合側では，団体協約（Flächentarifvertrag）の維持が最優先課題とされた。そのためには将来的にも通用する内容

にする必要があった。組合側の目標は，労働条件改善，サービスの高い質の確保，サービス部門の分社化（Ausgründung）の阻止であった。

　協約交渉は2001年から始まった。そこで労使は団体協約を維持することを確認し，共同目標を定め，公務の効率化，業績指向，顧客指向の方向性を明らかにした。労働時間の弾力化，公務の競争力向上も共同目標として合意する。基本協約，労働時間，賃金および格付けの4テーマで労使同数の検討委員会を設置した。2003年協約交渉で，数州から，協約賃金水準が高すぎると不満が表明された。それでもまだ州使用者団体にとどまって交渉が続けられた。2003年夏，協約のうち，クリスマス手当および休暇手当をめぐり，数州が「団体協約とは別に単独で決めたい」として協約解約を通告した。それでも交渉は続行された。2004年初め，数州が連邦職員協約の労働時間規定を解約通告した。連邦および市町村レベルでの交渉は続行されたが，それにより州レベルでは交渉がストップした。州使用者団体は数州の協約解約の行動を甘受した。その数州は「労働時間を延長して，ダムを決壊させたい」と述べた。州使用者団体内では，社会民主党（SPD）が州政府与党である数州がその行動を批判した。それに対してヘッセン州（キリスト民主同盟＝CDU首班）は州使用者団体を離脱した（今日まで続く）。離脱の理由は主に財源不足である。このように使用者側が変化する間に組合側でも変化があり，マールブルグ同盟（勤務医が中心）が協約団体から離脱した。それは1950年以来，ドイツ労働組合同盟（DGB）組合と公務協約交渉では共同歩調をとってきた。DGB非加入組合では，官吏同盟，警察官連盟がまだ協約団体に残っている。

　その後，連邦・市町村レベルとは別に，州使用者団体は，労働時間の点で連邦・市町村とははっきり異なり時間延長する内容の協約を締結し，マールブルグ同盟は，連邦・市町村使用者団体および州使用者団体と協約を締結している。こうして公務での協約光景は複雑になる。市町村では，労働時間延長を求める使用者側に対して組合側がストライキを打ち，公立病院の保育士および労働者をめぐる紛争などが続発している。

5　業績給の運用

業績給の比率は協約上，全国共通である。ただし，自治体当局と公務員代表の合意により減率して支給している自治体がある。また，業績評価方法として協約は目標協定と体系的業績評価を定めている。その場合，協約は各方法を詳しくは定めず，自治体（勤務所）当事者の扱いに任せている。

a. 業績給の運用

ⅰ）導入過程：実施開始時には労働者がこの制度を理解するために勤務時間内に説明会が行われる。とくに公務員代表委員に対しては詳しい内容の研修が行われる（例：3日間）。

ⅱ）監視と評価：事業所内委員会は協約規定により業績給の運用を監視する役割を与えられる。そのために使用者から，運用に関する情報を提供される。具体的には，支給者の内訳（賃金グループ別，組織単位別，性別，フル・パート別），労働者ごとの得点である。勤務所によってはさらに，重度障害者の状況，任意に適用を外れている労働者数につき情報提供を受けている（Tondorf 2013：109）。ほぼすべての勤務所協定に，協約規定を受けて事業所内委員会につき具体化する定めがある。

b. 業績給の形態としては，つぎの3つが予定されている。

ⅰ）業績割増：通常は年1回払いである。しかし，年2回払い，毎月払いの制度設計もある。

ⅱ）成果割増：これは行政または事業所の経済的な利益とリンクして支給される。これは労働者個々人の業績とは関係なく支給される。2012年時点で，サービス行政部門（病院，貯蓄銀行，空港，ゴミ処理部門へも適用）向け公務協約は，年間賃金の1.75％をこの形態で追加して支給することを定めている。

ⅲ）業績手当：これは通常，毎月支給される。公務協約にもとづく利用は実際には少ない。

第8章　業績評価実施状況

1　ノルトライン・ヴェストファーレン州調査 (Schmidt et al. 2011b：105)

これは，2010年春，ノルトライン・ヴェストファーレン州内における勤務所協定等がある公務員代表に対するシュミットらによる調査である（以下，NRW調査ともいう）。

(1)　実施状況

調査した公務員代表の89％が協定を締結済みである。適用される労働者数からみても同じく約9割である。調査した勤務所協定は詳しく定められている。図表8-1によれば勤務所協定等が締結されていない事例のうち，両当事者が拒否していて合意の見込みがないのは約4分の1である。

(2)　業績評価方法

つぎに業績評価方法を問う。

図表8-2によれば，体系的業績評価が主流である。4分の1ないし3分の1の事例では一律支給である。

目標協定の場合，個人ごとの目標設定とチームのそれがある。55％で個人ごとの目標設定のみを定めている。

(3)　労働者の参加と運用 (S.109)

目標協定方式は労使合意の上で目標が定められるはずなのに，図表8-3によれば，V（Verwaltung 行政）12では「いいえ」が58％であり上司主導で定められているようである。「目標設定」かもしれない。使用者主導で注文の高い目標が課されることがある。達成度評価（図表8-3）ではV1で「労働者が影響を及ぼすことができる」は47％であり，自己評価が尊重されているようである。いずれにせよ，目標の設定，達成度評価の運用は自治体間で大きく異なることがわかる（図表8-4）。この点で，目標協定の制度設計にあた

203

図表 8-1 「勤務所協定・事業所協定が締結されていない理由は何か」

(公務員代表回答,複数回答可,%, S. 106)

両者は基本的に賛成であるが,具体的な制度について合意できていない	28
両者は協約18条にもとづく業績給を拒否している	27
公務員代表が18条にもとづく業績給を拒否している	26
使用者が18条にもとづく業績給を拒否している	16
すでに協定はあったが,うまく機能せず業績給は廃止された	14
業績給に関する合意はあるが,他の紛争点がある	10

図表 8-2 業績評価の方法

(公務員代表回答,%, S. 108)

	事例数	適用される労働者数
体系的業績評価:のみ,主に	54	47
目標協定:のみ,主に	16	30
組合せ型:のみ,主に	17	17
一律支給	14	25
一律支給:勤務所協定の有無を問わず	23	33

注:労働者数比率では一律支給を除いている。

図表 8-3 目標協定:労働者が評価に及ぼす影響の有無

(労働者回答,%, S. 135)

	目標設定に実際上影響を及ぼすことができるという印象を持っていますか		目標達成度の評価に影響を及ぼすことができますか	
	郡 V1	大都市 V12	郡 V1	大都市 V12
はい	61	33	47	26
いいえ	27	**58**	43	62
わからない	12	9	9	12

図表 8-4 体系的業績評価:「自分の業績結果の評価に影響を及ぼすことができますか」 (%, S. 135)

(自治体)	V2	V6	V7	V12
はい	20	14	12	40
いいえ	56	78	83	51
わからない	24	8	5	9

図表 8-5　業績給支給者比率

(％, S. 136)

	V1	V2	V6	V7	V12
はい：業績給で	―	100	63	47	91
基礎給＋追加給により	55	―	―	―	―
基礎給で支給	26	―	―	―	―
はい：1％規定で	7	―	―	―	―
はい：時間補償の方法により	―	―	18	―	―
いいえ	12	0	19	53	9
回答人数（人）	260	42	325	175	367

り，勤務所協定が集団的な規制（例：目標達成をサポートする態勢，評価結果の根拠付けの説明義務付け）をするか否かで異なる。

(4)　支給対象者の比率

　業績給制度で，支給は全員に可能であろうか。62％では，業績給が支給される労働者の比率を定める規定はなく，該当者にはすべて支給される。それ以外では，支給される労働者の比率ないし範囲を限定している（割当制）。そのうちで，支給対象者の範囲を狭く限定している事例が30％である。このように割当制・支給者比率制を用いる理由は支出の抑制である。それは労働者側のうち支給される者は限られていることがわかるので，動機付けは低下することになる。

　自治体のなかには，支給対象になるためには一定得点を達成することが要件となっている場合がある。調査した自治体のなかで，29％では必要最低点が定められていた。その6割では，業績評価参加者の1割以下の者は支給されていなかった。

　それでは業績給制度のもとで実際にそれを支給されている者の比率はどうか。「あなたは直近の支給で業績給を支給されましたか」と問うと，図表8-5のとおりである。ほかに，V5では40％，V9では55％である。

　では，実際に適用対象労働者のうち，業績給の金額を問うた。満額もらっているのは59％，減額されて一部もらっているのは33％，ゼロが8％である。

「どれほどの苦情が初回および直近であったか」と問うと，初回で労働者の3％，直近で同2％である。(S.179)

(5) 予算配分方法

予算の配分方法では，イ）勤務所全体を一つの釜として一括して支給する場合，ロ）部門ごとに分けて予算額を決めて配分する場合，ハ）賃金グループごとに配分する場合がある。今回の調査では，それぞれ，半数弱，36％，26％であった。全体一括取扱が最も多い。

2　全国調査 (Schmidt et al. 2012)

(1) 本調査の概要

シュミットらは州レベルのパイロット調査を経て，2011年に全国規模で人口3,000人以上の自治体1,781（回答426，回答率24％），およびそこの公務員代表1,746（同604，35％），3,000人未満の自治体628（同206，33％）の使用者側に対して調査票を発送した。うち，整理して1,064を分析した。また，労働者対象調査として，抽出した34自治体の労働者7,303人に発送し3,211人，44％の回答があった。使用者回答と公務員代表回答は内容的にやや食い違っている。

(2) 業績評価方法

図表8-6の上段4つの方法の合計は54.9％である，下段3つの方法の合計は45.1％である。業績評価が行われている自治体54.9％のなかでの構成比でみると，体系的業績評価によるもの75％，目標協定によるもの12％（ただし，適用される労働者数比率では29％）である。体系的業績評価の比率が高い。目標協定は件数としては6.6％であるが，労働者数比率は17.1％であり，大規模自治体で導入されている。勤務所協定が締結・成立していない自治体は4分の1であり（例：メアハイム病院），とくに小規模自治体で43.8％と高い。

一律支給（Pauschalausschüttung）は2割弱である（例：ブレーメン市，

図表 8-6 業績評価方法

(%, S. 7)

	合計数比率	対労働者数比率	使用者側	公務員代表側	小規模自治体
体系的業績評価のみ・主である	**40.9**	31.9	47.6	35.0	28.6
目標協定のみ・主である	6.6	17.1	8.0	7.5	2.9
組合せ型で体系的業績評価が主	5.0	6.4	6.3	4.3	2.7
組合せ型で目標協定が主	2.4	3.4	2.1	2.9	1.1
一律支給（勤務所協定等による）	13.0	14.1	9.6	17.4	16.4
非公式の一律支給（勤務所協定等の定めと異なる）	7.2	5.0	7.5	11.5	4.6
勤務所協定等はない	24.9	22.1	19.1	21.5	43.8

注：ここでは勤務所協定のない事例を含む。

ケルン市）。これは事例としては，公務員代表が業績給に反対している場合，および使用者側および公務員代表からみて業績評価の手間がかかり割に合わないと判断して応じる場合である。

(3) 勤務所協定がない事例

勤務所協定がない自治体が4分の1に達する。その理由を問うと，小規模自治体の9割では「公務員代表がない」の回答である。公務員代表が存在している自治体で勤務所協定がない理由は，「労使双方が協約18条にもとづく業績給を拒否している」が32％，「双方はそれに賛成であるが，まだ合意に達していない」が23％である。労使いずれかが反対の場合では，使用者側の反対（14％）は，公務員代表側の反対（8％）よりも多い。使用者が反対する理由は財源不足である。

業績給に関する最初の勤務所協定締結の時期を問うと，協約翌々年の2007年が66％，08年が23％である。07年は実施年であり，協約締結から勤務所協定締結までに時間がかかっている様子がうかがえる。

(4) 研修

管理職に対する研修の実施状況を問う。88％の自治体で実施されている。

その場合，管理職全員が受講しているのは55%であり，過半数が受講しているのが29%である。

(5) 支給されている者の比率

業績評価は個々人ごとに行われるが，前回に支給された労働者の比率を問うと，全員に支給した自治体は59%であり，一部の労働者に支給したのが33%であり，8%では支給されなかった (S.15)。全員支給は，前述NRW調査でのV2と同じである。

「前回，平均に比べてより高く評価された，またはより低く評価された労働者グループがいたか」を問うと，労働者の98%につき，それはなかった。ほとんど均一に評価している傾向が強い。

(6) ノルトライン・ヴェストファーレン州調査との比較

「勤務所協定はない」は4分の1であり，ノルトライン・ヴェストファーレン州の11%に比べて高い。その場合，原則として業績給は支給されない。

一律支給は3割前後であり，ほぼ共通する。ここでは業績給は支給するが，協約にもとづく業績給支給の趣旨が活かされるかどうかは疑わしい。

業績評価方式は体系的業績評価が圧倒的に多い点で共通する。目標協定は概して大規模自治体および郡で，体系的業績評価は小規模自治体で利用される傾向にある。

3 運用の実際—自治体の個別勤務所協定から—

(1) 調査概要

私はいくつかの自治体を調査した（藤内2015：88-132）。そこで特徴的なことはつぎの点である。

a）公務協約18条を基礎にしていることが明確である。それは随所に「公務協約＊＊条により」という表現があること，事業所内委員会の定め方で明らかである。この点では産業別労働協約を基礎にしていることは制度的統一性があり外部者にも理解しやすい。自治体間の違いはその運用の仕方の違い

にとどまる。

　b）目標協定の内容・運用として，フランクフルト市およびポツダム市では能力開発とセットにしている。グリンデ市では，それが可能とされている。

　体系的業績評価では，評価項目の括り方が細かい傾向がある。指標として，「(作業・課題の) 優先順位を定める」（グリンデ市，ケルン市，連邦内務省など）がある。

　c）勤務所協定でしばしば，上司による評価は「検証可能でなければならない（nachvollziehbar sein muß）」とある。とくにフランクフルト市はすべての評価事項でそれを求めている。

　なお，金属電機産業の協約は，業績給支給のための業績評価につき，「検証可能でなければならない」と定めるが，公務協約にはそのような定めはない。

　また，ヒアリングでは，いくつかの公務員代表は「業績評価は難しい」と語る（デュッセルドルフ市，フランクフルト市，メアハイム病院）。

　d）評価結果は個人ごとに示され（開示，説明など），労働者がその旨を署名することになっている。署名の意味は，フランクフルト市では閲覧の意味，デュースブルク（Duisburg）市およびザクセンアンハルト州では面談したという意味である。業績評価結果が本人に示され，その旨を署名するという取扱慣行は，人事評価の制度設計は公務員代表との共同決定事項であり，人事評価が手当支給や人材育成などの処遇に利用されることに鑑み，公務員代表側がそのような取扱いを求めてきた結果である。それは業績給協約の運用にあたり組合側が労働者の参加・関与を強めることを独自目標として追求してきたことの反映でもある。

　e）評価者訓練および労働者に対する制度説明会の開催を勤務所協定で明記している例（ポツダム市）がある。そこでは評価者訓練の所要時間まで明記していることがあり，協定当事者の確実にやろうとの姿勢が伝わってくる。だが，「実施には時間と手間がかかる」と言われているなかで，それは実施にあたり確実に時間を割くことを意味する。

　f）業績給に関する業績評価とは別に，従来から定期的に人事評価を行っている自治体がある（デュースブルク市，ケルン市，デュッセルドルフ市，フランクフルト市）。その場合には，業績給に関する勤務所協定規定の詳しさ

などに違いがでている。

　g）官吏への適用　公務協約は労働者に適用されるものであるが，その業績給支給のための業績評価を，同時に官吏にも適用している例がしばしばある。ポツダム市，ケルン市，デュッセルドルフ市，グリンデ市ではその旨明記されている。

　h）受給労働者比率　自治体の制度設計および運用によりこの比率は分散する。ポツダム市では83％，デュースブルク市では88％，ケルン市では93％の者に支給されている。反対に，支給される者の比率を限定する割当制の場合には限られる。後者の場合には労働者には動機付けが高まらないという制度目的に反する問題が生じる。

　目標達成度をみると，ポツダム市では100％達成者が労働者の80％，ケルン市では平均93％達成，デュースブルク市では88％達成と高い。この達成率が高い自治体では，それを可能にすべく勤務所協定で集団的規制が強いと推測される。

(2)　体系的業績評価規定例

各自治体公務労働者の評価指標をみる（藤内 2015：31-33）。
第1に，ポツダム市では，つぎのとおりである（管理職を除く）。
- i　業績結果（質・量）＝作業の質，作業結果の利用価値，ミスの頻度，作業量，作業課題を適切な時間内に処理する（合理的，効率的および完全さ），期限順守
- ii　作業方法＝独立した仕事，目標および結果を念頭においた仕事，経済的課題，注意深さ，丹念さ，誠実さ，作業・事故防止規程の順守
- iii　労務提供行動＝紛争解決能力，信頼性，柔軟性，顧客指向，協力・チーム能力，周囲を助ける姿勢，率先力，コミュニケーション，規則や約束事の順守

　以上，大きくは3本柱，細かくは19項目である。「どのような公務労働者が期待されているか」が具体的にわかるようになっている。作業方法・行動に多くの項目がおかれている。

　第2に，デュースブルク市では，「作業の進め方および作業結果」として，

専門知識の活用，参加とリード，職務上のルールや義務への配慮，思考と判断，仕事の質，仕事量，効率性の7指標が評価される（管理職を除く）。仕事の進め方や能力をみる指標が入っていることが特徴的である。

　第3に，ケルン市では，ポツダム市と同様に大きな柱と細目に分けられている。

　ⅰ　仕事の質＝指標：1 専門性，2 ミス・欠陥，3 期限順守
　ⅱ　仕事量＝4 作業量，5 作業範囲
　ⅲ　行動および協力＝6 持続性，7 忍耐力，8 実行力・交渉技術，9 決断力，10 コミュニケーション能力，11 協力・チーム力，12 変更を支えること，13 責任感
　ⅳ　指導（管理職に対して）＝14 権限委譲，目標協定，15 同僚の関わり方
　ⅴ　経済性，結果指向，効果＝16 労働経済性
　ⅵ　配置と柔軟性＝17 率先力（リーダーシップ）
　ⅶ　＝18 職務に特有な指標で，大きくは7の指標である（管理職を含めて）。

　第4に，グリンデ市では，思考と判断，職務上の能力，仕事の進め方，同僚等との応接，作業結果の5指標であり，管理職に対しては追加的な要件がある。デュースブルク市と同様に，仕事の質・量のほかに，仕事の進め方をみる指標がある。当市の細目の指標には，「批判能力」が明示的に含まれている。この指標は学校教員に対する勤務評価でしばしばみられる。また，行政部門では，「同僚および市民との接し方」が必ず含まれている。

　第5に，デュッセルドルフ市では，仕事量，仕事の質の2つの指標であり，管理職に対しては，指導的行動が追加される。当市では「評価に達したか否か」が評価され，達していれば，程度にかかわらず一律に業績給が支給される。そういう事情もあって，簡単な指標になっている。なお，デュッセルドルフ市ではこれとは別に，1983年以来，職員と官吏の双方に人事評価が行われている。

　第6に，フランクフルト市では，仕事の質＝注意深さ，信頼および期限順守，仕事の量＝迅速で要件にふさわしい作業処理である。規定は簡素であり，

協定はまだ整備途上にある。それでも業績評価の各指標につき，評価者は評価の根拠を記入しなければならない。

　このようにみると，表現は異なるが，おおむね共通する指標（仕事量，仕事の質，社会的関係・行動・協力＝仕事の進め方）が多いという印象をもつ。2005年の公務協約締結後，使用者側および公務員代表側それぞれに研修を受けて，「自分の市ではどの指標を入れて，どれだけの重みを持たせようか」と，お互いに他自治体の様子もみながら議論して交渉してきたのであるから共通したものになろう。たまに，市長が自分のカラーを発揮したいと考えるときに，交渉で主張され勤務所協定に取り込まれることがあろうが，それでも市長の交代とともに，勤務所協定は見直されるかもしれない。

　いくつかの自治体では，「職務に特有な指標」を含めている。

　ドイツでは，「働く姿勢が前向きであるだけではダメで，具体的な成果をあげることが重要だ」といわれるが，これらの規定では「社会的関係（行動）」が具体的な指標をともなって重視されている。

　なお，管理職の指標では，権限を部下に委譲すること，部下に立ち入った指示をしないことが重視されている。

　「評価は検証可能であること」の定めをおく例は，グリンデ市，フランクフルト市にみられる。

(3)　目標協定規定例（藤内 2015：29-31）

　第1に，ポツダム市では，目標協定はつぎの3つの事項を含む。
①職務上の目標（質および量）－労働者の職務（Tätigkeit/Funktion）を念頭におくこと
②コミュニケーションおよびチーム内での協力に関連した目標
③労働者の能力開発および資格向上にかかわる個人ごとの目標

　第2に，デュースブルク市では，「目標を達成したか否か」だけを評価する取扱いで，単純な目標である。かつ，上司は達成度評価にあたり，結果を検証しなければならない。達成のために労働者に提供される条件につき当事者間で合意されることになっている。人材育成・能力開発が目的の一つになっていて，業績評価が良好でないときには達成のための方法・工夫を上司と相

談する。部下が目標を達成することを補佐することを上司に課している。

デュースブルク市では，勤務所協定の資料として「目標協定の例」が以下のように定められている。

ⅰ）課長Aは6月末までに10～18歳の子どもの予防接種率を向上させるための計画書を作成する。各チームに月当たり2度の接種期間が予定され，予算は6万ユーロである。

ⅱ）音楽学校におけるJEKIプロジェクトを実施するために，A氏は2008年3月末までに同僚・部下の資格向上計画を作成し調整しなければならない。

ⅲ）音楽学校のスタッフ全員は，2008年12月末までに，取り決められている資格向上企画（Maßnahme）のいずれかに参加し，ほかの同僚のために資格向上企画（Maßnahme）を積極的に提供する予定である。

ⅳ）チームXのメンバーは2008年12月末までに専門的な継続教育企画に参加し，そのために日々の実際に具体化するための提案をともなった内容的な構成を仕上げる。構成は2008年12月末日までにチーム会議で紹介される。

ⅴ）部局長A氏は2008年6月末までに，現在いるスタッフで学校における技術検査を追加的に実施する目標をもって，人的な資源を最大化するための構想を提示する。

ⅵ）A氏は2008年12月末の会議までに，議案として決定可能な状態の構想を提案する。それは以下の内容を含む。

・安全な市のための指標，
・理念および企画，
・関係者を束ねること，
・所与の枠組み条件のもとで外部資金を含めた資金調達，
・実施の可能性。

ⅶ）A氏は2008年3月末までに1～10歳用の遊具施設を，100ユーロの予算内で設置する。そのさいに遊具の選択は年齢に公平に行われること。

ⅷ）A氏は2008年3月から12月末までの期間中，1歳から10歳までの子どもたちが参加できるような催しものを企画する。

第3に，グリンデ市では，個人目標設定にあたり，「市長の戦略的行政目標」から生じる客観的目標が考慮されている。これは珍しい定めである。日本で個人目標を定めるさいに組織目標を考慮するのと共通する。また，SMART原則の考慮も明記されている。

　目標達成のために労働者をサポートする条件が合意されることがある（ポツダム市，デュースブルク市，フランクフルト市）。

(4)　組合せ例（藤内 2015：17-19)

　評価方法がそれぞれに長所・短所があることを踏まえている。その例を示す（Bergauer：108-109）（図表8-7）。

(5)　ポツダム市

　業績評価方法は目標協定によることを原則とし，目標協定合意が成立しない場合には体系的業績評価による。実際には4分の3の者は目標協定が成立し，残る4分の1は協定が合意できず体系的業績評価によっている。目標達成度評価では目標のうち一つでも達成すれば，「目標を達成した」ものとして取り扱っている。そのために目標協定では達成率は高い。そのさいに達成度につき，100％，75％および75％未満の3つに区分し75％達成者にはその75％を支給し，75％未満達成者に対しては業績給を支給しない。目標協定の業績評価をみると，1545人中，100％達成が1243人（80％），75％達成が33人，それ以外は269人（17％）である。ポツダム市では勤務所協定で「成果の乏しい業績遂行が上司に知らされる場合には，労働者と状況が話し合われ業績を改善すべく共同で取り組まれる」とされる。ポツダム市の上司は大変だ。

　業績給の金額は公務協約が定めるとおり，2014年時点で基本給の2％相当である。したがって，達成度100％の労働者は原則として自分の基本給の2％を業績給として追加して支給される。ただし，予算を追加することはなく，予算で不足する場合には比例按分して減額されうる。したがって，2％という協約が定める比率は実際には上限を意味する。基本給に対する業績給の比率は今後段階的に上がる。

図表 8-7　組み合わせ例

業績評価

	評価指標	重要度	評　点
1.	作業結果： これは職務記述書に記載されている中心的課題の達成にもとづく。		
1.1	仕事の質： ―課題処理の正確さおよび完全さ（欠点度，事後の補正，苦情）， ―文書および口頭での表現	20%	☐ ☐ ☐ ☒ ☐ 1　2　3　4　5
1.2	仕事の量： ―中心課題にかかわる作業量， ―仕事のテンポ，時間・期限厳守， ―追加的な課題（例，プロジェクト）の引き受け	20%	☐ ☐ ☐ ☒ ☐ 1　2　3　4　5
根　拠：			
2.	作業行動： 作業行動は肯定的な作業結果に有益な個人的な質を特徴づける。		
	―忍耐力， ―学習と責任を負う姿勢， ―自立して仕事をできること， ―信頼性	15%	☐ ☐ ☐ ☒ ☐ 1　2　3　4　5
根　拠：			
3.	社会的能力（Kompetenz）： 社会的行動では，上司，同僚との協力および第三者（市民，顧客等）が問題となる。		
	―親切な応対，顧客志向， ―協力，他人の意見への敬意， ―客観的な議論， ―チーム能力（Teamfähigkeit）	15%	☐ ☐ ☒ ☐ ☐ 1　2　3　4　5
根　拠：			

4.	資源節約 (Ressourceorientierung)： 　これは使用可能な手段を経済的に取り扱うことをめざす。		
	—効率的な課題遂行， —事業所内の作業の進め方の改善， —コスト意識をもった行動， —時間管理	10%	☐ ☒ ☐ ☐ ☐ 1　2　3　4　5

根　拠：

5.	指導的行動： この指標は管理職にのみ係わる。		
5.1	決定行動： 管理職は責任を引き受ける覚悟があり，必要な決定を行う。	20%	☐ ☐ ☐ ☒ ☐ 1　2　3　4　5
5.2	人事指導 (Personalführung)： —権限の委譲， —部下の動機付け，評価を示す， —率直な対話，フィードバックする，	20%	☐ ☐ ☐ ☒ ☐ 1　2　3　4　5

根　拠：

6.	目標協定： 　目標は特別な書式に記録される（資料1）。達成度は5段階の評価にもとづい確定される。		
6.1	目標協定1： 専門領域1の公務労働者全員につき職務評価 (Stellenbewertung)	20%	☐ ☐ ☐ ☒ ☐ 1　2　3　4　5
6.2	目標協定2	％	☐ ☐ ☐ ☐ ☐ 1　2　3　4　5
6.3	目標協定3	％	☐ ☐ ☐ ☐ ☐ 1　2　3　4　5

評価レベルの定義

評価等級の定義
等級1＝要件（要求）はほとんど満たされていない
等級2＝要件はほとんど満たされている
等級3＝要件は満たされている
等級4＝要件は上回って満たされている
等級5＝要件は特別に上回って満たされている

図表 8-8　業績給支給状況（デュースブルク市，2011 年）

賃金等級 EG1-8	EG9-12	EG13-15 以上	合　計
業績給を支給された労働者			
2,455 人 59% 506 ユーロ	1,479 人 36% 671 ユーロ	220 人 5% 961 ユーロ	4,154 人 100% フルタイム平均
業績給を支給されなかった労働者			
388 人	158 人	23 人	569 人
業績給を放棄した労働者			
64 人	48 人	9 人	121 人
要件を満たさなかった労働者			
218 人	216 人	14 人	448 人

　この市では事業所内委員会に持ち込まれる事案は，2013 年は 10 件以内であった。

(6)　デュースブルク市

　業績給を支給された労働者比率は 88%であり，高い比率である。2011 年について，業績給を支給された人，されなかった人，放棄した人，要件を満たさなかった人で賃金グループ別に分類すると図表 8-8 のとおりである。放棄した人，要件を満たさなかった人を除く 4,723 人のうち 4,154 人（88%）が支給されている。これは公務員代表が予想したとおりである。放棄した人（121 人）の内訳をみると，不動産管理部門 21 人，建設ホールディング部門 19 人が多い。要件を満たさなかった人（448 人）の内訳をみると，育児休業中 101 人，病気 86 人，高齢者パート 74 人が多い。

　公務員代表は当市の業績給の運用実情につき正確に把握し分析している。公務員代表はこの課題に熱心に取り組んでいる。ヒアリングでも議長は情熱をもって語る。

4　業績給運用のタイプ（Schmidt et al. 2011b：115）

　シュミットらは業績給調査の一環として自治体を調査し，その運用をタイプ別に分類した。調査は2010年，ノルトライン・ヴェストファーレン州内で行われ，勤務所協定等を有する公務員代表および労働者に対してである。各自治体の労使関係につき，シュミットらによる評価を記している。図表8-10（225頁）に分析一覧表がある。以下の説明では，業績給タイプの説明のなかに，業績給に対する評価や運用に関する自治体間比較が織り込まれている。また，使用者・公務員代表間の業績給制度設計過程が垣間見られる。一部，紹介を省く。

(1)　選抜的制度（S.119）

　業績給制度のなかに支給者の比率または人数を定めている取扱いがある。すなわち割当制である。その場合には最初からもらえる労働者数が決まっているので，労働者の動機付けという業績給制度の目的を達成するうえで困難がある。労働者のなかで，この取扱方に対する支持は低い。
　市V5（距離を保って協力的な労使関係）は約700人の公務員（労働者，Beschäftigte　公務労働者と官吏の両方）を擁する。ここでこの方式がとられているのは偶然ではなく使用者側の戦略による。市長は権威主義的に行動する人物で，公務員代表は内部に対立する潮流を抱えていて使用者側の方針に有効に対抗し行動することができていない。原案作成委員会は使用者側任命の委員が多数を占めた。評価者に対する研修は行われている。協定では相対評価の割当制が定められ，「平均をとくに上回る」は15％，「平均を上回る」は25％とされている。業績給予算の50％は「平均をとくに上回る」者に，残る50％は「平均を上回る」者に支給される。そして，予算のうち，体系的業績評価被適用者に8割を，目標協定被適用者には2割を割り当てるとされている。
　この市の労働者は担当職務記述が明確でないことが多く，業績評価の基準は不明瞭である。目標協定が適用されている者は，目標設定にあたり上司か

ら「不十分である，意欲的でない」として目標提案を拒まれる例がある。たとえば，託児所部門で，健康な朝食の提供，外国人保護者にパンフレットを配布することが労働者側から提案されたが，使用者側からは，それは日常的な業務であってわざわざ取り上げるほどのことではないといわれた。主に体系的業績評価が適用されているが，そこでは労働者のランキング付けになっている。目標協定では絶対評価でも，支給対象者を絞り込む過程でランク付け（相対評価）になる。

　大都市V9（信頼に満ちた協力関係）は公務員5,000人以上である。業績給配分は「総花主義（Gießkannenprinzip）」とせず，業績刺激が必要な者に限るという方針による。支給される労働者比率の上限は6割とされている。評価方法は体系的業績評価である。

　協約適用者のなかでは労働者の55％が加給（Prämie：割増）を支給されている。その場合，賃金グループ13～15の高位者の70％が受け取り，反対に低位のグループ4では37％，グループ2では43％が支給されている。したがって，ヒエラルヒー効果がでている。それは市議会やマスコミで話題とされるほどである。「同じ評価には同じ賃金を」の原則はここでは適用されていない。

　上司と部下の面談は必ずしも規定通りには行われていない。その理由は，上司＝管理職が多忙だからである。管理職は選抜方式を彼らに対する不信であるとみている。なぜならば，この制度では管理職は労働者の順位をつけるだけで足り容易だからである。管理職は部下に対して，「いい点をあげたいのだが，手元に使えるポイントがないんだ」と言い逃れできる。

　この勤務所の労使関係は，V5とは異なり，まだ信頼関係が，話し合いがある。

　市V7（実務的で紛争的な労使関係）は公務員1,000人以上を擁する。導入は使用者側の関心事で，公務員代表は関心がなかった。それでも公務員代表は状況からして導入は避けられないと判断し，労使同数で原案を作成する作業委員会を設置した。それは後に事業所内委員会になった。委員会は体系的業績評価を提案した。それに割当制がついていた。労働者の強い反対を受けて（労働者の63％は「業績給が全員に支給されるチャンスがあるのが望まし

い」と回答),公務員代表は最初の評価の前に解約通告を行った。だが,その後,割当率が変更されつつ制度としては存続している。

V7では労働者はことのほか体系的業績評価にもとづく点数制により支給対象を割り当てることを嫌った。公務員代表はこの取扱方に一定の評価をしているにもかかわらず。その結果,V7の労働者は,業績給導入にともなう印象として,勤務所長に強い反発をもった。

その後,2010年に転機が起こる。勤務所協定改定交渉で公務員代表は目標協定の導入を可能にするように強く迫ったところ,使用者側は譲歩した。このとき,公務員代表側は,目標協定を導入した場合に,注文の多い高い目標を課せられるかもしれないという懸念をもっていた。これが転機となり,業績給の予算は2倍になり,ほとんどの労働者が業績給を受給可能になった。現在では選抜的な制度ではない。

以上,選抜的制度を導入している3例をみると,共通してそれは労働者の動機付けを高めるという業績給制度の目的を達成できていない。労働者側の支持は低い。

(2) 参加型制度 (S.126)

協約18条に定められている業績給の制度目的が達成され労働者に高く受け入れられる最良の方法は,業績給に労働者が参加するように制度設計されている場合である。それは目標協定方式と労働者の特徴ある参加(詳細な個人面談(Mitarbeitergespräch),部分的には労働者アンケート,研修等)である。

その例として,郡V1(信頼に満ちて協力的な労使関係)がある。V1では数年間の集中的な行政改革とその経験を経て,多くの特色がある。手当と関係ない目標協定が,すでに長年の人材育成・組織発展とともにある。

この勤務所では通常も今回の業績給導入前も使用者と公務員代表は協力的に振る舞った。自分の利益を見失うことなく共同の目標を追求している。ここでは「協定文化(Vereinbarungskultur)」が確立している。両者は体系的業績評価も割当制も考えずに,目標協定型を合意した。それは官吏にも適用されている。管理職に対する研修もしっかり行われている。

図表 8-9　業績評価面談「業績評価は面談とリンクしていたか」

(労働者回答, %, S.129)

	郡 V1	自治体 V2	市 V6	市 V7	大都市 V12 SLB	大都市 V12 ZV
指標の説明に関する評価期間期首の面談あり	79	37	12	13	78	81
業績展開に関するフィードバックとしての中間面談あり	63	20	9	5	20	28
評価の通知のための期末の面談あり	71	76	73	95	72	70
面談は行われていない	14	12	15	4	6	10

　このように使用者側も公務員代表も熱心に取り組んでいるが，労働者レベルでは他の自治体に比べてこの取扱にとくに肯定的なわけではない。労働者アンケート調査によると，他の自治体に比べると，業績給制度につきそれなりに事前に情報提供されている。だが，他の自治体と同様，業績給制度の説明会への参加率は半分以下である。

　この勤務所では労使とも，労働者が上司と目標協定を合意し，その達成度につき中間面談で本人にフィードバックすることを重視している。

　図表 8-9 によれば，期末面談は高い比率で実施されている。そのなかで，2 つの市では期首面談および中間面談の実施率が低い。V12 で，体系的業績評価被適用者と目標協定被適用者を比較すると大きな違いはない。目標協定被適用者で，個人目標のみは 4 分の 3 で，チーム目標を設定したのは 4 分の 1 であった。V5 では，目標協定が全員に適用されるが，目標協定は当事者間で信頼関係をもって上部の許可を要せずに運用されている。使用者側の予想とは異なって，実際には労働者全員が基礎加給を支給され，3 分の 2 が追加加給を支給され，官吏も追加加給を支給されている。ただし，ここでもヒエラルヒー効果が顕著である。図表 8-9 によれば，一律支給でないのに面談が行われていない例がある。私には意外である。

　大都市 V12（計算づくで協力的な労使関係）の事例では，最初から今日まで勤務所協定は業績評価の方法として，3 つのタイプを労働者に選択させている。目標協定方式も体系的業績評価も他自治体とかなり異なる。ここでは

両制度に類似点がみられる。労働者374人のうち86%が目標協定を選んでいる（2008年）。うち，32%は個人単位の目標協定，57%はグループ単位，11%は個人・グループ双方である。他の自治体で目標協定の適用を受けている労働者比率はV1で85%，V2で91%，V6で91%，V7で87%である。これは全国平均に比べて，はっきりと高い。

(3) 慣習的な制度 (konventionell System)（S.138）

トリッテルらは2007～08年に勤務所協定・事業所協定を分析した（Trittel et al.：25-）。それによればいくつかの自治体は独自の制度をつくる努力をせずに，適用されている協約の業績給制度にそのまま依拠した。そこでは目標協定による労働者の参加を強める努力はされていない。このようなタイプを慣習型と呼ぶことにする。

自治体V2（協力的な労使関係）は公務員150人の小規模である。ここでは人事部長が業績指向の強い制度の導入を構想した。市長は業績評価を無意味なものと考えていたので人事部長に一任した。それでも最後にすぐれて選抜的な制度を導入するにあたり市長の拒否権にあい頓挫した。その後，部下をもつ管理職らが評価に消極的な態度をとったことで，業績指向を強めないことに市長は傾く。

V2では業績給に対する労働者の評価は他自治体よりも高い。しかし，実際の具体化にがっかりしている。まず，支給金額が少額なために動機付けにならないという受け止め方が強い。つぎに，実施にあたり多くの上司は面談を行っていない。一律的な支給である。上司の一部は趣旨に即した運用をしているが。

体系的業績評価と目標協定で比較すると，目標協定被適用者のほうが客観的な手続きであるとの評価が高い。(S.142)

慣習的な制度に分類される事例に，市V6（実務的で協力的な労使関係）がある。ただし，操作により慣習的（steuernd-konventionell）である。ここでは財源のうち50%を目標協定に，残る50%を体系的業績評価および組合せ型に当てている。ここでは勤務所協定の定めと実際の運用が異なる。何人かの管理職は勤務所協定の定めは実際的ではないとして無視して（すなわち，「操

作して」）運用している。その意味で慣習的である。V6のように，勤務所協定の定めと実際の運用が異なる事例がいくつか見られる。部外者にはわからない。

(4) 回避と躊躇（S.115）

4分の1の自治体では，勤務所協定の有無にかかわらず一律支給されている。

その一つ，公営企業B4（当事者間に機能の違いがほとんどない労使関係）は従業員数100人未満の小規模事業所であり，労働者はお互いに事情がわかっている。ここでは使用者は公務員代表の存在を受いれて協力しながら運営している。労働者の多くが一律支給を希望しているという意向を受けて，使用者も公務員代表もこのように運用している。

事業所関係者は，労働者全員を対象とするチーム目標協定を定め，それを達成すれば全員に同じ金額の手当を支給するという取り扱いで運用している。「掃除のおばさんも技術者も同じだ」と語る。それにより業績給をめぐる紛争を回避している。

大都市V8（公務員2,000人以上，実務的で協力的な労使関係）および大都市V11は，公務員代表の反対にあい導入が困難である。公務員代表はサービス労組のモデル協定案（藤内2015：128-132）に従って目標協定型を導入したいが，使用者側は体系的業績評価か目標協定のいずれかを労働者が選択し，決定できない場合には体系的業績評価によることを提案している。使用者案では，一定の水準に達した労働者全員に業績給を支給する。両者の議論は続行している。

大都市V11（公務員約1万人，実務的な労使関係）では，両当事者の議論が続いている。ここでは使用者側は上位者にだけ業績給を支給して予算を節約したい。方式は体系的業績評価に準じたい。対して公務員代表は組合モデルに従って目標協定型を導入したい。両者は基本合意したが，重要な点で合意がまだ成立していない。

市V3（対立的な労使関係）は公務員500人余りを擁する。勤務所協定はなく業績給は実施されていない。それでも少ない金額ながら一律支給されてい

る。労使間では決着のつかない交渉が行われている。はっきりと紛争的対立的であり，相互に不信がある。市長は改革好きであり業績給を早く導入したい。公務員代表は基本的に業績給に反対であり，労働者の意向にしたがい，導入するならば一律支給方式で入れたい。労働者の過半数から業績給反対の署名をとっている。

使用者側は目標協定型の業績給を導入したい。公務員代表側は一律支給型を主張し，両者の溝は埋まりそうにない。公務員代表は，財政事情が逼迫しているもとで労働者に利益になる改革は困難だとみている。

この市では，公立の病院および公営企業でも同様に業績給は合意に至っていない。

以下にシュミットらが調査した自治体の概要をまとめる（図表8-10）。

(5) 小括

運用タイプは分散している。勤務所協定が成立していない回避型が一定数を占める。成立している事例では，参加型がやや多い。それは目標協定型を取り入れている事例である。

労使関係タイプをみると，官庁では公務員代表の存在感は大きく，概して労使協力的である。この点は民間[1]とやや異なる傾向である。

公務部門でも勤務所協定と実際の運用に違いがある事例がある。勤務所協定なしに一律支給している例がある。また，公務員代表が使用者側と協力的な関係にある場合には，公務員代表はしばしば共同管理者として振る舞うことがある。

1） 藤内 1998a：245。

図表 8-10　自治体の概要

(S. 32, 145)

組　織	公務員数(人)	住民人口(人)	業績給タイプ	勤務所内の労使関係
郡 V1	1,000 人以上	25 万以上	参加的	信頼に満ちて協力的
市町村 V2	150 人	2 万未満	慣習的	協力的
市 V3	500 人以上	5 万未満	(未実施)	紛争的
市 V4	100 人以上	5 万未満	慣習的	やや紛争的
市 V5	700 人	5 万以上	選抜的	距離を保って協力的
市 V6	約 1,000 人	5 万以上	操作して慣習的	実務的・協力的
市 V7	1,000 人以上	5 万以上	選抜的(転換中)	実務的・紛争的
大都市 V8	2,000 人以上	10 万以上	(未実施)	実務的・協力的
大都市 V9	5,000 人以上	25 万以上	選抜的	信頼に満ちて協力的
大都市 V10	5,000 人以上	50 万以上	(未実施)	計算づくで紛争的
大都市 V11	1 万人以上	50 万以上	(未実施)	実務的
大都市 V12	1 万人以上	50 万以上	操作して参加的	計算づくで協力的
公営企業 B1	100 人以上	10 万以上	操作して参加的	信頼に満ちて協力的から距離を保って協力的に転換
公営企業 B2	100 人以上	10 万以上	操作して参加的	距離を保って協力的
公営企業 B3	100 人未満	5 万未満	慣習的	信頼に満ちて協力的
公営企業 B4	100 人未満	10 万未満	回避	当事者間に機能の違いがほとんどない
市立病院 K1	1,000 人以上	50 万以上	(未実施)	距離を保って協力的
郡病院 K2	1,000 人以上	10 万以上	操作して参加的	信頼に満ちて協力的

第9章　関係者の受け止め方—受容と機能—

2007年以後実施されている業績給制度の運用につき，使用者，公務員代表および労働者の関係者はどのように受け止め，また，この制度はいかに機能しているのであろうか。以下，シュミットらによる2つの調査をみていく。

1　受容と評価

(1)　ノルトライン・ヴェストファーレン州調査（2009-10年実施 Schmidt et al. 2011b : 146f.）

① 業績給に対する一般的態度（労働者・代表委員）

市V7で「あなたは，賃金の一部が業績に左右されることを一般にどう考えますか」と問うと，「どちらともいえない」が最多で，つぎに「やや（どちらといえば）いい」が続く（図表9-1）。労働者の評価は分かれている。肯定的評価がやや高く，とくに官吏および旧現業労働者でその傾向が強い。

公務員代表委員に対して「公務協約18条にもとづく業績給を総じてどう評価しますか」と問うと，つぎのとおりである（調査は自治体官吏同盟員を含む）。

図表9-2をみると，公務員代表委員のなかで所属組合により評価が大きく違うことがわかる。代表委員全体は労働者に比べてやや否定的な傾向であり，なかでもサービス労組員は拒否傾向が強い。
「個々の事例を別にして，あなたの勤務先で行われている業績給制度を総じてどう評価しますか」と問うと，図表9-3のとおりである。

業績給制度一般に関する評価と当所（自分の勤務先）における評価はやや異なる。とくに公務員代表においてその差は顕著である。自らが作成に関与したことの影響であろうか。

図表9-4をみると，公務員代表は，おおむね公正に運用されているとみている。

評価の適切さにつき，「労働者は全体的に見て業績評価は適切であると考え

図表 9-1 業績給に対する一般的態度

(市 V7, 労働者回答, %, S.125)

	平均	男性	女性	フルタイム	パートタイム	官吏	元現業労働者	元職員	管理職
よい (1)	12	10	13	11	13	8	3	17	**20**
どちらかといえばいい (2)	**27**	29	25	25	31	**38**	**34**	21	**26**
どちらともいえない (3)	**32**	29	34	32	32	35	34	31	31
どちらかといえば悪い (4)	18	19	17	20	15	8	22	18	14
悪い (5)	11	12	11	12	9	11	6	13	9
中間値	2.89	2.92	2.87	2.97	2.76	2.76	2.94	2.91	2.66
該当数 (人)	198	78	120	117	75	37	32	121	35

図表 9-2 公務・業績給に対する評価

(公務員代表委員回答, S.157)

	平均	非組合員	サービス労組員	官吏同盟員等
とてもいい (1)	0	0	0	0
いい (2)	15	24	5	24
どちらともいえない (3)	30	**42**	17	40
悪い (4)	**35**	20	42	33
とても悪い (5)	20	13	**36**	3
中間値	3.61	3.23	4.10	3.14

図表 9-3 勤務先での業績給制度に対する評価

(%, S.154)

	とてもいい	いい	どちらともいえない	悪い	とても悪い
行政トップ	16	**52**	22	10	2
公務員代表	7	**33**	34	17	9
管理職	4	24	48	22	1
労働者	2	8	49	**33**	7

図表 9-4　評価の公正さを問う

(公務員代表回答，%，S.159)

	はい	やや・はい	どちらともいえない	やや・いいえ	いいえ
労働者は，評価は適切であるとみている	3	**34**	46	17	2
業績給は同僚間で公正に配分されている	12	44	34	9	2

図表 9-5　業績評価の適切さに関する労働者の評価

(公務員代表回答，%，S.177)

	はい	やや・はい	どちらともいえない	やや・いいえ	いいえ
総数平均	3	34	46	17	2
体系的業績評価	2	21	55	19	3
目標協定	5	**56**	29	8	0
組合せ型	0	**52**	30	18	0

ているか」に対する回答を業績評価タイプ別に分けると，図表9-5のとおりである。

これをみると，目標協定型およびコンビ型で「適切である」と受け止める傾向が強い。

② 事業所内委員会に対する評価 (S.169)

業績給の運用を監視する事業所内委員会の役割につき，公務員代表の満足度は高い。4分の3の公務員代表は満足しており，不満であるという公務員代表は5％にとどまる。

③ 面談の実施・研修

業績給導入を契機に，評価者と被評価者の間で面談が頻繁に行われ，情報提供と資格向上への取り組みが熱心になった。明白な成果である。目標協定にせよ体系的業績評価にせよ，本人と上司の面談が必要になり頻繁に行われる。公務員代表の81％は，「業績給導入の前には面談はなかった，またはま

れであった」と語る。このように業績給導入を契機とする面談の増加は，本人と上司の意思を疎通させるうえで刺激となり，その後の成果に大きな影響を及ぼしている。顕著な反映である。

　これを方法別にみると，「指標ないし目標協定のための評価期間期首の面談」は，目標協定型で83％で実施,「評価を通知するための期末の面談」は目標協定型で同じく83％で実施されている。すなわち，目標協定型でより頻繁に面談が行なわれていることがわかる。面談の様子につき，なかには短時間のものもあれば2時間におよぶ立ち入った面談もあると報告されている。ただし，目標協定型でも2割弱で面談が行われていない。目標協定の趣旨に照らすと，これが問題とされるべきかもしれない。

　業績給制度に関する研修への労働者の参加率はNRW州内で平均51％であるが，業績評価をする管理職はたいてい参加している。この研修体験がその後，事業所内委員会委員になったときに専門的知識面で活かされてくる（S.170）。

④　タイプ別にみた評価方法に関する評価

　これを公務員代表に問うと，労働者のなかでは目標協定型が肯定的にみられている。目標協定被適用者が高く評価する（75％）とともに，体系的業績評価被適用者でも目標協定型への評価は高い。目標協定型では目標設定にあたり労働者の影響を及ぼすことができるのは当然であるが，それでもそのさいに，労働者と上司との力関係・立場の違いは目標設定の話し合いにも反映し，労働者側の要望がそのまま採用されるということはない。この点はまた，目標協定の制度設計により大きく異なる（S.173）。

　その点では，勤務所協定という集団的規制による規制が明確であれば，目標協定の合意にあたり労働者本人の自己決定が実質化する程度は高くなる。すなわち，公務員代表による集団的規制が労働者の自己決定を支える。

⑤　要求・目標達成の困難さ

　「労働者が要求（Anforderung：要件）を達成することは容易か困難か」と問うと，図表9-6のとおりである。

図表 9-6 労働者が要求を達成することは容易か困難か

(公務員代表回答, %, S. 176)

	容易だ	やや容易だ	どちらともいえない	やや困難だ
体系的業績評価	1	23	61	15
目標協定	10	**32**	58	0
組合せ型	4	23	65	8

注:「困難だ」の回答はいずれも0%であり,記載を省略している。

これをみると,目標協定型で達成が比較的容易だと受け止められている。組合が予測していたとおりである。

⑥ 小括

全体を通して,公務員代表は目標協定型をより望ましいタイプと見ている。それはとくに労働者が原則として目標設定に参加する点にある。参加型のモデルである。それにより労働者に能力開発および高い業績をあげるチャンスが広がるとみる。

使用者側からは,「業績給のための支出が予定を上回る」という悩みが表明されている。それはとくに業績と評価の関係が不明確な制度設計の自治体の場合である。上司は業績評価を本人に説明しなければならないために甘くなる傾向がある。

この調査でも,役職で上位者が高く評価され,逆に下位者は低く評価される傾向があるという,ヒエラルヒー効果が確認されている。

(2) 全国調査 (Schmidt/ Müller 2012)

全国調査(2011年実施)は自治体1,000以上,公務労働者3,000人以上を対象とする。協約が定める制度目的の達成という点では,結論的には今のところ失敗している。調査自治体の55%で業績給が支給されている。労働者の59%は評価にもとづいて業績給を支給されうる。それ以外の自治体では業績給として予定される財源は一律に支給されている。

図表9-7　公務部門：業績給に対する評価
(Schmidt/ Müller 2012: 28)

	使用者	公務員代表
(1) とてもいい	3	0
(2) いい	**35**	11
(3) どちらともいえない	30	18
(4) 悪い	24	28
(5) とても悪い	9	**22**

図表9-8　業績評価は適切か（S.16）

	全体	男性	女性	SLB 被適用者	ZV 被適用者
(1) はい	**38**	33	41	28	**65**
(2) やや・はい	25	29	23	27	19
(3) どちらともいえない	20	21	20	24	10
(4) やや・違う	8	8	9	10	3
(5) 違う	8	9	7	10	3
平均値	2.23	2.32	2.17	2.46	1.60

① 業績給に関する評価

　これはさまざまである。おおむね使用者はそれに賛成であり，労働者は反対である。業績給が支給されていない自治体では，公務員代表だけが反対しているわけではない。この事例の57％では使用者も業績給を支持していない。労働者のあいだでは同様に不一致がある。労働者の36％が「業績給はいい制度である」と考え，「自分は業績給に反対だ」は同37％，ほかの者は制度を黙認する。(Schmidt/ Müller 2014：105-112.)

　「公務協約18条における業績給に関する協約規定をどう評価するか」を問う（図表9-7）。こうみると，使用者側は歓迎し，公務員代表側は拒否している傾向がはっきりとわかる。公務員代表のなかではとくに大規模自治体で拒否傾向が強い。

　「個々の点を別にして，あなたの勤務所で行われている業績給の方法を総じてどう評価しますか」と問うと，使用者側および公務員代表側ともに肯定的である。しかし，労働者はやや否定的な評価をしている。

② 評価の適切さ

労働者に対して「業績評価は適切か」と問うと，図表 9-8 のとおりである。「はい・適切である」の回答は 38％で，目標協定被適用者で 65％と高く，体系的業績評価被適用者で 28％と低い。

③ 望ましい評価方法（Schmidt/ Müller 2012：28）

「業績評価方法として，目標協定と体系的業績評価のいずれが望ましいと考えるか」と問うと，労使とも現在の勤務所で適用されている方式を望ましいと回答する。そして，使用者側は体系的業績評価を，公務員代表側は目標協定を望ましいと考える傾向にある。そうすると，体系的業績評価の利用が多いということは使用者側主導で評価方法が決定されたと推測されよう。

2　業績給の作用・影響

つづいて，業績給導入にともなう影響をみる。とくに業績給導入にあたり協約当事者がめざした目的が達成されているかどうかが重要である。

(1)　ノルトライン・ヴェストファーレン州調査（Schmidt et al. 2011b：131f.）

① 業績給の作用

図表 9-9 から，業績給制度に対する労働者の支持は低いことがわかる。制度趣旨である動機付けの向上は達成されてはいない。逆に「業績給はねたみと競争心をもたらした」の項目で支持が多い。

「自分は業績給の有無にかかわらず，いい仕事をするように努めるか」の問に対して，96～98％で圧倒的に肯定されている（S. 149）。

② マイナス作用

「業績給の実施によるマイナス面はあるか」と問うと，図表 9-10 のとおりである。このようにマイナス面も報告されている。「ねたみと競争心が強まった」という点では，労働者対象調査（図表 9-9）でも確認されている。

figure 9-9 労働者の目からみた業績給の作用

(労働者回答, %, S.131)

	郡 V1	市町村 V2	市 V6	市 V7	大都市 V12
A：業績給は動機付けを高めた					
当てはまる	8	5	9	10	11
一部当てはまる	30	34	42	28	38
当てはまらない	**63**	61	49	62	51
B：業績給はねたみと競争心をもたらした					
当てはまる	44	32	50	**51**	22
一部当てはまる	32	34	34	36	31
当てはまらない	25	34	16	13	47
C：業績給は，業績目標をオープンに議論することにつながった					
当てはまる	23	18	20	12	32
一部当てはまる	43	43	41	34	43
当てはまらない	34	39	39	54	25
D：業績給によって自分は理想を実現するチャンスが高まった					
当てはまる	9	9	4	6	9
一部当てはまる	32	21	27	16	27
当てはまらない	58	70	68	**78**	64

図表 9-10　業績給によるマイナス面

(公務員代表回答, %, S.184)

	強まった	やや強まった	変わらない	やや弱まった
ねたみおよび競争心	**24**	**54**	22	0
紛争	19	32	48	0
成績圧力	9	43	48	0
動機付けの低下	16	30	52	2

③　業務上の影響

では実際に業績給導入によって，業務上でどのような影響があったと公務員代表は受け止めているのであろうか (S.187)。「改善された」および「やや

図表 9-11 「業績給の導入によって以下の点は改善されたか」で「はい」の比率 (%)

	労働者回答	使用者回答
自己責任	**27**	**54**
サービスの質	17	**49**
動機付け	25	45
業績に照らした公平さ	**29**	**55**
上司と労働者の関係	12	37
同僚間の人間関係	4	7
労働者の参加	16	33

出所：Schmidt/ Müller 2014: 108, 109.

改善された」という回答の比率は，「サービスの質」では 3% +25%，「目的をもった指導」では 3% +19%，「賃金問題での共同決定」は 2% +19%，「自己責任」は 2% +13%である。総じてさほど高くない。そして，業績給導入にあたっての使用者と公務員代表の協力関係の程度と業績給導入によるプラス効果の相関関係をみると，協力関係があるほど効果も大きい（S.188）。

(2) 全国調査（Schmidt/ Müller 2012：19）

① 業績給の影響・効果

いくつかの項目につき，「改善された」を評点 1 とし，「悪くなった」を評点 5 として，使用者，公務員代表および労働者に問うた。結果は，使用者側の「改善された」の評価が，公務員代表側の評価（ほとんどは 3「どっちともいえない」＝変化なし）よりもはっきりと高い。労働者の評価は公務員代表による評価よりも低い。それはとくに，サービスの質，顧客志向，動機付けの項目でいえる。労働者につき，体系的業績評価被適用者と目標協定被適用者で対比すると，目標協定被適用者で「改善された」とする比率が，動機付け，同僚間の人間関係で，はっきりと高い。これは目標協定のほうが，上司との改善へ向けた面談が成果をあげたということであろう。総じて，公務協約の業績給で導入目的とされた動機付けや公務の効率化はさほど成果をあげたとはいえない。

図表9-11をみると，使用者側で制度への評価が高いことがわかる。

労働者の70％（体系的業績評価被適用者の77％，目的協定被適用者の55％），公務員代表の60％，使用者の54％が，「業績給によってねたみと競争心が高まった」と報告している（Schmidt/ Müller 2014：110）。具体的な実施方法にも大きく左右される。

② 業績給導入にともなう不都合

労使とも「運用コスト（時間，金）」を一致してあげる（S.21）。要するに手間がかかる。それに対して，「勤務意欲低下」を与えたか否かの評価では，公務員代表側は使用者側よりも強く該当するとみる。

③ 上司との面談の影響

この点で，体系的業績評価被適用者では，期末面談が重要な影響を与えるとみるのに対し，目標協定被適用者では期首面談のほうが重要であるとみる。「業績給導入以前に定期面談が行われていたかどうか」を問うと，過半数では行われていなかった。この点では，業績給導入は定期面談の実施を確実にした。どうやら業績給支給自体よりも，そのための面談のほうが重要な要素のようである。

3 小 括

重要点を確認すると，以下のとおりである。

a）業績給一般に対する受け止め方として，労働者側の反対は強い。公務員代表は自分の勤務所における業績給の運用は公平であるとみている。労働者は公務員代表以上に反対が強い（図表9-2, 7）。

業績給に対しては使用者側だけが歓迎している。それでも，使用者側の導入提案に組合側が賛成した理由は団体協約を維持したいことであるから，業績給は今後も当分は存続すると予想される。ただし，州使用者団体が業績給協約から離脱した理由は業績給のための資金不足とともに業績評価の困難さおよび手間がかかることにあったことを考慮すると，連邦・自治体レベルで

も変更される可能性はある。

　業績給に対する評価で，サービス労組側は内部で賛否両論があり，地域により異なる。サービス労組は「なくすべきだ」という統一見解ではない。これに対し，使用者側では自治体の財政状況により見解が異なり，市町村（ゲマインデ）は財政的に苦しく躊躇する傾向にある。

　b）当該勤務所における評価をみると，公務員代表の態度は変化する。公務員代表は，組合は業績給を廃止すべきであるとみながら，しかし，当自治体でのそれを肯定的に評価する。これは自分が関与したことにともなう正当化であろうか。

　c）業績評価の公正さ，適切さの点では，労働者・公務員代表ともに適切であるとみている（図表9-4, 5, 8）。とくに目標協定適用の場合にそういえる。

　d）目標協定と体系的業績評価の優劣を問うと，労使とも現在自分の勤務所で適用されている方式が望ましいと回答する。「協約に定められている業績給の目的を達成するためには，いずれが望ましいか」と問うと，目標協定型を支持する声が大きい。

　協約で目指されている業績給の制度目的を達成するには目標協定型のほうが体系的業績評価型よりも優れているようである。第7章4の大都市V12，自治体V2の例も目標協定を選択した労働者が多い。だが，実際には体系的業績評価のほうが導入は多い。その理由として，自治体側では，体系的業績評価の指標が目標協定に比べて達成度計測で好都合で包括的であり，客観性が高いという。目標協定の難点として，適用者は協定で定めた目標の達成に集中しがちで他の仕事がおろそかになる傾向があるという。使用者側は目標協定を敬遠する傾向にある（Schmidt et al. 2011b：172）。

　e）導入にあたって労使の協力関係は良好であった。この点では，協約交渉での組合と使用者団体の関係と勤務所レベルにおける使用者と公務員代表の関係は異なる。後者のレベルでは法律（公務員代表法）に定められているように労使協力を旨としている。

　f）業績給実施にともない労働者と上司との面談機会ははっきりと増えている。ツリッタウ市町村で業績給を導入した経験から公務員代表議長は，労

働者も上司（管理職）も導入を通じて面談と継続教育が増え，資格が向上した点を喜んでいる（Mesch：222）。

　g）業績給実施にともなう影響として，動機付けはさほど高まっていない。

　h）導入にともなう不都合な点も多い。労使とも時間と費用のコストがかかることを挙げる。導入にあたってそれは覚悟が必要なことである。州使用者団体が業績給制度を取りやめた理由は，業績給のための資金不足，評価の困難さにある。連邦レベルでも使用者側で費用対効果の点で疑問が出されている。手間のかかり方では業績給の制度設計に左右されるが，フランクフルト市のように，すべての評価事項について上司が根拠付けを求められる事例では，上司にとっては大変な苦労と手間である。

　i）業績評価実施にともなう評価者である上司の負担は大きなものがある。評価により部下の業績給が左右されるので被評価者は当然に自分の評価に神経質になる。その結果，業績給導入後，管理職（評価者）に対する評価指標に，コミュニケーション能力，紛争解決能力，批判能力，自己責任，人物的な柔軟性などが明記されるようになった（Matuschek：67）。

第10章　総　括―日独比較―（公務労働者）

1　ドイツの特色

　a）公務労働者に業績給が支給されているのは連邦および市町村（ゲマインデ）だけであり，州レベルにはない。支給される場合，通常は業績評価が行われている。なかには，業績評価せずに一律支給している自治体が約2割ある。

　b）業績給は労働協約にもとづいて導入されている。協約には業績給支給の諸原則が定められ，それは自治体を問わず共通して適用される。それは苦情処理を扱う事業所内委員会の構成および権限の点に典型的である。

　c）労働者に関しては，協約で定める業績給制度が各自治体の公務員代表との共同決定を通じて勤務所内での取扱方が具体化される。公務員代表の参加により制度と運用が公正なものになっている。

　d）「業績給は勤務所協定にもとづいて支給する」と協約で定められているために，協約の適用はあっても，業績評価の方法を含め，実施に必要な勤務所協定が成立していないために業績給が支給されていないこと（例：メアハイム病院）が一定数ある。

　e）業績評価方法は，目標協定または・および体系的業績評価の2つの方法によることが協約で定められている。うち体系的業績評価の方法がより頻繁に利用されている。その理由は，使用者側では，体系的業績評価の指標が目標協定に比べて達成度判定で好都合で包括的であり，客観性が高いことである。その点で目標協定の難点として，被適用者は協定で定めた目標の達成に集中しがちで他の仕事がおろそかになる傾向があるという。体系的業績評価の指標は，仕事の質，仕事量および社会的関係の3本柱で構成されることが標準的である。

　目標協定は本人と上司の間で合意される。ただし，この場合，「合意」が労働者の真意にもとづいたものになるかどうかは，目標協定等の制度設計を勤務所協定がどの程度詳しく定めるかに左右される。労働者に対する説明会，

評価者研修の時間的長さ，労働者が目標を達成するうえでのサポート態勢，目標は所定労働時間内に達成可能であることの明記，評価結果は検証可能であることが求められるかどうか，評価結果で根拠付けの説明が求められるかどうか，評価結果がどの程度事業所内委員会に知らされるか等で，自治体により定め方は異なる。「労働者の能力開発および資格向上にかかわる個人ごとの目標」が含まれる例がある（ポツダム市）。部下が目標を達成することを補佐することを上司に課している例もある（デュースブルク市）。

　業績評価にあたり，勤務所協定でしばしば，上司による評価は「検証されなければならない」とされている（グリンデ市，フランクフルト市）。フランクフルト市では，評価にはすべての項目で根拠付けが記入される。この点，業績評価に関する金属電機産業協約では，協約のなかで業績評価は検証されなければならない旨明記されているが，公務労働者の業績評価に関する協約規定ではそのようになっておらず，一部の勤務所協定でそのように定められるにとどまっている。

　評価票には本人が署名をする。署名の意味は，通常，開示ないし説明の意味である。

　f）業績評価運用の公正さにつき，公務員代表および労働者は，おおむね公正に行われているとみる傾向にある（図表9-4, 5, 8）。

　g）人事評価については，協約上の業績給支給のための業績評価とは関係なく，一定数の自治体では従来から人事評価が行われている。その目的は人材育成等である。

　h）絶対評価か相対評価かでは，多くは絶対評価で行われる。しかし，それが業績給支給にリンクするか否かでは，業績給の予算超過が認められる場合には，そのまま支給される。公務労働者の労働条件決定は労使自治原則なので，労使合意にもとづく予算支出につき予算超過しても議会は承認しなければならない。この点，日本と異なる。労使自治を認めることの帰結である。なお，割当制（選抜制）のように人数や支給者率の制限がある場合には，ランキング表を作らなければならない。結果的に相対評価になる。

　i）運用の実際として，協約の趣旨とは無関係に一律支給している自治体が約3割ある（例：ブレーメン市，ケルン市，デュッセルドルフ市）（ザクセ

ン州では4割強である)。「業績評価は面倒だ。だが,協約が定めている業績給は欲しい」等の理由から労使の妥協として行われている。使用者側では,業績評価に要する時間・手間の大きさに照らして,費用対効果で割に合わないという判断から業績評価手続を省いている。

また,業績給が支給されていても,協約が定めている比率とは異なって低く支給している例が一部にある。勤務所協定の定めと実際の運用が異なる事例がある(第8章4(3)市V6の例)。

j) 運用にあたり手間と費用がかかる。評価者である上司は評価と部下への説明に苦労している。公務員代表の説明によれば,上司は逃げたがっている。使用者側では政治家である首長が実施に熱心である。

k) 業績給導入を契機に個人面談がより頻繁に実施され,情報提供と資格向上への取り組みが熱心になった[1]。これは明白な改善点である。この指摘は,外国での業績給導入でも同様であり(OECD編:73,98),共通するものがある。能力開発の動機付けは昇進＝昇給のために不可欠である。

以上の点を官民比較すると図表10-1のようになる。

2　日独比較

(1)　日本での制度・運用(地方公務員)

2012年時点で県・政令指定都市の8〜9割,市町村の33%で人事評価が実施されている(総務省:1)。その内容は自治体により多様である。

①　制度設計

人事評価に関する地方公務員法は2014(平成26)年に改正され,つぎのように定められている。

第三節　人事評価
(人事評価の根本基準)
第二十三条　職員の人事評価は,公正に行われなければならない。

---

1) 官庁における人材育成への取組の様子につき,木佐茂男:108-132。

図表 10-1　人事評価の官民比較

項　目	民間部門	公務部門（公務労働者）
実施状況	労働者の約4割に実施	連邦・市町村（135万人）で実施。州（105万人）ではなし。
目　的	主に業績給，能力開発など	業績給支給により，公務の改善に資する。同時に，動機付け，自己責任等が強められる。
制度設計	従業員代表との共同決定。金属・電機産業などでは労働協約が業績給，評価手続を規定	法律→公務員代表との共同決定　協約→業績給額，評価方法を大まかに規定
評価方法	体系的業績評価が主。目標協定，能率給・指数比較もある。	体系的業績評価または目標協定，もしくはその組み合わせ
体系的業績評価	指標：金属・電機産業では労働協約が詳しく定める。他産業では多様。	協約に定めはなく，官庁・勤務所により多様
目標協定	（一部で「目標設定」（上司が定める）がある）	
評価手続	労働者は自分の評価について説明を求め話し合いを求めることができる（事業所組織法82条2項）	公務員代表法に特別な定めはない。現状として，当然のこととして民間と同じ取扱いを求めることができる。

　2　任命権者は，人事評価を任用，給与，分限その他の人事管理の基礎として活用するものとする。
（人事評価の実施）
第二十三条の二　職員の執務については，その任命権者は，定期的に人事評価を行わなければならない。
　2　人事評価の基準及び方法に関する事項その他人事評価に関し必要な事項は，任命権者が定める。
　3　前項の場合において，任命権者が地方公共団体の長及び議会の議長以外の者であるときは，同項に規定する事項について，あらかじめ，地方公共団体の長に協議しなければならない。
（人事評価に基づく措置）
第二十三条の三　任命権者は，前条第一項の人事評価の結果に応じた措置を講じなければならない。

要するに，使用者が評価結果を本人に開示する法的義務はない。

労使協議のうえ使用者側が決める。総務省は「これは管理運営事項であり，組合と交渉する必要はない」という見解であり，これは全国で徹底されている。ただし，制度を円滑に適用するために，組合とは「労使協議」が行われる。それに関する法的根拠はない。協議での組合側意見・要望が反映される程度は自治体および事項次第であり，労働側の要望を首長側が受け入れるかどうかは，首長の見解および労使の力関係により自治体ごと大きく異なる。一方で東京都，大阪市では使用者主導であるが，他方で岡山県内の自治体では組合の同意を得て進める自治体が多い。神奈川県および岸和田市でも同様の傾向である。

② 利用目的

賞与（勤勉手当），昇給，昇進，人材育成などである。

この点で，人事評価を勤勉手当支給にリンクさせていない自治体（例：神奈川県，岡山市など）では，人材育成，適正配置の目的である。

③ 業績評価方法

能力評価（体系的業績評価）と目標管理による業績評価の組み合わせが最も多い。総務省モデルも同じである。

④ 業績評価指標

能力評価の例として，知識・技術，コミュニケーション，業務遂行等がある。

目標管理：担当する業務について，かつ，所属する組織との整合性をもった目標が合意されている。

公務部門の目標管理では，評価しやすくするために数値目標が前面に出されることがあるが，公務では業務内容によっては数値化が困難なことがある（国公労連：38）。

⑤ 相対評価か絶対評価か

評価目的と深くかかわる。賞与等金銭支給での利用では相対評価である。

⑥ 本人への開示，個人面談

前述のように，改正地公法23条関係には，本人への開示等に関する法律規定はない。

評価実施自治体の43.2％が開示している（総務省：3）。東京都では2006年以後，希望者に対して開示されている。神奈川県では最終評価点（平均点）と最終評価だけ開示されている。岡山市では本人の希望があれば開示される。なお，国家公務員では，原則として全員に，全体標語，個別標語，所見が開示される。それに対し被適用者からは「個々の評価の判断内容を開示すべきである（結論だけでは能力開発につながらない）」の要望が42％に達している（国公労連：37）。

したがって，個別項目の評価理由は説明されていない。これは人事評価の目的に，「人材育成」目的が入っていないか，または入っていても位置づけが低いことによると考えられる。また，評価者訓練に費やす時間・手間が少ないという印象を私はもつ。

実施自治体のうち面談実施は69.8％であり，実施自治体で「人材育成への活用」と位置づけているのは60.4％であり，おおよそ対応する（総務省：3-4）

開示・面談で特に特徴ある取扱いが，岸和田市でみられる（稲継裕昭：177-178）。当市では人材育成型の人事評価であり，職員のモチベーション向上のために面談を重視している。

⑦ 苦情処理委員会の構成

使用者側が指名する委員だけで構成する。

⑧ 人事評価の公正さ

人事評価の公正さについては，調査があるか否か不明であり，分からない。

(2) 相違点

　日独共通して，公務労働者では業績評価は主に一時金支給のために行われている。ただし，共通点は少なく，異なる点が多い。

① 制度設計

　これが労使共同決定によるか，それとも使用者単独決定によるかの違いは決定的に大きい。ドイツではそのことが制度および運用が公正であるとの評価につながっている。日本では反対である。

　人事評価・業績評価は多くの場合，業績給など賃金決定に反映する。この点で労働条件を労使が対等な立場で決定するという原則がドイツでは徹底されている。この点が日本との最大の違いである。この相違は民間企業における人事評価でも当てはまる。この点で，日本の労働者は法制上，弱い立場におかれている。

② 評価目的

　公務での業績評価は業績給支給のためであり，業績給は日本の賞与（勤勉手当）に相当する。ドイツでは協約上の業績給支給（民間と同じ）のためであり，同時に動機付け，自己責任を強めるためである。日本のように業績評価が昇給および昇進に用いられることはない。

③ 業績評価方法

　日本では目標管理（目標協定）と体系的業績評価の2本立てが多い。
　ドイツでも目標協定または・および体系的業績評価による。

④ 目標管理の運用

　日本では，「組織目標に即した個人目標」が入っている。この国では各目標が具体性に乏しく，達成度測定が困難なことが多い。

　この点，ドイツでは，1) 担当職務特定のジョブ型雇用であり，担当職務に即した目標を設定しやすいこと，2) 対応する社会的汎用性をもつ職業資格制

度（職業能力評価制度）・各等級があり，人材育成・能力開発の目標を具体的に合意できるという事情の違いがある。それでも「職務ごとに目標を具体化することは容易ではない」という。

⑤ **体系的業績評価**

日本の国家公務員，東京都，神奈川県および岡山市の事例とドイツのポツダム市，デュースブルク市，ケルン市，グリンデ市およびA市の事例を比較する。

日本では，業績，能力および勤務態度（民間：情意考課）の3本柱であり，ドイツでも主に，仕事の質，仕事量，社会的関係の3本柱による。ただし，第1に，各人の担当職務が特定されているか否かによる違いがある。ドイツでは個人ごとに担当業務・職務を明示して募集・採用されているので，内容がほぼ特定され職務記述書に記載されている。各人は職務記述書にもとづいて独立して業務を遂行することが前提である。その結果，一部の自治体（例：ケルン市）では，「職務に特有な指標」が追加される。この国では指標は大括りの傾向である。また，後述のように，利用目的の違いが反映する。第2に，仕事の進め方の違いがある。この国では一人ひとりの職務遂行上の独立性が乏しく，チームとして協力して作業する。

イ）業績：評価指標の記述は日独とも共通して「担当職務に応じて」評価される。ただし，ここで，前述の担当職務の内容・範囲が特定されているか否かにより意味が異なる。日本では専門職を除き，「御神輿経営」と呼ばれるように担当職務が限定されていない。この国では官民とも組織編成変更が頻繁であり，個々人の職掌に関する職務記述書は詳しくない。その結果，達成度が測定可能（しやすい）か否かで異なる。この点は，目標管理と共通する事情である。

ロ）能力：日本の事例をみると，おおむね，知識，遂行能力，理解力，企画力などである。具体的な評価指標が記されている。

ドイツでは「能力」が独立した項目ではなく，「仕事の質」（＋作業方法）の項で実質的に評価する。専門知識，判断能力，柔軟性などの指標である。ただし，A市では「専門知識」の項目がない。グリンデ市では

「思考と判断」の項に「c　自省，d　批判能力」がある点が珍しい。これは「職務の適格性」にあたろう。

　概して共通点が多いが，日本に比べてドイツではこの項目の比重が低い。その理由は，利用目的の違いにある。日本では昇進にあたりこの項目が重視されるが，ドイツで第1に協約上の業績給支給のためである。

ハ）勤務態度（行動）：この項目では日独とも同僚・上司・顧客への対応・協力関係，チーム力が問われる。ドイツでは「社会的関係，労務提供行動，作業態度」という項目名になり，「顧客への対応」は公務部門のほかに，小売業，銀行・保険業でも見られる。

　日本では，積極性，チャレンジ精神の指標が特徴的である。国家公務員ではこの項目は独立してはなく，「能力」の項で「コミュニケーション，積極性」としておかれている。「態度」の項で岡山市では，「市民の視点」があり，「常に市民の目線に立ち，市民の立場で発想ができ，市民サービスの自覚を持って奉仕したか」が評価される。特色である[2]。

　ドイツにつき，グリンデ市では，「紛争時の振る舞い」の項があり，「紛争に他の同僚とともに耐え，紛争の発生を不必要に回避しない」がある。日本では見かけない指標である。デュースブルク市ではこれに相当する指標が手薄である。おそらく公務員代表側がそれを定めることに反発したことによると推測される。

　同じ「協力関係」という用語でも，日独では担当職務が特定されて明確か否かの違いからその運用に違いがある。日本では「御神輿経営」といわれるようにチーム作業による遂行が重要であり，比重が高い。

　また，「顧客への対応」という指標で評価される内容に違いがある。日本では「お客様は神様」であるが，ドイツではそうではない。日本では顧客の満足感を高めることが重要であるが，ドイツでは顧客に対して相当な対応をしたか否かが重要であり，顧客の不当な要求は考慮されない。「紛争の発生を不必要に回避しない」である。ただし，これは制度上の違いではなく，運用基

2）　この指標は，ドイツでは官吏ではありえても公務労働者ではない。ドイツの労働者は私法上の契約関係であり，単に労務提供する職場が市役所であるというだけである。それでもサービス業なので，「顧客指向」は含まれる（例：ポツダム市）。

準の違いの問題である。

⑥ 相対評価か絶対評価か

これは利用目的により異なる。日本では主に賞与・昇給のためであり，ランク別に該当者の比率ないし目安が定められている。

ドイツでも公務労働者では業績給支給のためであるが，予算の弾力性があり，絶対評価が主である。その結果，当初予算が不足する場合には追加配分されている。この点は自治体が悩みの種としているところである。ただし，一部自治体では支給対象者を限る割当制の運用があり，その場合，実質的には相対評価である。

⑦ 個人面談の実施状況

日本でも全員または希望者に対して全体評価を説明している。しかし，説明しても全体的結論を知らせるだけであり，個別指標ごとに「なぜそうなのか。どこを改善すべきか」が説明されることは少ない。したがって，実際には人材育成にさほど使用されていない，またはそれが少ない。この点は利用目的の違いが反映している。それはローロード戦略か，ハイロード戦略かという違いの反映でもある。また，仮に人材育成に活用しようとしても，社会的汎用性をもつ職業的資格（職業能力評価制度）が少なく，「1年後，3年後にどういう職業的資格を取得するか，職業的能力を身につけるか」という具体的な目標を設定することが難しい。この点も，ギルド制度の伝統の有無による違いは大きい。

ドイツでは評価票が説明され，労働者は閲覧または説明を受けた旨の署名する慣行になっている。そしてその写しを渡される。

⑧ 業績評価不一致の場合の取扱い

日本では主に使用者による決定である。ドイツでは，民間と同様で，より上位の上司を含んだ面談，上級機関への持ち込み，または勤務所当事者ないし労使合同委員会への持ち込みである。要するに労使対等決定の原則による。

⑨　苦情処理委員会の構成

　日本では国家公務員の人事評価では，苦情処理委員会は「実施権者の指名する人事担当部局等の職員で構成」される。すなわち，使用者側委員のみである。東京都では，組合側は本人が希望する第三者や組合役員の立ち会いなど苦情処理システムの改善を要求しているが，現在はそうなっていない。

　ドイツでは，苦情処理を担当する委員会が協約規定にもとづいて労使同数で構成される。

　日独では，苦情申立の認否を使用者側だけの目でみるか，それとも労使双方の目でみるかの違いがある。

⑩　公正さ

　制度の納得性および透明性で比較する。前述の総務省見解により，官庁における人事評価制度設計は管理運営事項であり使用者側が決定できる事項であるとされる。その結果，実際にも組合とは「労使協議」が行われているにとどまる。これに対しドイツでは，公務協約の定めにもとづいて業績給が導入されているために，公務員代表との合意（勤務所協定）にもとづくこととされている。また，協約を離れても公務員代表法により労働者の人事評価に関しては公務員代表の同意が必要である共同決定事項であると明記されている。この策定手続の違いは制度内容にも反映している。したがって，適用される労働者の納得性では日独で大きな違いがあり，ドイツのほうが納得性は高い。また，それは透明性にも反映し，制度設計は勤務所協定で明記され，運用面では個人ごとの評価は書面にされ，上司が示したことにつき労働者が署名する慣行になっていて，透明性は高い。

　以上の日独比較を表にすると，図表10-2のようになる。

(3)　日本への示唆

　以上の検討にもとづいて，この国における取扱いへの示唆を考える。第一部の民間企業の場合とほぼ同じである。

図表 10-2　人事評価の日独比較（公務部門）

	日　本	ドイツ
制度設計	管理運営事項であり使用者が決める	使用者と公務員代表の共同決定による
評価目的	賞与，昇給，昇進，人材育成	協約上の業績給支給。同時に，動機付け，自己責任を強める
業績評価方法	能力評価と目標管理の組み合わせ	目標協定または体系的業績評価
業績評価指標	能力評価の例―知識・技術，コミュニケーション，業務遂行	体系的業績評価：主に，仕事の質，仕事量，社会的関係の3本柱
評価手続	使用者が評価結果を本人に開示する法的義務はない。	（公務員代表法に関係する定めはない）
評価不一致の場合の取扱い	使用者による決定	より上位の上司を含んだ懇談，上級機関への持ち込み，または勤務所当事者ないし労使合同委員会への持ち込み等，労使対等決定の原則による
苦情処理委員会の構成	使用者側が指名する委員だけで構成	使用者側と公務員代表側が同数の委員を指名する

① 制度設計への労働側の関与

　人事評価は賞与および給与の処遇で考慮される。これは労働条件に該当するので，労働条件労使対等決定の原則に照らし，人事評価の制度設計にあたり使用者単独決定ではなく労使合意によるべきである[3]。管理運営事項であるからという理由で使用者による単独決定を正当化できるものではない。

　労使合意原則によるとすれば，合意が成立しない場合の取扱いを定める必要がある。その場合には仲裁手続によることになる。すなわち，使用者側と過半数組合または公務員の過半数代表がそれぞれ同数の仲裁委員を任命し，その委員会の仲裁裁定によることになる。公務部門で業務内容によっては数値的な目標設定が困難なことがあることに鑑み，目標管理の適用を外すことも考えられる。

---

3) この点では，民間の就業規則作成手続の点でも同じことがいえる。

② 目標管理

公務員の担当職務につき職務記述書を作成し，それに即した職務上の目標を設定することである。将来的には専門性の高い職務につき専門職として育成する位置づけをするべきである。いつまでも低い労働生産性に甘んじるのではなく，それを高めることを考えるべきである。また，目標に能力開発を含めることがあるが，そのためには職業能力評価制度（または企業横断的な職業的資格）を整備し充実させることが待たれる（同旨，原ひろみ：264）。

③ 体系的業績評価

目標管理と同じことであるが，評価者による評価根拠が明らかにされ，透明性，納得性が高まるよう工夫するべきである。とくに評価者の主観的判断が入りやすい「勤務態度」の項目でいえる。

④ 評価手続

評価結果は何らかの形で処遇ないし人事管理に活かされ，労働者と利害関係がある。そうである以上，全員に対して評価結果を示し，求めがあればその理由につき説明をすべきである。そのためには，達成度測定がしやすい目標・評価指標に見直すこと，評価者訓練に手間・ヒマをかけることが必要である。

⑤ 苦情処理

審査する委員会の構成を労使同数にすることにより，労使双方の目からみることを可能にするべきである。その場合に，申請者の個人情報保護が問題となりうるが，委員に守秘義務を課すことで対応すれば足りる。

第3部
官　　吏

第11章　官吏の勤務評価

　本章はドイツにおける官吏の勤務評価の実情を紹介する。

　日本でいう公務員は，ドイツでは公務労働者（職員と現業労働者）と官吏に分類される。公務労働者は自治体と私法上の労働契約関係にあり，官吏は公法上の任用関係にある。労働条件決定では，労働者では労使自治原則であり，労働者はストライキ権を有する。それに対し，官吏では重要労働条件は議会で決定され（法定），官吏はストライキ権を認められていない。官吏は日本でいえば上級公務員に相当するが，上級職のほかに，監獄，警察署，消防署および守衛などのスタッフはたいてい官吏である。

　本章の要点として，官吏に対する勤務評価は約3年ごとに定期的に行われている。だが，その目的は人事決定（とくに昇進）および人材育成のためである。業績給支給に反映させることは法律上可能であるが，実際には一部の州・自治体で行われているにとどまる。人材育成の活用のためには勤務評価にもとづく面談，そして能力開発プログラムへの参加が重要である。

1　概　要

(1)　序（松下乾次：44, 原田久：192, 177）

　基本法および官吏法の定めにもとづき，成績主義は官吏の伝統的な人事運用原則の一つである。それは従来もっぱら採用と昇進で利用されてきたが，給与制度においても適用可能である。公勤務改革により1997年に初めて成績昇給（Leistungsstufe）[1]と業績給（Leistungsprämie/Leistungszulage）が導入され，給与に反映されるようになった。背景として，自治体の財政難から賃上げが困難であり，それに代替する意味を込めて導入された。

　業績給は，卓越した特別な個人の業績に対して支給されるもので，その額

---

1)　成績昇給は，継続して卓越した勤務成績を収めた場合に昇給期間を短縮するという特別昇給と，逆に勤務水準が要求水準に達しない場合の昇給延期がある。特別昇給は，俸給表A適用者で，かつ，最高号俸に達していない官吏を対象とする。

は，給与等級の初任給（Anfangsgrundgehalt）の額を超えない範囲内の一時金または出発給の7％を超えない範囲内の月額で最長1年（手当）とされている。暦年に，両者をあわせて俸給表A適用者の15％までが受けられる（連邦俸給法42条a 2項）。

このような人事制度の一環として勤務評価（dienstliche Beurteilung）があり，その結果は主として昇進の決定にあたって利用されており，給与面ではほとんど利用されていない。

2006年には連邦官吏法改正により，州官吏の処遇に関しては各州が独自性をより強く発揮できるようになった。州官吏の取扱いは州官吏法の定めによるが，その内容は州により異なる。

(2) 制度概要

①制度設計：使用者と公務員代表が協議して合意する。合意が成立すればそれによるが，合意不成立時には使用者側が単独で決める（制限的共同決定権）。
②利用目的：昇進での判断材料，人材育成，適正な配置，動機付け等。
③評価時期：定期評価（なし，またはあり。あり→最多は3年ごと）と臨時評価（必要がある場合のみ　例：昇進）がある。
④評価方法：体系的業績評価。ただし，一部の自治体で目標協定が併用されている。
⑤評価指標：適性，能力および専門的な業績（基本法33条2項，連邦官吏法21条）。大きな評価指標は連邦法にもとづき共通している。
⑥相対評価か絶対評価か：定期評価では各人ごとに絶対評価。ただし，臨時評価では，たとえば昇進では，1人の募集に対する応募者ごとに選抜するので相対評価である。
⑦評価手続（本人への開示，面談）：評価面談は実施される。理由：人材育成目的を達成するには本人に改善すべき点を認識してもらう必要があるため。
⑧苦情処理制度はない。理由：利用目的に照らして必要ないからである。

(3) 実情

イ）シュミットらの公務労働者に関する調査によれば，3分の2の自治体で，公務労働者と同じように官吏に対しても勤務評価が行われている（2009-10年実施，Schmidt et al. 2011a：84）。その場合に，官吏用が労働者に準用されているか，それとも労働者用が官吏にも準用されているかは，評価の間隔で判断される。官吏用は約3年ごとの評価であり，労働者は必ず毎年である。よく両方が行われている（例，デュッセルドルフ市）。

ロ）勤務所協定等で業績給がある場合，その3分の2で官吏に対しても業績給が導入されている（2010年ノルトライン・ヴェストファーレン州調査 Schmidt et al. 2011b：105）。ただし，労働者と異なり支給は確実ではない。州・自治体で業績給が官吏に実際に支給されている例は少なく，バイエルン州，バーデン・ヴュルテンベルク州，ポツダム市，フランクフルト市など，一部の財政的に余裕のある州・市に限られている。

ハ）勤務評価にもとづく金銭的な支給は直近の特別な業績に対するものである。連邦官吏では2011年には業績給のために約4億マルク（52億円　ユーロ≒130円）が充てられている。官吏1人あたり，2002年には1,670ユーロ，2003年には732ユーロ，04年には696ユーロ，05年には1,270ユーロ，06年には1,270ユーロ（約16.5万円）支給されている（Bieler/ Lorse：49）。

2　関係法律規定

(1)　関係法規

イ）基本法33条2項は「各ドイツ人は，その適性，能力（Befähigung）および専門的業績（fachliche Leistung：専門的力量）に応じて，ひとしく各公職に就くことができる」として，成績原理を明示している[2]。

これを受けて，公募制（Stellenausschreibung）が義務づけられている（連

2）　この点，民間では採用での人選基準，昇進基準は使用者と従業員代表の間で共同決定され事業所協定で定められるが，通常は専門的観点（職業的資格）と人物的観点（能力・適性）で判断される。藤内1996：176。

邦官吏法 8 条）。

　ロ）連邦官吏法（2009 年改正）21 条は，「官吏の適性，能力および専門的業績は定期的に評価されなければならない」とする。

　ハ）連邦職階令（Laufbahnverordnung）（2009 年改正）
46 条〔能力開発〕
　(2) 人材育成構想の範囲内で，適性，能力および専門的業績は人事指導および人材育成措置を通じて保持され促進される。そのなかに含まれるのは，たとえば，1 勤務上の資格向上，2 官吏職の人材育成，3 協力面談，4 勤務評価，5 目標協定
48 条〔定期的な評価〕
　(1) 官吏の適性，能力および専門的業績は定期的に，遅くとも 3 年ごとに，または勤務上ないし個人的事情が評価を必要とするときに評価が行われる。
　(2) 勤務評価が目的適合的でない場合には，定期評価の例外が認められる。それはとくに職階法（Laufbahnrecht）上の試用期間中および 28 条から 31 条までの卓越した役職者の場合には適用されない。
49 条〔勤務評価の内容〕
　(2) 専門的業績は，とくに作業結果，実際の作業方法，作業行動について，上司である場合にはさらに指導方法について評価される。
50 条〔評価手続と評価基準〕
　(1) 勤務評価は統一的な評価基準（Beurteilungsmaßstab）にもとづいて，通常 2 人以上から行われる。詳細は上級勤務官庁が評価指針で定める。この権限はほかの官庁に委譲されうる。
　(2) 評価される俸給グループおよび役職レベル（Funktionsebene）の官吏の比率は，最上級得点で 10％，次に高い得点で 20％を超えないものとする。個別事案の公平さの利害関係から，それぞれ 5％まで上回る，または下回ることが許される。比較する人数の少なさの故に基準値（Richtwert）を確定しがたい場合には，勤務評価は適当な方法で修正されうる。
　(3) 勤務評価は官吏に言葉の完全な意味で開示され告げられる。開示は文書によって行われ，評価は人事記録に残される。

(4) 評価ラウンドの結果は被評価者に点数リストの形式を含む適切な方法で知らされる。このさいに，評価の匿名性が確保されるかぎりで，男女，パートタイムおよびフルタイム，重度障害者の各比率が示される。

さらに，これを受けて管理規程（Verwaltungsvorschriften）でより詳細に定められる。

(2) 公務員代表の関与 (Dietz/ Richardi 1978：1157；Bieler/ Lorse：265ff., 280)

連邦および多くの州では官吏に対する評価指針（Richtlinie）は公務員代表との制限的共同決定権が及ぶ対象事項である（連邦公務員代表法（Bundespersonalvertretungsgesetz）76条2項3号）。一部の州では協働権である。

① **制限的共同決定権**

これは，勤務所長は公務員代表との合意形成めざして交渉・協議し，合意が成立すればそれにより，合意が成立しない場合には，勤務所長が単独で決定することができるという取扱いである（同法69条4項）。官吏の人事的事項につき，公務員代表がどの程度の関与が許されるかにつき，官吏の身分保障との関係で基本法上の制約が議論されている。

共同決定権の目的は，多くの人事決定の基礎として，業績原理，平等取扱および差別禁止という諸原則にもとづく評価にかかわる官吏の権利保護である。それは同時に，官吏の人格権領域に係わる公務員代表の管理機能の行使でもある。実際には，評価指針は公務員代表と合意が成立している事例が多い。その理由は，勤務所長としても勤務評価を円滑に実施したいからである。立法者は，労働者の人事評価と同様に，公務員代表の関与によって，評価対象が職務遂行と関係する事項に限定され恣意的運用が防止されることを期待している。

② **協働権**

ベルリンなどいくつかの州では，策定にあたり公務員代表は協働権を有する。関係条文はつぎの通りである（ベルリン州公務員代表法84条＝連邦公務

員代表法72条)。

 ⅰ）公務員代表が決定に関与しているかぎりで，予定されている措置は実施に先立ち了解（Verständigung）の目的で適時に詳しく説明される。

 ⅱ）公務員代表が7日以内に意見を表明しない，または検討にあたり自らの異議ないし提案に固執しないならば，予定している措置は同意されたものとして扱われる。ただし，公務員代表が回答期限の延長を提案する場合はこの限りでない。

 ⅲ）公務員代表に異議がない，または異議が広範囲でない場合には，公務員代表の決定は遅滞なく書面で通知される。その場合には，公務員代表の異議または提案を考慮することを妨げている理由が述べられる。

 ⅳ）事柄の性質上猶予が許されない措置では，確定的な決定まで暫定的な取扱いがなされうる。公務員代表はこれにつき遅滞なく通知される。

公務員代表が異議に固執している場合には，まず勤務所長から詳しい説明と協議が行われる。それでもなお合意が成立しない場合には，上級公務員代表（Hauptpersonalrat）レベルで協議が行われる。

この協議権は民間企業に適用される事業所組織法にはない参加権のタイプであり，単なる意見聴取にとどまらず，より立ち入った協議を求める点に特徴がある。その過程で勤務所長が譲歩することがある。最終的には使用者側が決定権をもつ点では制限的共同決定権と同じである。

3 勤務評価

(1) 目的（Schütz：3）

それは，1 人選，2 職業的昇進，3 最適の配置の保障（配置目的），4 動機付け目的，5 喚起（Hinweis）目的が挙げられている。

そして，業績給支給の目的は，つぎの点を誘導し動機付けることである。
①行政における近代化過程の支援
②生産性ないし行政サービスの質の改善
③人事指導の改善
④顧客指向および市民指向（Bürgerorientierung）の改善

(2) 評価手続

以下のとおりである（Schütz：26ff.）[3]。

①評価の時期：これには定期評価と臨時評価がある。後者：試用期間中の評価、必要に応じた評価

②事前の聴聞（Anhören）：評価にあたり状況からみて被評価者本人に不利な結論が出そうな場合、不利な価値評価（Werturteilung）について聴聞は必要ない。

③通知（Bekanntgabe）：通知によって、被評価者に対する評価が法的に効力を有する。

④評価面談（Beurteilungsbesprechung）：その目的は、評価の説明、とくに価値評価とその根拠を説明することである。ここでは評価があらかじめ知らされていることが前提である。評価内容全体をカバーし、被評価者の本人評価は確定にとってなんら影響力をもたない。ブレーメン市では評価者は各指標につき根拠を示さなければならない。

評価結果の点数（Note）あるいはその写し（Notenspiegel）の公開が原則とされている。これにより運用の透明性が確保されている。

面談に欠陥があっても根拠ある正当な評価が違法になるわけではない（通説）。

評価に対する異議申立の方法として、異議申立、苦情処理（Klageverfahren）、そして行政裁判所への再審査請求の3段階がある。

(3) 定期（periodisch）評価の頻度（Bieler/ Lorse：136）

自治体によって異なるが、つぎのとおりである。3年が最多である。うち、連邦官吏に関しては3年（以前は5年）以内ごとに行われる（連邦職階令48条1項）。

2年ごと：シュレスヴィッヒ・ホルシュタイン州（警察）、連邦内務省

3年ごと：バーデン・ヴュルテンベルク州、メクレンブルク・フォアポン

---

[3] 勤務評価に対する司法審査の可否につき、松下乾次：50

メルン州，ニーダーザクセン州，ノルトライン・ヴェストファーレン州，ブレーメン市，デュッセルドルフ市，ケルン市
4年ごと：バイエルン州，ハンブルク市
5年ごと：ベルリン市

(4) 評価等級（Bieler/ Lorse S.196, 205）

評価は点数制をとることが通常であるが，そこでは5等級制が多い。ザールラント州は8等級，ザクセン州は各等級にプラス・マイナスをつけて計16等級の評価である。

(5) 管理職に対する評価研修（Bieler/ Lorse S.251）

州規程のなかで，評価する管理職に対する研修が制度化されている。
　規定では「新しい管理職は勤務評価のための基礎研修を義務づけられる」（ミュンヘン市）と位置づけられる。
　評価研修の目標が定められている（ブレーメン市の例）。
・テーマ重点「勤務評価，評価手続，法的保護問題」に関する官吏法上の最近の判例，
・面談指導をより安定的に行うことを目指した評価面談の指導，
・行政での評価実務－評価実務に関する現代的な勤務所横断的な交流を目的とする，経験交流と同僚的な相談，
・検証可能な根拠付けのための指標を定めうるような，目標設定をともなう勤務評価における点数の根拠付け。それは公式化にあたってのミスを避けることを助ける。

4　職務記述書と業績評価（Moritz：18）

(1) 職務記述書（Aufgabenbeschreibung　職務記述，課題記述）**と要件プロフィル**

これは業績評価の基礎である。それによって被評価者の職務に必要な要件が明らかになる。記述とプロフィルの両者は本来別々であるが実際には重な

る，または一括して扱われる。

　職務記述は職務（Arbeitsplatz）で具体的に認識される課題および職務（例，計画，実施，実施の振り返り）を定めるのに対し，要件プロフィルは，人がその課題を遂行するうえで必要な能力（例：計画能力，組織的能力（Organisationsfähigkeit））を定める。

　両者は評価者からできるだけ統一的に使用されることにより，近代的な評価制度として整えられる。

(2) 業績指標

　連邦職階令49条2項〔勤務評価の内容〕によれば，専門的業績は，とくに作業結果，実際の作業方法，作業行動について，上司である場合にはさらに指導方法について評価される。

① 指標例

　職務記述を前提に，業績を測定する指標として，つぎのものが挙げられる（S.21）。

a　コミュニケーション・人との対応

　例：チームにおける行動，紛争解決行動，内外の顧客への振る舞い，コミュニケーション行動，文章表現，サービス指向

b　作業方法・職務遂行

　例：独立した職務遂行，決定行動，計画と組織化，変更および刷新行動

c　専門的知識・認識上の要件（kongnitive Anforderungen）

　例：専門的知識，方法論的知識，判断力，問題解決力

d　動機付け・忍耐力

　例：取組姿勢（Einsatzbereitschaft），参加，身体的忍耐力，ストレス行動

e　作業結果

　例：作業結果の質，作業量

f　管理職の指導指標

　例：目線が同僚に向いていること（Mitarbeiterorientierung），関与，情報行動，権限委譲，組織に対する責任，プレゼンテーション行動，課題領域

の操作

② ブレーメン市の例
a 作業量＝適切な時間内の作業結果の量
b 専門的能力＝担当ポストにとって必要な専門知識の使用，具体化および増加，情報処理技術
c 作業計画・編成＝作業工程を体系的に期限順守で独立して柔軟に組織すること；先見の明がある作業計画；技術的補助用具および方法を目的適合的経済的に投入する。
d 理解力＝文書や口頭で状況を素早く理解する；複雑な状況を正確に表現し本質的なことに集中する；目的に即して職務を遂行する。
e コミュニケーション能力＝社会的能力の一部；わかりやすい口頭・書面の表現力；目に見えるような目的を指向した状況説明；知識を納得いくように伝える；作業結果を目に見えるようにプレゼンテーションする。
f 仕事の質および信頼性＝課題を適切に具体化する；目指された作業結果の正確さおよび有用性；注意深さおよび期限順守
g サービス指向＝内外の顧客への専門的な相談，サービスへの前向きな態度
h 参加・動機付け＝任されている課題を自分のこととして考える；問題解決にあたっての関心および関わり方
i 忍耐力＝時間的期限的な制約のもとでも正確な課題遂行；仕事の早い組にも遅い組にも適切な対応；個人的な義務と仕事の調和
j 批判能力・紛争解決能力＝他人からの批判に対して客観的に対応し，他人を客観的に批判する；紛争，異議を唱える行動スタイルを理解し認識する；適切な解決を見つける。
k 決定の用意および責任を引き受ける覚悟＝明確な，場合によっては嫌われる決定を行う；自分の行動の成り行きを予測し，その結果に対して責任を負う。
l 主張する能力＝強調点をともなって自分の意見を主張する；すぐに譲歩することなく説得的に主張する；客観的な反対意見に対する理解

m 創造性，柔軟性および変更への備え＝自分の作業領域で新しいことおよび変化に対して開放的であること；行政の新しいプロセス，行動および技術展開に対する関心；継続訓練への関心
n チーム能力＝社会的能力の一部；チーム内の他のメンバーとの良好な協力，グループへの適応および受け入れ；他人の客観的な意見を考慮し受け入れること；同僚としてのパートナー的な行動
o そのほかの指標＝担当している課題領域および役割にとってとても重要な指標でありながら，前記の指標でまだ挙げられていないもの

③ マインツ大学の例
ここでは業績と能力の評価は一本化されている。
a 専門知識
専門知識の幅広さおよび深さ＝職務領域に必要な専門知識の範囲，多様さおよび新しさはどれほどか。
b 理解力
状況および客観的な関連性を理解し活用する能力＝状況と問題をどれほど素早く，かつ，的確に把握するか。
c 思考・判断力
状況および問題を分析し，そこから妥当な結論を導き，適切な判断を行う能力＝思考経過はいかに首尾一貫して秩序だっているか。判断はどれほど的確で，バランスがとれ，独立しているか。
d 組織的能力
先を見通して計画し，作業工程を準備し，課題を適切に権限委譲または遂行する能力＝課題は客観的および時間的経過のなかでどれほど秩序だって，計画的に，用意周到に取り組まれ，どれほど目的適合的に適切に遂行されているか。
e 決定能力
決定を迅速・確実に行う能力＝自分で決定することができるか。決定は困難な状況下でも適切な時間内に，確実に行われているか。
f 率先・独立性

自分の考えを発展させ，問題を自力で解決する努力。自ら行動し決定する能力＝どれほど目的を目指して継続的に，自分の考えが発展され，新しい課題に取り組まれ，有用な解決が見いだされているか。

g 文章表現力

考えや状況を文章で示す能力＝考えの構造は，どれだけ明快で首尾一貫しているか。文章表現は，どれほど説得力があり的確か。

h 口頭の表現力

考えおよび状況を口頭で示す能力＝報告はどれほど明確でわかりやすいか。口頭表現は，どれほど説得的で流暢か。

i 交渉技術

方法論的な（適した方法による）会話ならびに相手の気持ちになることによって，目指す交渉目標を適切な時間内に達成する能力＝交渉遂行はどれほど秩序だって熟達しているか。どれほど説得的に主張されているか。目指す交渉目標はどれほど迅速に，どれほどの成果をともなって達成されているか。

j 忍耐力

仕事量をこなし，困難を乗り越える身体的精神的力量＝どのような意思力および行動力によって仕事は処理されているか。どれほどスムーズに，負担の増大は対処され，出てくる困難は克服されうるか。

k 作業量

提供される労働の範囲＝求められる仕事は，どれほど素早く，どれほどの範囲でこなされているか。

l 仕事の質

仕事の完全さおよび有用性＝提供される労働はどれほど良質で有用か。どれほど注意深く仕事は遂行されているか。

m 責任感および責任を引き受ける覚悟

決定および行動の射程範囲および意義を認識する能力。権限の範囲内で責任を引き受ける覚悟＝責任感（責任意識）は，どれほど強く示されているか。責任を引き受け，決定に対して自分で責任をとって行動する覚悟は，どの程度あるか。

n 人との応接

模範になるように同僚に対して配慮し，同僚と協力し，応接する能力＝同僚に対する行動は，どれほど開放的で安定していて配慮に満ちたものか。
　ｉ　公衆および顧客に対して
　ⅱ　上司に対して
　ⅲ　同僚に対して
ｏ　協力的な部下指導（上司の役割を有する者に対してのみ）
　状況に関わり，きっかけになる課題を権限委譲し，その目標達成を管理する能力；成果をあげて紛争的状況と目標追求的に関わる；部下を観察し評価し援助すること＝どれほどの課題が権限委譲され，その遂行が管理されているか。紛争はどれほど首尾よく終結しているか。いかなる目標が同意され，その達成が観察されているか。部下は十分に援助されているか。適切に評価されているか。

(3) 指標解説

　業績評価の運用にあたり，これらの指標の意味内容が評価者・被評価者によって誤解されることがないように，内容が記述される。各指標に関する記述例を示す。

例①　独立性
例１
・何がなされるべきかを即座に理解し，懸案の課題を独立して遂行する，
・特別に率先力を発揮する。課題を認識し，本人の貢献と責任態勢によって解決に寄与する。

例２
・課題に対する確かな認識をもち，それを独立してやりぬく，
・顕著な率先力を示す，
・常に一緒に考え，適切な提案と責任態勢により課題遂行に貢献する。

例３
・課題を自分で見つめ，独力で遂行する，
・率先力を示す。共に考え，建設的な提案をし，状況変更を適切に自分の行動に取り込む。

例4
・与えられた範囲内で独力で働く，
・十分な率先力を示す，
・状況変更に対応することを可能にすべく，課題を十分にはっきりと認識している。

例5
・正確な指示にもとづいてのみ働き，頻繁に他人のサポートを必要とする，
・率先力に欠ける，
・共に考えることが少ない。新しい視点をその行動に取り入れることなく，基準に従って行動する。

例6　ハンブルク市（労働者と官吏に共通）
・独立して，自分の責任で働く，
・自分の作業関連に対して必要な他人の決定を求める，
・責任の余地を汲み尽くす態勢を示す，
・編成し行動するための提案でアイデアを示す，
・変更過程をリードし促す。

例②　計画と組織化
例1
・先を見通して新しい課題に適応する，
・明白で計画的な構想にもとづいて課題を遂行する，
・作業工程を合理的に編成する，
・課題遂行の関係者と調整することをよく心得ている。

例2
・先を見通して計画的に課題に取り組む（herangehen），
・合理的な作業工程と関係者の調整に配慮する。

例3
・用意周到に課題に取り組む，
・目的適合的な作業工程のために配慮する，
・関係者の協力を促す。

例4
・用意周到に課題に取り組む，
・適切な物的時間的な活動の順序を全般的に配慮する，
・関係者の必要な協力を得る。

例5
・計画に乏しく，不十分な慎重さで課題遂行に取り組む，
・周囲との調整に欠ける。

例6　ハンブルク刑務所（労働者と官吏に共通）
・作業工程を調整する，
・必要な作業用具の準備に配慮する，
・明確な目標と優先順位を定める，
・先を見通して行動し，一貫性をもって事を進める，
・目標を達成し，課題を遂行する，
・職務の範囲を超えて考え，プロセスに関係する勤務所，利益グループおよび関係団体を組み込む。

5　州別比較

業績評価指標を州別に比較すると違いがある（Bieler/ Lorse：186）。警察に関する指標につき3つの州を比較する（図表11-1）。州により指標の数は異なる。

6　能力評価

(1)　序

能力評価の目的につき，「能力評価に関する記述は，要件プロフィルに挙げられておらず，かつ，任務（dienstliche Verwendung）および職業的な発展にとって重要である，示された能力（Fähigkeit）および知識を含む。それにより潜在的能力（Potenzial）評価および個々人の人材発展に寄与する。」（ベルリン市）（Bieler/ Lorse：199）

図表 11-1　業績指標の州別比較

ノルトライン・ヴェストファーレン州	ニーダーザクセン州	バイエルン州
労働組織化 仕事の段取り 　（Arbeitseinsatz） 作業方法 労務提供（Leistung）の質 労務提供の範囲 変更する能力 社会的能力 従業員指導（上司に対してのみ） ・目標の発展と目標協定 ・紛争状態への対応 ・権限委譲と統制 ・評価と促進（Förderung） ・健康促進の目標への配慮 ・平等取扱の目標への配慮	組織的能力 職業的な自己理解・市民指向 率先性・独立性 課題遂行 専門的能力 決定能力・実行力 社会的行動 指導行動 ・目標形成と目標協定，労務提供の動機付け ・作業過程の組織化と操作 ・人事指導 ・口頭・書面での表現	組織的能力 対外的な行動 率先性・独立性 労働の質 作業量 計画能力 作業テンポ 指導行動 ・労働者の動機付けと促進 ・組織化 ・指導と監督 ・チーム行動 ・経済的な行動・コスト意識

　これは潜在的可能性の評価である（Moritz：26）。評価する目的は，個々人の能力（Fähigkeit）を把握することにより，人員配置および人事選考の判断材料にすることである。それは本人の発展可能性およびキャリア展開（転職を含む）を検討する手がかりになる。それは本人の特定の能力開発のための後押しを与え，継続訓練の基礎になる。この評価はランク付けの方法で行われる。

(2)　能力指標の例（Bieler/ Lorse：201）

① ヘッセン州
　ⅰ）一般的能力（理解力，精神的な活発さ（geistliche Beweglichkeit），判断力，文章上・口頭上の表現力）
　ⅱ）専門的知識
　ⅲ）その他の職業的能力（忍耐力，義務意識，取組姿勢（Einsatzbereitschaft），責任意識，責任をとる覚悟，率先力，組織的能力）
　ⅳ）社会的能力（社会的行動，交渉技術，実行力，協力）

② ブランデンブルク州
ⅰ）一般的能力
　専門的能力，思考・判断力，理解力，アイデアの豊富さ，文章上の表現力，口頭の表現力，率先力，独立性，忍耐力，組織的能力，柔軟性，協力，交渉技術，相談能力，部下の指導
ⅱ）管理職のための指標
・上司と部下との目標を明確にすること
・適切な管理と勤務監督
・上層，部下および同僚と率直にコミュニケーションできること
・部下を援助（Förderung）と資格向上によって成果をあげさせること
・部下の能力を考慮したうえで権限と責任を委譲すること。部下の管轄領域に直接に介入することを抑制すること
・部下に期待されていることに適切に対応し，欠点を小さくすること
・自分の失敗から学び，部下に手本を示すために，自己批判すること

③ バイエルン州
ⅰ）適性—理解力，取組姿勢，精神的な活発さ，決定能力（Entscheidungsfreude），指導能力
ⅱ）能力—専門知識，口頭の表現力，文章上の表現力，目的指向的な交渉技術

④ 連邦社会労働省
　専門的能力，方法論的能力，社会的能力，戦略的な思考と行動，理解力と判断力，忍耐力，取組姿勢と自己率先，創造性と柔軟性，指導能力
　これらは群に分類可能であり，ビーラーらによれば（S.202），まず重要なのは指導能力であり，これには，社会的能力，調整行動・チーム力，部下指導，紛争行動，協力が含まれる。
　つぎに分析力である。これには，理解力，精神的な活発さ，アイデアの豊富さ，自省（Selbstreflexion），戦略的な思考と行動，判断力・紛争解決能力が含まれる。

さらに，方法論的能力がある。これには交渉技術，実行力，組織的能力，表現力，自己率先が含まれる。
　そして，人物的誠実さ（persönliche Integrität）として，忍耐力，取組姿勢，責任意識，サービス指向，決定力が含まれる。

⑤　**他の例**（Moritz：26ff.）
　チーム力，紛争解決能力，コミュニケーション能力，文章表現能力，決定判断力，計画・組織的能力，独立性，サービス・顧客指向，柔軟性・刷新能力，認識上の能力（kognitive Fähigkeit：理解し自分で考えること），身体的な忍耐力，ストレス能力，指導力。

　ここで注意すべきことは，これらの指標の一部はすでに業績評価で出てきていることである。公務部門では業績指標と能力指標を厳格に区別することはできない。それゆえに，一方で労働者・官吏から示された行動が評価され（業績評価），他方でこの業績の背後にある潜在的可能性（Potenzial）がそれぞれの特徴のなかから描かれる（能力評価）。その限りでは業績評価指標と能力評価指標は言葉では重なる。この点は民間とやや異なる。その結果，業績評価はほとんど，仕事の質および作業量という２つの柱から成る。
　しかも，公務では作業量は生産個数を数えるのと異なってたいていの業務は他律的であり，測定は困難である。

(3)　適性の例（Bieler/ Lorse：210）

　これは独立して定められることもあれば，「能力」に含めて記述されることもある。

① 　ブレーメン市
　適性・能力予想（Fähigkeitsprognose）は，将来的に担当しうる課題および要件への関わりを含めて，将来をにらんだ包括的な官吏の能力評価である。それは個々人の能力開発を援助するものとする。

② 連邦教育・学術省

　指導予想（Führungsprognose）は，専門部局担当官（係官）幹部になることをめざす担当者が，それにともなう部下指導を行うのに適しているかどうかを評価する。指導予想は定期・臨時評価を補い，係官としての初回の評価を契機に行われる。指導予想の有効期間は1年とする。

7　小　括

(1)　官吏の勤務評価の特徴

　勤務評価には，従来型（中期的な評価。それが公務労働者にも適用される例がある。例：デュッセルドルフ市，ケルン市）と，公務協約にもとづく業績評価（毎年評価）が官吏にも準用される場合の2つのタイプがある。ここでは主に前者を念頭に論じる。

　a）評価目的は，人事決定（とくに昇進）と人材育成（能力開発）である点はほぼ共通する。業績給支給のために用いられているのは一部にとどまる。デュッセルドルフ市では1983年に定められた規定が現在も使用されているように，この点に関する新しい変化はなく，新しい議論動向もない。ケルン市のように，人材育成のために能力開発委員会を設置するなど能力開発を重視している例がある。評価の頻度は毎年ではなく少ない。ただし，労働者と同一扱いする場合には，労働者の協約上の業績評価が毎年行われることに対応して，官吏でも毎年行われる。

　b）評価方法はたいてい体系的業績評価であり，目標協定を利用するのは一部の自治体・機関にとどまる（ケルン市，連邦郵便）。昇進の判断材料には目標協定は必要ない。

　c）評価指標は「批判能力，分かりやすい表現をすること，変化への対応力，交渉技術，部下への権限委譲」がよくある。また，ほかに好んで用いられる表現として，秩序だっている，責任を引き受ける覚悟，方法論的能力（分析能力を実際の行動に具体化する能力），本質的，言うべきことを主張する能力などがある。

　チーム力がほぼ必ず含まれている。官吏職には戦略的思考方法が求められ

ている。

　官吏では，一人ひとりに付与されている権限が一定程度ある。同時に，それにともなう責任も生じる。「責任を引き受ける覚悟」の指標はその反映であろう。

　指標で「業績」と「能力」はしばしば重なり，それは判断力，表現力，コミュニケーション能力にみられる。

　d）「適性」が基本法で評価項目として明示されている。だが，それが独自の柱として取り上げられるのは，ミュンヘン市などを除いてない。

　e）たいていは絶対評価である。ただし，一部では相対評価である（ノルトライン・ヴェストファーレン州）。

　f）官吏のなかで，裁判官[4]，検察官はその身分の独立性保障との関係から特別に取り扱われている。学校教員も別扱いである。

(2)　労働者との異同

　a）利用目的の違いが決定的に大きい。労働者では協約上の業績給支給のためであるが，官吏では業績給支給のためではなく，「人事決定，人材育成」の目的であり，被評価者は自分が低い評価を受けることに対して神経質になることは少ない。それは苦情処理制度がないことにも現れている。

　b）利用目的の違いを反映して，評価方法として官吏では目標協定の利用がごく一部である。

　c）評価指標で「公衆へのサービス」は共通する。しかし，その比重は官吏のほうが高い印象をもつ。

　労働者にはある「社会的関係」の指標は官吏では独立してはないが，ビーラーらの群分類にみられるように，「社会的能力」として「能力」のなかに含まれている。実質はさほど違わない。

　d）労働者と官吏の双方に同じ規定が適用されているのがかなりの事例にあり（ポツダム市，ケルン市，デュッセルドルフ市，グリンデ市），評価指標では意外と共通点が多い。

4）　裁判官に対する勤務評価は，藤内2016：219-221

図表11-2　官吏と公務労働者の比較

	官吏	公務労働者
目的	人事決定（とくに昇進），人材育成	協約上の業績給支給
制度設計	公務員代表との制限的共同決定	使用者と公務員代表の共同決定による
評価方法	体系的業績評価，一部で目標協定	目標協定または・および体系的業績評価
業績評価指標	右にほぼ同じ	主に，仕事の質，仕事量，社会的関係の3本柱
評価頻度	3年以内ごと(州により異なる)	年1回
絶対評価・相対評価	たいていは絶対評価	たいていは絶対評価
評価手続	あり。評価面談は法的義務である	あり。過半数の自治体で評価面談は法的義務である
苦情処理制度	ない	あり。使用者側指名と公務員代表側指名の同数の委員

以上の官吏・労働者比較を表にすると，図表11-2のように並べられる。

(3) 日本との対比

日独で利用目的がまったく異なる。日本では賞与，昇給等のためであるのに対し，ドイツの官吏では人材育成，昇進の判断材料にすることが主目的である。その結果，絶対評価か相対評価か，評価頻度，本人への開示および個人面談の有無，苦情処理制度の有無に違いがでる。人材育成目的では個人面談は重要である。

その意味では，ドイツの官吏では勤務評価に対する関心はさほど高くない。たしかに評価を通じて自分の能力，業績がわかり，将来的な昇進スピードもある程度予測がつく。むしろ，それ以上にそれを媒介に観察される自分の能力開発のほうに関心が高い。

以上の日独比較を表にすると，図表11-3のようになる。

図表11-3 日独比較（公務員・官吏）

	日本・公務員	ドイツ・官吏
目的	賞与，昇給，昇進，人材育成	主に人事決定（とくに昇進），人材育成
制度設計	管理運営事項であり，使用者が決める	公務員代表との制限的共同決定
評価方法	能力評価と目標管理の組み合わせ	体系的業績評価，一部で目標協定も併用
評価指標	能力評価の例—知識・技術，コミュニケーション，業務遂行	体系的業績評価：主に，仕事の質，仕事量，社会的関係の3本柱
評価頻度	年1回	3年以内ごと
絶対評価・相対評価	相対評価	たいていは絶対評価
評価手続	使用者が評価結果を開示する法的義務はない	あり，義務である
苦情処理	あり。委員会は使用者側が指名する委員だけで構成	制度がない

第 4 部

学校教員

第4部はドイツの学校教員に対する勤務評価(dienstliche Beurteilung　教員評価)の実情を紹介するものである。ドイツでは教育制度は州の権限に属し，学校制度等は州によって異なる(文化高権)。したがって，教員に対する勤務評価制度も州によって異なる。

　ドイツでは学校教員養成課程の年数は長く(ギムナジウム卒業後に教員養成学部で少なくとも4〜5年，通常は6年以上)，その間に教職(Lehramt)の課程に在籍して教育学などを学ぶ。かつ，試補(Assessor)(1年半〜2年)を経験したうえで採用される。それが教員の独立性を高いものにしている。教員の労働時間は授業時間として示され，授業時間以外は原則として学校に拘束されない。教員は教育の自由(Pädagogische Freiheit)を有することが法令(ヘッセン州学校法86条など教員の権利に関する法律)に明記されていて，それは教員が授業および教育活動を行ううえで必要な裁量ないし決定権をもつことを意味する。教員のほとんどは官吏である。しかし，一部で人件費節約などの目的で同じ業務に職員として雇用された者を従事させている。それはとくに州財政の困難な東部地域の州に多い。

　また，1990年以後，地域の実情に応じた教育，地域の社会的環境のなかでの学校づくりのために，学校の自律性を高める方向で改革が進み，校長の権限は拡大されつつあり，各学校に対する州文部省からの指示・指導は縮小しつつある[1]。その結果，授業改善の取り組みは優れて教員一人ひとりの自発性に委ねられざるをえない。勤務評価はそれと結びつくことになる(後述)。

　さらに，ドイツではPISA(OECD学習到達度調査)ショック(2001年)以後，生徒の学力が国際的にみて低いことが認識され，学力向上が議論され[2]，その一環として教員の職能開発も議論されている。教員の職能向上を求める声が高まっている。

---

1)　前原健二 2000：55-63，遠藤孝夫 120。
2)　柳沢良明 2004：48-63，前原健二 2005b：32-46。

第12章　教員評価を取り巻く諸条件

1　教員評価の概要

　定期評価の有無，評価者などは州によって異なる。教員が官吏の地位にある場合には，州官吏法の適用があり，その定めにより勤務評価が行われる。採用・昇進は職務上の業績（fachliche Leistung：専門的力量），能力（Befähigung）および適性の3つの指標によることが官吏法に明記されている。この点は連邦および州で共通している。

　定期評価があるか否かにより評価の目的はやや異なるが，定期評価では評価の目的が授業改善，よい授業（guter Unterricht）を行うことにあり，それに対応した基準および手続きになっている。評価で用いる資料で評価者が授業改善を指導・助言し，要改善点を本人に認識してもらう。そして教員の能力（職能）開発は自主的な研修によることとされ，評価者は教員に自主的研修の動機付けを与えることが重要となる。なお，ドイツでは学校内に職員室および教員個々人の机はなく，自分の授業担当分を終えたら帰宅し，自宅（または学校の教室）で授業の準備，教材研究をする習慣であり，校長の目が届かないために，授業改善も自発的な取り組みに依存することになる。それに対し臨時評価は，主に管理職への昇進の判断材料など人選資料とされる。こうした点で校長と教員の関係・立場は，校長は教員の授業改善で指導・助言するにとどまる。

　業務のなかで教科指導の比重が高く，日本に比べて生活指導の比重は低い。この点では教員の役割が日本とはやや異なる。まして，日本のように部活指導は業務にはない。スポーツ系や音楽系のクラブ活動は，学校ではなく地域で年齢横断的なサークル活動として行われている。それが「地域の教育力」の大切な基盤になっている。それに対して行政が助成する。教員は決して多忙であるといえない。そして，待遇は恵まれている。

2　人的概況，転勤

　ドイツにおける公立学校教員数は80万人余りであり（2011/2012年），うちフルタイム勤務が49万人，62％，パートが31万人，38％である。女性比率はフルタイムの61％，パートの86％である。年齢構成は高く，50代36％，60代12％である。特に東地域で高い。
　教員は現状では同じ学校に長期にわたって勤務しており，他の学校への配置換えは稀である[3]。ベルリン州の教員では毎年約1％が他校に異動している。転勤にあたっては教員代表（Personalrat：公務員代表）が関与する。別の勤務所への異動は「配置転換」として扱われ，教員代表の同意を必要とする（公務員代表法）。そのさい，教員代表は本人が当該転勤に同意しているか否かで同意を与えるか否かを判断する傾向にある（任意性原則）。その結果，本人の同意がないと実際には転勤は困難である。

3　校長による授業観察

　評価材料として最も重要なのがこれである。だが，観察する授業時間だけで評価する現在の授業観察（Unterrichtsbesuch）のやり方は「瞬間撮影（Momentaufnahme）だ」，「普通の授業ではなくショータイム（Schaustunde）だ」との批判がある[4]。教育学的にみて，抜き打ち的に行うことへの倫理的批判もある。
　校長が教員の授業を訪問し観察する目的・頻度をみる。ボンゼンらの調査（2002年，26校）によれば[5]，目的別には「昇進等の目的のための勤務評価」が年間18回，「クラスにかかわる教員の問題」が6回，「生徒にかかわる教員

---

[3]　転勤の頻度につき，ドイツでは学校教員にかぎらず，民間企業労働者でも裁判官でも転勤することは稀である。調査によれば労働契約のなかで，「勤務地の移動をともなう配置転換」がある旨の配転条項があるのは，民間企業の職員の13％，現業労働者の7％であり，「企業内配転」がある旨の配転条項があるのも同じ比率である。藤内2013：153。
[4]　Lorse：301-302
[5]　Gräble：4ff.

の問題」は4回,「個別の教員との相談のため」は3回,「お祭り等におけるクラスからの招待による」は5回,「苦情」が3回であった。つぎに,同調査は校長によるクラス訪問の頻度を調べた。その結果,26校中20校(77%)では訪問は特別な必要性がある場合だけであり,5校(19%)では年1回であり,残る1校は年2回であった。要するに,何か具体的な必要性がある場合にのみクラス訪問がされていて日常的ではない。

4 教員研修の意義

(1) 教員研修の目的

教員研修(継続教育,職能開発)の目的は,教員に新しい変化に接し,それを授業に取り込んでもらうためである。新しいことへの挑戦が負担であるという意識を取り除く。また,新たな意欲をもってもらうためでもある。教員研修は学校の休み期間内に「任意・(授業)時間外原則」で行われる。

ドイツではこと学校教員に限ったことではなく,いずれの職業分野でも継続教育(資格向上訓練)は重視される。職種ごとに採用され専門職として勤務するが,製造業では高付加価値生産を支えるべく常に資格向上が求められる。組合も「高い労働生産性,高い賃金」実現ために産業構造変化や技術革新に対して前向きに対応し職業訓練を促進する。訓練費用の負担は使用者および公費による。それが一人ひとりの職業能力を高め高い付加価値を可能にするハイロード戦略をとっている。これは学校教員と共通する点である。

だが同時に,教員に独自な側面がある。教員は「一人前」になるのに長い年数を必要とし,教育の自由が認められている。転勤も少ない。そのようなもとで研修は本人の自発的意思に委ねられる程度が高い。かつ,2001年のPISAショック以後,生徒の学力向上のためにさらなる教員の教育力量向上が強調されるようになった。また,学校の自律化傾向のもとで各学校が自校のプロフィル(特徴,個性)を打ち出し,学校単位で教員に対する教員研修への参加働きかけが進みつつある。研修内容は教員のニーズに沿った,現場に近いプログラムになる傾向である。

このような教員研修推進の流れの一角に教員評価が位置づけられ,評価に

もとづいて教員研修への参加が推奨される。到達度に応じてさらに上級の課程が用意されている。このようにして採用から間のない試補（Assessor）は訓練される。「第3段階の教員養成教育」である現職教員の継続教育への参加は強く求められる。それを前提にして次回の評価が行われる。このように評価・面談は継続教育をつなぐ機会になっている。

(2) 教員研修制度改革

教員研修制度改革は，2000年以後，学校の自律化の強化，研修機会の脱集権化，研修におけるニーズ重視などの特徴をもつ。それでも教育は州の権限であることから，教員研修制度も，研修企画を行政主導で提供するかどうか，州として管理するか学校に大きく委ねるか，州によって大きく異なる（前原2014：34）。そのなかで，ニーダーザクセン州などは州が大学と提携して各大学内に教員研修職能開発センターを設置し，各大学に教員研修を提供してもらい教員が任意に受講するという方法をとる。同時に，校内研修をセンターから支援してもらっている。

5　評価指針策定手続[6]

勤務評価の制度設計を使用者は単独では行えない。その制度設計にあたり教員代表が参加するが，官吏と公務職員[7]で参加の程度が異なる。参加する理由は，教員評価が昇給・降給，手当支給に利用される場合には労働条件に該当し当然であるが，そうでなくても昇進の判断材料になるからである。また，自分の仕事ぶりが使用者からいかに評価されているかは，職場における労働者のプライド等とかかわるからである。その基礎には，労働条件は労使対等に決定されるべきであるとする考えがある。

---

6) 教員の勤務評価の制度設計につき，藤内2016e：128-129
7) 教員の官吏と公務職員の関係につき，藤内2016e：126-127

第13章　教員評価の州別比較[1]

教員評価の制度設計および運用は州により異なる。州別に比較する。

教員評価は実施指針として定められている。ただし，ヘッセンでは指針として整理されていない。教員のほかにも警察や税務署では一般行政官吏とは異なる特別な勤務評価が行われている。

1　州ごとの主要な相違点[2]

(1)　定期評価の有無等

①　定期評価の有無

あるのは7州である。すなわち，バーデン・ヴュルテンベルク（5年ごと），バイエルン（4年ごと），ベルリン（5年ごと），ハンブルク（4年ごと），ザールラント（5年ごと），ザクセン（5年ごと），テューリンゲン（定期的に。55歳まで）である。実施はテューリンゲンを除いて50歳までである。

ないのは8州である。すなわち，ブランデンブルク，ブレーメン，ヘッセン，メクレンブルク・フォアポンメルン，ノルトライン・ヴェストファーレン（ただし，試用期間中に2度ある），ニーダーザクセン，ラインラント・プファルツ，ザクセン・アンハルト，シュレスウィッヒ・ホルシュタインである。

定期評価はなく臨時にのみ評価される場合の事由を，以下に紹介する。

イ）ブレーメン

1　職階法（Laufbahnrecht）上の試用期間中および期間末
2　より上位の職階への昇進にあたり
3　欠員が生じたポスト補充の決定および昇進前
4　根拠のある本人の希望にもとづいて

ロ）ニーダーザクセン

1）　Lorse：295ff
2）　教育労組（GEW）が作成した一覧表による。

1　試用期間（3年）の中間の3カ月前および満了2カ月前
2　教職専門教育を受けている職員につき，試用期間満了2カ月前に承認のため
3　教職専門教育を受けておらず，資格付与措置を受講した職員につき，資格付与満了2カ月前
4　教職専門教育を受けていない期限付きの職員を無期の職務に採用する前
5　新しい役割を担当するにあたり，勤務評価が必要な場合
6　より上位のポストに就くさい
7　上司の交代にともなう配置換えにあたり，異動先予定の勤務所長の要望にもとづいて
8　適性，能力および専門的業績に関する相当な疑いがある場合

② **評価者**
評価者は州によって異なる。
イ）校長のみ
バーデン・ヴュルテンベルク，ベルリン，ブレーメン，ハンブルク（ただし，第1次評価は副校長，第2次が校長），ヘッセン，ノルトライン・ヴェストファーレン（原則として校長。ただし，例外がある），ラインラント・プファルツ，ザクセン
ロ）学校監督庁（Schulaufsicht）職員のみ
ブランデンブルク，メクレンブルク・フォアポンメルン，ザールラント，ザクセン・アンハルト
ハ）学校のタイプにより異なる
バイエルン（基幹学校および特別支援学校は監督庁が，ギムナジウム，実科学校および職業教育学校は校長が管轄する），ニーダーザクセン，シュレスヴィッヒ・ホルシュタイン，テューリンゲン

教員評価は以前は監督庁の役割であったが，監督庁の業務多忙化，「学校の自律化」傾向のなかで次第に校長に移りつつある。この点は「学校の自律性」

がどの程度認められているかとかかわる。バイエルン州などでは学校監督庁が授業観察によって授業のレベルを判定するためのチェック事項，レベルの測定指標が開発されている。学校監督庁による授業観察は，学校の善し悪しの判定目的（管理監督）か，学校を支援する方法・手立てを知るため（支援・助言）かは州により力点が異なる。

(2) 教員評価の目的

これは定期評価か臨時評価かにより異なる。臨時評価の場合には，試用期間満了，昇進および転校などの限られた場合に，適否判断または人選のために行われるので評価項目は限られる。それに対して定期評価では職能開発および授業改善の目的の比重が高くなり，評価項目は多くなる。

イ）人材育成および人事決定の基礎資料とすることである。よい授業の動機付けには相談面談をともなう勤務評価が役にたつ。メクレンブルク・フォアポンメルン（定期評価なし）では，「勤務評価は教員の適性，能力および業績に関する説得力ある客観的な，かつ，比較可能な像を得るため」とされる。

ロ）バイエルンは，「勤務評価は人事管理や授業の質確保の手段になる」とする。そして「教員の業績の潜在的可能性（Potenzial）に関して比較可能な概要」を得ることを加えている。これは，芸術，フランス語などマイナー科目の教員の比較にあたり，判断材料が少ないことを補う意味がある。

ハ）組織に関連した目的として，いくつかの州は評価事項に「学校改善（Schulentwicklung）への関与」を含め，それを教員に求めている。

(3) 評価材料

州指針を分析する。授業観察および臨時聴講（Hospitation）が基本である。バイエルンでは「授業時間内外の観察」とされる。ニーダーザクセンでは，「異なる科目２つ以上の授業観察」，ザクセンの定めは簡潔に「評価は授業視察によっておこなわれる」とされる。そのほかには，教員本人との面談，授業計画書などが挙げられている。授業観察実施にあたっては，それは予告されている。

(4) 問題領域

いくつかの州では勤務評価を教員の不利益取扱や懲戒に用いうる事例がある。これは教員評価の運用にあたり教員の協力を得ることを難しくするおそれがある。ラインラント・プファルツでは，有罪判決取り消し後でもその事実が評価表に記録される。シュレスヴィッヒ・ホルシュタインでは，評価のなかに勤務上の違反行為（Dienstvergehen）も記録される。

また，教員が公務員代表委員を務めた経歴は，通常は評価表に記録されないが，ベルリンでは本人の希望があれば記録される。反対に，バイエルンでは本人が反対しないかぎり記録される。大きな違いである。

(5) 評価方法と指標

① 評価方法

評価方法は圧倒的に指標ごとにランク別に評価する方式，すなわち体系的業績評価である。個別に目標を設定してその達成度を評価する手続き（目標管理）は見あたらない。それは多段階の評価であり，自由記述欄で根拠の記入を求められる。それが業績，能力および適性で体系的に分類されている。業績指標の数は，バーデン・ヴュルテンベルクの4から，ハンブルクの12までの開きである。教員としての潜在的可能性を示す能力の項目での指標の数は，バーデン・ヴュルテンベルクの18からハンブルクの2まで分散している。この2州は2つの項目で指標数は対照的である。業績ではたいてい総合評価をランク付け（5〜7段階）している。それとは別に，バーデン・ヴュルテンベルクでは個々の業績指標を点数で評価するのではなく評価を文章で記述することになっている。

多くの州は全体評価のなかに業績評価と能力評価を一括して含んでいる。それに対し，ベルリン，ブランデンブルク，ブレーメン，ハンブルクおよびザクセンでは，業績評価の総合評価に限っている。総じて点数評価は伝統的な手法に倣っている。

② 評価指標

「授業は学校の中核的仕事である。」したがって，教員評価の中心は自ずと授業評価，すなわち授業計画，授業づくりなどにおかれる。それには専門的な根拠づけも含まれる。評価の方向性として，社会がさらされている変化への挑戦とならんで，新しい適性要件が評価指標のなかに現れる。ベルリンでは，追加して「社会的，相談者としての，そして多文化的な能力」が求められ，ブランデンブルクでは「教員意識の改革，そして職務過程における恒常的な資格向上の必要性」，ハンブルクでは「紛争解決能力」が求められている。「よい授業」に対する要望は，こうした「教員の質は教育が成果をあげるうえで重要な要素である」という認識が基礎にある。

この教育学的な活動の中核領域の周辺にさらなる職務の活動分野がある。すなわち，学校関係者（上司，同僚および保護者）との協力および学校活動への参加・分担である。最後に，継続教育への参加がある。それは教員本人の授業改善の方法であると同時に，同僚に成果を還元することも期待されている。

(6) 評価手続

① 客観的な評価手続の構造要素

客観性はとかく強調される。とくにラインラント・プファルツでは指針に明記されている。手続きが透明であればあるほど客観性は高まる。2段階の手続きは客観性を高める。本人への説明も同様である。また，評価過程に公務員代表の関与や評価会議（Beurteilungskonferenz）設置と司会をおくことも同じである。評価にかかわる人事記録は保存される。

② 教員評価の領域での適用実務

1段階評価が主流であり，2段階がとられるのはハンブルクだけである。そこでは校長の前に部門長教員（副校長）による第1段階評価が行われる。

評価者は校長か学校監督局であり，約半々の州に分かれ，次第に校長に移りつつある。監督局が権限をもつ場合には，校長は実施の協力者として位置づけられる。ここでも校長の評価は事実上重要な意味をもつ。

第13章　教員評価の州別比較　285

調整機能をもつ評価会議の設置は稀である。ハンブルクおよびザクセンでは評価調整の役割をもつ評価審議会（Beurteilungskommission）をおくことができる。

評価が相対評価になる場合には被評価者が一定数いることによって適正さが確保できる。ザクセンの指針は25〜30人という最低規模を定める。

評価対象事項について，授業評価が中心となることをより明確にするのがバイエルンである。そこでは他の指標によっては凌駕されないことが定められている。ブランデンブルクも同様である。

評価過程での評価面談は最終的な評価の予告であり，教員代表の参加も推奨されている。公務員代表の参加ではベルリンが最も強く参加し，州公務員代表法90条7号で，公式の協働権（Mitwirkungsrecht）として公務員代表に認められている。そうなると，本人，上司と公務員代表の三者による評価手続ということになる。なお，公務員代表の参加は，個々人の評価過程での参加とは別に勤務評価の制度設計への参加もある。

2　ベルリン市[3]

(1)　ベルリン州学校法

州学校法は2004年に改正された。当時，市政府与党は社会民主党と左翼党であった。なお，2016年選挙後，与党は社会民主党，左翼党および緑の党の「赤・赤・緑」3党連立である。傾向として，各学校に決定権限が移されつつある。その背景には，いかなる人材を育成するかの像として，民主的な人間を育成するには育成の基礎単位である各学校の自主的権限を大きくし教育の中央集権を弱めることが望ましいという認識にもとづく。それに連動して学校評価が行われる[4]。

5年ごとに定期評価が行われる。評価者は校長である。ベルリン州では勤

3）　Ausführungsvorschrift über die Beurteilung der Beamten und Beamtinnen des Schul- und Aufsichtsdienstes (AV Lehrerbeurteilungen bzw. AV LB) vom 27. Juni 2012：Rundschreiben (RS) über die dienstlichen Beurteilungen für Lehrkräfte im Angestelltenverhältnis vom 29.04.2007, Schul-RS Nr. 5
4）　前原健二 2005a：113

務評価指針の策定は上級公務員代表との合意による。州法に業績割増給（Leistungsprämie）の定めがあるが，財政難により実際には支給されていない。

(2) 勤務評価実施要項

ベルリン市官吏の職階（Laufbahn）に関する法律 26 条は，勤務評価の実施要領を定める。
　ⅰ）官吏の適性および業績は，以下の場合に評価される。
　1　少なくとも 5 年ごとに
　2　勤務所の変更のさいに
　3　別の勤務所または本人の要望がある場合
評価は官吏にその全文が開示され，本人と面談が行われる。開示は書面で行われ，人事記録への評価とともに行われる。詳細は別に定める。
　ⅱ）50 歳を超える官吏は，本人の了解のもとに定期的な評価から除外される。

(3) 研修制度

州官吏法で，教員は「よい授業のために」自己責任（Eigenverantwortung）を強めることと引き替えに，在職中は生涯継続教育を受けることを義務付けられている。その方法は研修に参加することであり，必要に応じて校長は受講を促すことになる。

ベルリン公立学校における資格向上（Qualifizierung）に関する勤務所協定（2012 年）によれば，協定は州教育省と上級公務員代表（Hauptpersonalrat）の間で締結されること，教員は校長と資格向上に関する面談を行う請求権を有すること，資格向上研修への参加は通常，勤務時間内に行われること，勤務時間外に行われる研修に参加する場合には，当該時間の振り替えにつき，本人と校長の間で協議されること，研修費用は教育省が負担することが定められている。

(4) 教員評価の実施規程

ⅰ）目的：勤務評価は官吏の業績および能力に関する説得力ある像を得る目的のために行われる。それは業績原則に則り，客観的な人事決定の基礎にもなる。それは人材育成措置にあたり考慮する材料になり人事指導の材料にもなる。

ⅱ）定期評価：官吏は5年ごとに適性および専門的業績を評価され，その能力を評価（einschätzen）される。ただし，50歳を超えた教員に対して勤務評価は行われない。

ⅲ）臨時の評価：つぎの場合には，臨時に評価される。すなわち，試用期間満了後，昇進（Beförderung）をめぐる評価，管理的な役職に就く場合，配置転換（Versetzung），勤務上の必要性がある場合および本人の希望による場合である。

ⅳ）評価者の資格向上：評価者は評価制度につき研修を受ける。

ⅴ）開示（Eröffnung）：評価者は官吏に対して評価の写しを交付する。本人の求めがあれば，それを説明し理由を述べる。

別表が示すように，評価指標のなかで，生徒に学ぶことを動機づけることが重視されている。生徒の学習状況に応じた教え方が求められている。多文化的な能力が求められているのはベルリンに外国人子弟比率が高いことの反映であろうか。「能力」のなかに批判する能力，他人と対立することをいとわない姿勢がある。これは批判能力が重要であるという認識を示す。

また，教員の能力として，専門教育教授法に関する学習があり，専門教授法に関する知識が問われている。そして，研修の形態として相互の授業聴講を促進するなど，教員の自主的取組を促す傾向が強い。

バーデン・ヴュルテンベルクでは「能力」に分類されているような事項が，ベルリンでは「業績」に分類されている。

職員である教員に対する勤務評価に関する規定がある。それによれば，官吏である教員に対する勤務評価に準ずる旨定められている。

ベルリンでは，授業の質保証のために保護者，生徒および教員の協力した

〈ベルリン州学校教員勤務評価〉

Ⅰ　一般的申告

1.1　個人票

報告期間	＊＊から	＊＊まで
職位	名字	名前
生年月日	俸給等級（BesGr.）	
勤務所		
フルタイムまたはパートタイム（＊＊時間／週）		
重度障害者か否か　　該当する→その程度：＊％		
担当授業科目		

勤務評価は定期評価か臨時評価か　　　☐

臨時評価

　　☐　応募　　　　　　☐　職階上の試用期間満了　　☐　試用期間中の官吏関係

　　☐　配置転換　　　　☐　応援（Abordnung　注：これは官吏および公務労働者の一時的な配置換えをさす。）

　　☐　本人の希望　　　☐　勤務所の必要

1.2 　概観　報告期間中の職務（被評価者によって記入される）

1	勤務場所：
2	役職（例，学年クラス主任）：
3	職務：教員〔担当科目：　　〕
4	特別な役割担当（授業担当外）（例，科目担当責任者）
5	そのほかの特別な教育学的または組織的な担当 a）学校内 b）学校外（例，協議会（Beirat）委員）
6	授業活動推進のための特別な活動（例，学校企画への協力，全体的な改善，修学旅行，視察）
7	学校法にもとづく組織内の役割
8	報告期間中のそれ以外の主たる職務に必要な活動 a）継続教育・職業訓練にともなう受験 b）兼業 c）出版
9	今後の仕事に関する本人の希望

　　ベルリン，(日付)　　　　　　　　　　　　　(被評価者の氏名)

　申告は正しいことが確認される。事実が自分に知らされないかぎりで，それは書面の資料で交付される。

　　ベルリン，(日付)　　　　　　　　　　　　　(被評価者の氏名)

II 業績評価の資料

2.1 対応する要求プロフィル（Anforderungsprofil）は付属資料（略）として添付される。

2.2 2.1 を上回る職務の記述（例，臨時代行の役職分担）

III 業績指標評価

業績（Leistung 力量）指標は以下のとおりである。担当する役割に応じて，追加的な項目が加わる。

〈評価等級〉各指標につき5段階で評価される。(1 とても良好＝業績は要求（Anforderung 要件）を卓越した方法で上回る，2 良好＝業績は要求を明確に上回る，3 満足できる＝業績は一般に要求を完全に上回る，4 可（ausreichend）＝業績は要求に限定的ながら対応する，5 不可（mangelhaft）＝業績は要求を満たさない）

		1	2	3	4	5
1	授業計画 教員は授業計画を年間および半年の授業計画の全体的な関連のなかで，概要，教育標準（Bildungsstandard）および中核カリキュラムに応じて位置づけている。					
	・生徒の学習進捗を体系的に組み込んでいる， ・目的および相手に適した学習材料を選んでいる， ・特別な生徒グループおよび個々の生徒の学習結果を考慮している， ・授業単位（Unterrichtseinheit）の評価を組み込んでいる，					
2	授業づくり 専門的にみて完全か，授業を全体的脈絡のなかで透明にし構造を与えている，受講者にふさわしく実施し，適切なメディアを用いている，時間配分が適切である，					
2.1	授業は専門的に完全である。					
	・内容を学習グループに対応して設定している， ・生徒にやり方を組み合わせて利用させている， ・状況に応じて外部の専門家を学習過程に取り込んでいる，					
2.2	全体構想のなかで授業を透明にし構造を与えている。					
	・学習結果を考慮して学習グループに応じて単純化する， ・明確な，生徒が事後に検証可能な（nachvollziehbar）重点および目標を定める， ・生徒を動機付け，学習したくなる雰囲気を醸し出す， ・授業のなかで新たに生じた課題を適切かつ柔軟に処理する，					

		1	2	3	4	5
2.3	受講生に応じた方法を取り入れ，適切なメディアを活用する．					
	・目的にふさわしく，かつ，成績水準に応じた方法を活用する， ・学習グループおよび内容に応じて方法を変更する， ・メディアを目的および結果にマッチさせて活用する．					
2.4	使える時間を適切に用いる。					
	・必要であり組み込むことができる時間内で基準（Vorgabe 準則）の枠内で授業内容を組み立てる， ・授業結果を確実にするために，十分な時間を用いる， ・バランスよく時間経済（Zeitökonomie）および効率性を考慮する．					
3	総合的評価 教員は生徒の成績を判断し評価することができている．					
	・生徒の年齢相当に授業を熟考する， ・生徒の成績を分析する， ・現行の諸規程を考慮のうえ，学習結果を評価する， ・特別な学習および援助の必要性を認識し，場合によっては促進措置を講じる．					
4	教育（Erziehung） 教員はその行動を通じて，自分が生徒の教育を自分の職業活動の重要な構成要素であると認識していることを伝えている。					
	・授業の内外で教育目標を明確にし，一貫して行動する， ・生徒との距離を遠からず近からずバランスをとる， ・模範として実践している共同生活のルールを伝える．					
5	社会的，相談面での，および多文化的な（interkulturell 文化横断的）職能（Kompetenz コンピテンシー） 必要な教育的社会的能力を有している，必要な多文化的な能力を有している，生徒・学生に適切に情報提供し相談する状態にある，コミュニケーションをとり批判しトラブルを解決する能力（konfliktfähig）がある。					
5.1	必要な教育的社会的権限を行使する。					
	・自分の考えと行動を熟考し，場合によっては自分の誤りを認めお互いに偏見なく相談する， ・深い理解をもち，問題解決へ向けて行動する．					
5.2	必要な多文化的な能力を発揮する．					
	・多文化的な状況のなかで有効かつ適切に意思疎通する， ・多文化的な学習に対して一般的な率直さを示す， ・異なる文化圏の人に対して敬意と率直さを示す．					

		1	2	3	4	5
5.3	教育権限者（Erziehungsberechtigte 注：保護者を指す）および生徒に適切に情報を提供し相談することができる．					
	・成績，学習結果および可能な見通し（学校展開，大学での教育，職業）につき，生徒に適切に情報提供し相談する． ・学校展開（Schullaufbahn），社会的問題，専門的問題状況，職業的な見通しおよび専門教育に関して，教育権限者に個別に情報提供し相談する． ・保護者懇談会（Elternabend）でクラスごと，テーマごとに参加する．					
5.4	情報伝達でき，批判能力および紛争解決能力がある．					
	・コミュニケーション能力があり，相手に即した行動ができる． ・紛争解決にルールを設ける戦略を知っており，それを実際に活用できる． ・批判を客観的に，かつ，根拠づけて述べる．					
6	協力 教員は学校関係者との協力を促している。					
	・関係する学校法規を知っており，それにふさわしく行動する． ・クラス指導者としての役割を有能に果たしている． ・協力し，そのさいにチーム能力および柔軟性を示す． ・学校プログラムの企画・実施に積極的にかかわる． ・学校内の評価に積極的にかかわる． ・異なる授業企画であるクラス旅行，学習旅行およびエクスカーションをリードする． ・会議および委員会で仕事をする．					
7	継続教育（Fortbildung） 教員は定期的に重要な継続教育企画に参加する。					
	・学んだことを授業活動に活かす． ・新たな知識を学校内で適切に活かす． ・それ以外の学校の課題のための継続教育に参加する．					

〈専門的教員に対して，追加的に〉

8	特別な役割〔＊＊＊〕					
8.1	専門的職能（Kompetenz）					
8.1.1	彼によって代表される授業科目群を含めた領域で，専門教授法につき知識をもつ．					

第13章　教員評価の州別比較　293

		1	2	3	4	5
	・それぞれの課題領域で専門的な内容で正確かつ協力的な授業計画を確実にする， ・中核カリキュラムないし枠組み授業計画を基礎に，学校独自のカリキュラムの作成に携わる， ・課題領域の授業で，方法論的な能力の伝達およびメディアの使用を確実にする， ・生徒の成績評価の比較を可能にする， ・専門学術上，専門教育教授法上および専門方法上のテーマ設定に関して専門研究会の様子を定期的に情報提供する，					
8.1.2	与えられた課題領域で管理的課題を正確に処理する，					
	・専門委員会を定期的に適時に招集する， ・決定の結果（例，調達提案，評価基準，教育学的な提案）を迅速に実行する，					
8.1.3	学校プログラムの策定・実施の領域で					
	・学校プログラム展開を与えられた指導的役割にふさわしく推進する， ・学校プログラム作業への参加を同僚に動機づける， ・学校プログラム作業を手続きに沿って効率的に進める， ・関係する文献を調べ，定期的に対応する継続教育（研修）に参加する，					
8.1.4	質管理の分野で					
	・課題領域で学校プログラムに関する学内評価の実施を担当する， ・外部評価の実施をサポートする， ・比較する作業の定期的な実施をリードし確実にする， ・標準的なテストを行う， ・保護者，生徒および教員の間で質保証（Qualitätssicherung）の受け入れへ向けて積極的にかかわる， ・専門分野で相互の授業聴講を促進する，					
8.1.5	授業の評価にあたり，					
	・教員の授業を，授業学（Unterrichtswissenschaft）的知見を考慮して正確に分析・評価する， ・授業の計画，実施および分析につき，教員と定期的に相談する， ・評価および相談につき教員に受け容れられている，					
8.2	社会的コンピテンシー――統合能力，批判および紛争解決能力					

		1	2	3	4	5
	・多様な関心・利害を明確に考慮できる， ・異なった意見をまとめることができる， ・同僚としての協力をリードし促す， ・異なる意見に敬意を払い，しかし，共通の目標を見失わない， ・自分の意見および行動を振り返ることができる， ・批判を事実に即して（sachlich）根拠づけて述べる， ・自分の誤りを認めて自分の行動を修正できる，					
8.3	指導的能力					
8.3.1	目標および結果への指向性					
	・個々の決定選択肢の成り行きを認識し慎重に考慮する， ・目標および具体的な申し合わせを合意する， ・説得的な主張をともなって自分の立場を述べる，					
8.3.2	刷新能力					
	・学校内の議論に新しい知見とアイデアを提供する， ・改善提案をする， ・自分が担当する分野にかかわる問題状況につき，新しい展開を定期的に情報提供する， ・関係する継続教育に定期的に参加する，					
8.4	忍耐力（Belastbarkeit）					
	・時間的な切迫のもとでも大局を見失わない， ・安定して前向きであり業績の波がない， ・批判にさらされる状況でも冷静に判断する， ・プレッシャーがかかるなかでも優先順位を定めることができる， ・時間管理の戦略をもっている。					

Ⅳ　勤務評価の他の内容

Ⅴ　業績評価

a）全体的評価の根拠

b）数字による評価

Ⅵ 能力評価(Befähigung)

　能力に関する記述は,要求プロフィルを上回り,仕事上の活用および職業上の発展にとって重要な提示された能力(Fähigkeit)および知識を含む。(例,臨時代行の役職担当,校外の機関との連携)

評価者氏名,職位	場所,日付,評価者署名

Ⅶ 開示

　この評価の写しは私に＊＊(日時)に手渡されました。

　評価者はこの評価を＊＊(日時)私に説明しました。

　相談面談(Beratungsgespräch)は評価の前年の＊＊(日時)行われました。

Ⅷ 閲覧(Kenntnisnahme)

　前記Ⅶを考慮のうえで私はこの評価を閲覧しました。

場所,日付	署名により被評価者の閲覧を示す

Ⅸ 重度障害者において協力した場合

　(氏名,日付)

Ⅹ 女性代表委員（Frauenvertretung）の関与（州平等取扱法 17 条 2 項）

（氏名，日付）

Ⅺ 公務員代表の関与

（氏名，日付）

取組みが行われ外部評価も行われている。

　官吏に関する評価原則の決定は協働権の対象である（ベルリン市公務員代表法 90 条）。ベルリン市の実際では公務員代表との合意にもとづいて実施されている。

　評価者が勤務評価に必要な研修を受講することが明記されている。おそらく公務員代表側の要求にもとづいて定められている。本人への開示の後に面談が義務づけられてはおらず，「本人の求めがあれば，それを説明し理由を述べる」という取扱いは珍しい。

3　ブランデンブルク州

　この州では定期評価はなく，臨時評価だけである。評価者は学校監督庁職員である。

　ブランデンブルク州官吏法は，「評価は官吏の適性，能力および職務上の業績に関係する。それは勤務法上の決定の準備に役立つ」と定める。それを受けて作成された学校教員向け勤務評価実施規程（2012 年策定）の付属資料の一つに評価票がある。以下ではそのうち，業績，適性および能力の評価指標に関する箇所等を紹介する。

1　業績

　これは指標ごとに 5 段階で評価される。（1：要求（Anforderung　要件）

をはるかに上回る。2：要求を完全に満たす。3：要求に対応する。4：制限付きながら要求に対応する。5：要求を満たさない。）

1.1 授業
専門的で客観的な授業計画とその実施，学習環境の整備による生徒の学習の援助，および自律的（selsbtbestimmt）な学習および勉学（Arbeit）で生徒の能力を伸ばすこと

 a）専門教授法的および教育心理的に根拠づけられた授業の計画と実施，

 b）多様な授業方法および課題形態（Aufgabenformen）を要求ないし状況に応じて使い分けること，

 c）内容および方法，勉学およびコミュニケーションの形態を客観的に選択すること，

 d）教える過程および学ぶ過程が内容的に明瞭であること，

 e）個々人を援助する一環として，自律的自己責任的，および協力的な学習および勉学の実現，

 f）効率的な時間管理。

1.2 教育（Erziehung）
社会的文化的な生活条件の背景のもとで生徒をそれぞれに援助する。生徒の価値と規範の仲介および生徒の自律的な行動の支援。学校と授業のなかで困難や紛争にあたり解決する糸口を見つけること。

 a）学習グループ内の文化的社会的な多様性を考慮しつつ，生徒一人ひとりを支える，

 b）生徒の価値観およびその保持を熟考する，

 c）生徒の自己責任的な判断および行動を発展させる，

 d）授業および学校のなかで社会的な関係および社会的な学習過程をつくりだす，

 e）紛争の予防および解決の戦略および行動を実際に行う。

1.3 評価
学習の前提条件および学習過程の診断，生徒を意識的に援助する，生徒と親の相談にのる，透明な評価基準にもとづいて成績を把握する。

 a）発展段階，学習の潜在的可能性，学習障害，学習進展およびそこから

生じる行動方法の認識,
　　b）才能の認識および彼を援助する可能性を追求する,
　　c）教育的および専門的にみて望まれることを練り上げ具体化するにあたっての同僚との協力,
　　d）評価モデルおよび評価基準を状況および専門にふさわしく適用する,
　　e）評価を相手に応じて根拠づける,ならびに今後の学習の見通しを示す,
　　f）自分の授業活動に関して,フィードバックとしての業績審査および自己評価を利用する,
　1.4　刷新（Innovieren）
　教員としての特別な職業的な要請,仕事を進める過程で恒常的に資格を向上させることの必要性,および学校行事・計画の企画および実施への参加に関する自覚
　　a）労働時間および作業手段の効率的な投入,
　　b）協力して行うことの自覚,
　　c）公式・非公式,ならびに個人レベルおよび共同した継続教育の利用,
　　d）授業研究および教育研究の成果を学校の運営に活かすこと,
　　e）学校企画への協力的な計画と分担
2　管理職としての能力（略）
3　適性および能力
　以下の項目は,特に強い,強い,標準的,弱いの4段階で評価される。
　3.1　忍耐力
　3.2　教育学的な問題提起につき対立をいとわないこと
　3.3　率先力および刷新への姿勢
　3.4　コミュニケーション能力
　3.5　紛争を解決する能力
　3.6　積極的・消極的な批判能力
　3.7　学ぶ姿勢
　3.8　独立性
　3.9　チーム能力
　3.10　判断能力

3.11　責任感
　　3.12　模範としての振る舞い
4　適性，業績および能力に関する補足的な記述
5　教員としての適性および能力に関する総合的評価（記述式）
6　教員としての職務上の業績に関する総合的評価（記述式）

開示に関する本人の署名欄
評価に対する本人の意見記述欄

　このように，評価は臨時に行われるだけであるが，「業績」に関する評価指標は「望ましい教員像」を詳しく定める。「教育」の項目で，生徒の生活環境の違いを考慮したうえで，それにふさわしく援助すること，「社会的な関係および社会的な学習過程をつくりだす」こと，「適性および能力」の項目で，対立をいとわないこと，批判能力が挙げられていることは特徴的である。

4　メクレンブルク・フォアポンメルン州（指針 1995 年決定，2014 年改正）

　この州では定期評価はなく臨時評価のみである。評価者は学校監督庁職員である。
1　評価の目的
　勤務評価は教員の適性，能力および業績に関する説得力ある客観的な，かつ，比較可能な像を得るために行われる。
　勤務評価にあたり評価者（Beurteilende）には，客観性，相手の気持ちになること（Einfühlungsvermögen　感情移入の能力）および責任意識を求められる。評価は事実に即して，偏見および配慮なしに行われなければならない。肯定的な指標と並んで職務活動中に確認された欠陥も考慮される。
2　評価の機会
　定期評価はない。以下の場合に臨時に実施される。
　a）連邦内の他の州に配置転換される場合

b）試用期間満了2カ月前まで
c）新しい役職（例：メンター〈Beratungslehrer：助言教員〉，セミナー長，教務主任，外国での学校勤務）に就くにあたり
d）昇進または上位の官職に就くにあたり
e）教育省内の別の部署への配置転換にあたり
f）異議により上級機関に応援に出向く場合（例，当該教員の職務遂行に対して苦情が出されている場合）
g）職務上の理由による配置転換にあたり，本人の希望にもとづいて
h）官吏関係への変更にあたり上級官庁の求めにもとづいて

3 評価の内容

勤務評価は職務上の適性，能力および職務上の業績に及ばなければならない。

3.1 人物および職務に関する記述（略）

3.2 職務上の業績

職務上の業績の評価にあたっては，授業，教育的働きかけ，コミュニケーションをとりリードする能力，専門的職能（Fachkompetenz），教育権限者（注：保護者を指す）およびほかの学校関係者との協力に言及される。

校長および副校長の評価では，まず，会議および議論をリードする能力，学校運営事項ならびに一般的な教育学上，学校組織上および学校法上の諸問題に関する知識およびその実践に言及される。

3.3 適性および能力

この評価にあたっては，①専門教育，職業経験，継続教育への参加を通じた適性および能力，②たとえば思考力・判断力，表現力，コミュニケーション能力，統率力（Integrationsfähigkeit），交渉技術，決断力，忍耐力，バランス感覚などの一般的な人物指標が考慮される。

4 評価の対象

評価にあたり，授業観察，書面化された授業記録の閲覧，職務活動にかかわる資料の閲覧，法令に関する知識，特別な役割の引き受けにあたっての態度，そのほかの職務関連活動が参考とされる。

授業観察は教員の専門科目につき，当該学校種類および担当学年で行われ

る。それは授業2回分につき行われる。必要がある場合には，さらに増やされることがある。それは1週間以上前に通知される。授業観察が行われた場合には，それに続けて教員と面談が行われる。

職務関連活動として，教員が授業外に学校に関連して行っている，教育学的および組織的な活動に関する申告も評価の対象となる。

5 総合評価

評価は総合評価（Gesamturteil）により行われる。6段階で評価される。（略）

6 評価の開示と面談

6.1 評価は教員に全文が開示され，それにつき本人と面談が行われる。開示と面談の結果は評価とともに人事記録簿に記録される。

6.2 開示と評価面談は評価者によって行われる。

6.3 被評価者（Beurteilte）は，評価が適切に行われていないという意見をもつ場合には，彼に有利な事情を説明する機会が与えられ，場合によってはさらなる情報を得ることが提案される。評価者が，教員から主張された事情を知ったことにより評価が彼に有利に変更されうると判断する場合には，面談は中断される。評価者は評価を維持すべきか変更すべきかを検討する。変更の必要がないと判断すれば，再開された面談でその理由が伝えられる。

6.4 被評価者は面談後に評価に対する意見を書面で表明することができる。書面による意見表明は人事記録に添付される。

6.5 被評価者には評価の写しが渡される。

6.6 面談および開示の記録は評価者および被評価者の双方から連署される。

7 管轄

評価は学校監督庁が行う。この権限は校長に授権することができる。

この州では臨時評価のみであり，その結果，項目ごとの評価ではなく総合評価の方式をとっている。この州でも「適性および能力」は括られて評価されている。

5 ノルトライン・ヴェストファーレン州

　定期評価はない。以前はあったが廃止された。評価者は原則として校長である。ただし，例外がある。
この州では個人面談（Mitarbeitergespräch）が重要である。目的は，本人に現状を認識してもらい改善してもらうことである。勤務評価は昇給・手当等には反映しない。
　指針（2003年策定）によれば，「臨時評価の実施は，職階法上の試用期間（3年）終了後，昇進，大学教員勤務への変更時，そのほかの勤務法上の決定時，さらには勤務上の都合による配置転換にあたり本人の希望がある場合である。」（3項）
　指針の付属資料に記載されている評価指標および様式は以下のとおりである。

1　専門知識
　たとえば，教育学，専門的学問および専門的教授法に関する知識：学校法上，専門的，組織的ならびに専門教育法上の，専門的組織的な種類の知識。発達心理，教育心理および認知心理（Kognitionspsychologie）および性特有の相違に関する知識。学校研究および授業研究の新たな発展に関する知識。

2　教員としての業績
　求められる専門知識，学習計画および指針にもとづく授業および教育（Erziehung）。本人の職務（Tätigkeit），授業の準備と実際。専門的な関連性を振り返り，内容および方法を選ぶ能力。多様な学習方法および学習環境を提供し展開する能力。生徒との接し方（Umgang），教育学的な基本紛争を認識し解決する。若者を社会にかかわり関心を持たせることへの働きかけ。教員の役割および自分の役割関係の熟考。質保証および学校開発のための遂行における参加および率先力。同僚の授業を評価し，相談にのり援助する能力。組織する力量（Organisationsvermögen）。媒体の適切な利用。授業外の学校の活動。指導的役割の担当。

3 勤務上の行動

 たとえば，責任意識，義務の履行，信頼，率先力，チーム・コミュニケーション能力，協力的な行動，問題解決的な行動，忍耐力，継続教育および研修への取組，勤務校を変更することを含めて異なる役割および勤務状況に自分をおく用意および能力。

4 管理職的活動（追加的な事項がある。略）

（場所，日付）（評価者の署名）

 これを受けて，「前記事項につき，私は評価を通知され写しを受け取りました。また，職階法93条にもとづいてこの評価につき異議を表明することができることを知っています。」（場所，日付）（被評価者の署名）がある。

 ノルトライン・ヴェストファーレン州では，勤務評価の指針は上級公務員代表との共同決定によっている。合意が成立しない場合には仲裁委員会が設置される。ただし，ここでは仲裁委員会は全員の合意が成立すれば決定を行うが，多数決による決定では拘束力をもたず，その場合は勧告（Empfehlung）にとどまる。要するに制限的共同決定権である。

 この州では授業改善の方法は，質分析（Qualitätsanalyse＝QA）によっている。それは学校監督庁担当者が学校を訪問し，教員，校長および親と協議し，改善方法をさぐる。授業改善につき，公務員代表は，「それは行政庁の仕事だ」とあっさり言う。

6 小 括―6州の比較―

 以上の4州および先行研究で紹介されているバイエルン州[5]ならびにバーデン・ヴュルテンベルク州[6]を加えた6つの州の勤務評価制度につき比較する。まず，定期評価の有無により評価指標の詳しさが異なる。定期評価があるバーデン・ヴュルテンベルク，バイエルンおよびベルリンでは勤務評価は主に職能開発および授業改善のために行われるが，概して詳しい。とくにバ

---

[5] 柳沢良明 2005：83-95
[6] 坂野慎二 188-191

イエルンは詳しさで顕著である。それに対し，定期評価がない州（ブランデンブルク，メクレンブルク・フォアポンメルン，ノルトライン・ヴェストファーレン）では昇進など臨時の必要性がある場合に，主に適否判断または人選のために行われるが，評価指標は概括的である。ただし，臨時評価のみ実施の3州でも評価指標は授業活動中心である点は共通しており，管理職にはまず模範的な授業ができることが求められる。管理職の場合には，そのうえで管理職としての適格性が加わる。また，業績，能力および適性のいずれに分類するかは州によって異なる。

　その評価指標をみると，確かに表現は州により異なるが，教員に求められていることは共通し，ほぼ同じ傾向である。それは「望ましい教員像」につき，教育学者，教育行政関係者および教員公務員代表の間でほぼ共通の認識があることを示す。

　利用目的として，ベルリンおよびノルトライン・ヴェストファーレンでは昇給にリンクしていないが，バイエルン[7]およびバーデン・ヴュルテンベルクでは昇給の判断材料とすることが可能である。後者の州では，評価が高い教員の10％に対して昇給が1年早まるという取扱いをしている。

---

7) 柳沢良明 2005：84

第14章　総　括—日独比較—（学校教員）

1　ドイツの特徴

　（イ）ドイツでは教員は一人前になるまでに長期間を要することもあって職務遂行上の独立性が強い。また，「労働時間」ではなく「授業時間」という把握で，授業が終われば学校にとどまることなく帰宅するのが通常である。給与の格付けは学校の種類および勤続年数によりほぼ自動的に決まる。そういうなかで，PISAショック後，生徒の学力向上に社会の関心が高まり，授業改善のために教員の意欲を向上させることが活発に議論されている。教員評価自体よりも，それにリンクする面談を通じて教員の職能開発・継続教育への関心・意欲を動機づけるように位置づけられている。教員研修（継続教育）の開催主体は，教育関係学会，民間教育団体および教育行政など多様であり，教員は自分で選んで参加する。

　（ロ）教員評価実施頻度は，管理職への昇進など臨時の必要がある場合にのみ臨時に行う州と定期的に行う州で半々である。定期的に行う州でも5年ごとが最多である。毎年実施する州はない。定期評価でも間隔が長い理由は，1年ごとでは評価しきれないことである。定期評価も50歳までである（1州を除く）。

　（ハ）教員評価の目的は，まず定期評価の目的として，授業改善および職能開発がある[1]。州によってはそれが規程に明記されている。改善のためには校長と教員の面談を通じて本人に改善すべき点を自覚してもらうことが重要である。したがって，面談が重要な意味をもつ。定期評価・面談がないところでは，教員が自発的に校長と面談することを校長が誘導することが重要になる。また，学校監督庁職員が学校に出向いて教員に授業改善を働きかけている（ノルトライン・ヴェストファーレン）。

　つぎに臨時評価では，「教員の適性，能力および業績に関する説得力ある客

---

1)　柳沢良明 2005：81，坂野慎二：182。

観的な,かつ,比較可能な像を得るため」(メクレンブルク・フォアポンメルン)である。

評価目的に,昇給や手当支給など金銭的な対価が関係する州(バイエルン,バーデン・ヴュルテンベルク)としない州(ベルリン,ブランデンブルク,ノルトライン・ヴェストファーレン)がある[2]。

(ニ)教員評価指針策定にあたっては,教員代表(公務員代表)が参加することが重要である。そのことが勤務評価の制度設計で教員への開示・説明を義務づけることにつながっている。調査した3州(ベルリン,ブランデンブルク,ノルトライン・ヴェストファーレン)では,指針はいずれも使用者と教員代表の合意にもとづいて策定されている。

個々人への評価手続では,教員はほとんどが官吏なので,官吏に関して述べたこと(253頁)がそのまま当てはまる。すなわち,官吏法にもとづき勤務評価は統一的基準にもとづいて行われ,評価結果は文書で本人に開示される。

(ホ)教員評価の項目は,州官吏法に定めがあり,能力,適性および職務上の業績の3つである。それにもとづいて教員用に勤務評価指針で具体化される。目標協定はなく体系的業績評価である。評価項目は詳しく具体的であり,「どのような授業,教員が望ましいか」がわかりやすくなっている。教授法につき幅広い合意がある。批判的な判断能力が必要であることが強調される(ベルリン,ブランデンブルク)。「生徒1人ひとりの生活環境,学習到達度に違いがある」ことを認識すること,マイヤーの言葉によれば「個々人ごとに促すこと」が,折りにつけ強調されている。そのためには少人数のクラス編成が前提となる。学校の自律化傾向のなかで学校の質保証が取り組まれ,それへの参加,学校改善への参加も評価対象に含まれている。

(ヘ)評価材料は,授業観察,面談および書類閲覧等による。自己評価は用いられていない。

(ト)評価者は校長または学校監督庁職員である。学校の自律化傾向のなかで,次第に校長に移りつつある。

---

2) 金銭的な報酬を与えることの是非をめぐる議論につき,前原健二 2005a:108-111。

（チ）評価手続としては，評価結果の写しが本人に渡され，本人が説明を受けた旨を署名することになっている。要するに開示されている。それに対する異議申立権があることが州法で定められている。そして，校長と本人の間で面談される。面談の定めは，調査した6つの州すべてである。

（リ）小括　州により教育方針が異なり，一方でバイエルンは一貫してキリスト教社会同盟（CSD）が州政府を担当し，生徒の成績向上に熱心な傾向があり，他方でブレーメンでは社会民主党（SPD）が一貫して州政府を担当し，生徒の競争を抑制し自発性を伸ばすことを重視する傾向がある。すなわち，「見える学力」を重視するか，それとも「見えない学力」を重視するかの違いがある。そうした傾向の違いは，教員評価では，評価項目にバイエルンでは教員に批判的な判断能力が必要であることを明示していないこと，評価を処遇に反映させるか否かに現れている。

（ヌ）定期評価が行われていない州では，教員の職能開発・継続教育への動機付けは，主に校長による教員との面談を通した働きかけによる。

なお，教育労働組合（GEW）は定期評価を廃止することを主張している。また，教員の研修形態として自主的な研修をより重視することを主張する。

（ル）学校で授業時間数が少ないことの背景の一つに，「親の教育権」の考えがある。基本法6条2項で「子どもの養育と教育は親の自然の権利であり，また彼らに課せられた義務である」と定められている。ベルリンやメクレンブルク・フォアポンメルンでは勤務評価規程にその用語がでてくる。現に親がしっかりと子どもを教育し，しつけている例をみる。労働時間が短いこともあって，父親もよく子どもと接していて，「家庭の教育力」が健在である。

（オ）教員官吏と行政官吏を比べる。いずれも官吏法および公務員代表法の適用を受けるので，専門的な業績，能力および適性により評価されるという大枠の評価指標，公務員代表が評価指針策定に関与する程度は共通する。

一方で，教員の定期評価の目的は授業改善および職能開発であり評価目的が異なること，それにともない具体的な評価指標が評価方法として教員では体系的業績評価だけであるが，行政官吏では州により部分的に目標協定を併用している州があること，定期評価を行う頻度が教員では5年ごとが最多であるが行政官吏では3年ごとが最多であることなどで違いがある。

2　日本の現状および特徴

(1)　日本の現状

　2003年から文部科学省が各教育委員会に教員評価の改善に関する調査研究を委嘱し，2006年に本格的導入を指導して以来，各県で急速に教員評価制度が整備された。文部科学省調査（2010年）「教員評価システムの取組状況について」[3] によれば，ほぼすべての都道府県で実施されている。

　評価は目標管理と勤務評価からなる。目標管理は学校目標に対応したグループ目標と自己申告による自己目標からなる。評価方法は能力評価と業績評価につき，校長または教育委員会が，絶対評価している。相対評価は一部の自治体にとどまる。一部で自己評価が組み込まれている。評価基準はたいてい公表され，評価結果はほぼ開示されている。苦情相談手続もほぼ導入されている。評価結果の活用として，「昇給・降給のため」は，能力評価について14，業績評価につき13，「勤勉手当支給のため」は，能力評価について8，業績評価について11の教育委員会である。半数以下の利用状況である。ただし，目標管理は民間企業では，典型的には年俸制適用下で労働者一人ひとりの担当職務に対応して上司と協議のうえ合意して設定して，その達成度により次年度の年俸額が確定する賃金制度である。現状では教員の努力目標が挙げられている。いずれにしても通常の企業における年俸制の一部としての目標管理制度とは異なる。

　評価の制度設計にあたり，公務員の場合と同様，使用者側は組合との協議にもとづき団体交渉する法的義務はない。ただし，「団体交渉」ではないが，多くの県で労使協議が行われている。教員組織と協議しているか否かは県によって大きく異なる。多くの県で教員の労働組合と協議されている。ただし，それは法的根拠にもとづくものではない。地方公務員法55条3項が職員団体との交渉につき，「地方公共団体の事務の管理及び運営に関する事項は，交渉の対象とすることができない。」と定めていることにつき，教育委員会は「勤

3）　http://www.mext.go.jp/b_menu/houdou/22/10/attach/1298542.htm

務評価は管理運営事項であり，組合と団体交渉する義務はない」という見解をとっている。この点の解釈で判例は統一しておらず，勤務評価の実施により勤務条件に影響が及ぶ範囲で，その実施方法その他評価の運用等につき交渉することは許されるとしている[4]。この点，学説上は批判が強い[5]。ILO・ユネスコは「給与決定を目的としたいかなる勤務評定制度も，関係教員諸団体との事前協議およびその承認なしに採用し，あるいは適用されてはならない」[6]とし，昇給・手当等に利用する目的の場合には教員団体との合意にもとづくことを求めている。2000年直後に実施された都県（東京，香川）では，昇給などに利用するにもかかわらず教育委員会側が一方的に策定している。その点についてはILO・ユネスコ専門委員会からは不適切であると勧告されている（2003年）[7]。ILOは，教員評価は，子ども，保護者，同僚，専門家などの関与のもとで，教員が納得し，教育活動を励ますものであるべきとみる。

　教員評価の評価指標は，教科等の指導，教科等以外の指導および校務分掌等であり（岡山県），授業以外の指標が多い。これは日本の教員が授業以外に生活指導，部活指導や書類作成など多くの業務を担当していることの反映であろう。また，「意欲」という指標が多いことも目立つ。

　評価目的は，「教職員の資質能力の向上及び学校組織の活性化」（岡山県）である。それを通じて「教育の充実に資する」とされる。2005年以降，教員を育てる教員評価の観点が強くでている[8]。それとともに，評価面談が重要になってくる。実際の教員評価が教員の人材育成（職能開発）に役立っているかどうかは，各県の評価の制度設計・運用と深くかかわるが，宮崎県の事例調査では不明であるとされている[9]。広島県における調査では，能力開発につながっていないという見方が強い[10]。東京都では，その評価は校長と教員とで大きく分かれる[11]。教員の力量向上について，「教員評価制度がなくても自

4) 青木・中山編：219-221。
5) 青木・中山編：125〔伊藤博義〕。
6) 堀尾・浦野編：184。
7) 堀尾・浦野編：169。
8) 苅谷編：156〔油布佐和子〕。
9) 苅谷・金子編：170〔油布佐和子〕。
10) 牛渡淳：32。
11) 勝野正章：27。

主的に力量向上に取り組んでいたか」の問いに対し，約8割が肯定的回答をしている（宮崎県）[12]。高い自主的姿勢である。

　職能開発にとって教員研修が重要である。日本では「教員の資質の向上」のために文部科学省が定めた「指針」を教育委員会が参酌して「指標」を定め，指標にもとづいて教員研修計画を立てる（教育公務員特例法22条の2以下。2016年改定）。教育行政主導，すなわち国家統制の傾向が強く，教員の自主的な研修・教材開発を尊重することは乏しい。かつ，教育委員会主催の研修が多い。

　評価者は，一次評価者は副校長・教頭，二次評価者は校長であることが多い。

　評価手続では，評価基準等は公表され，評価結果はたいてい被評価者に開示されている。開示の点ではかつての旧勤務評定制度に比べて大きく変更されている。その一因は，個人情報保護法（2003年制定）25条が，個人情報につき本人の求めがあれば開示しなければならないと定めたことにある[13]。

(2) 国際比較から

　OECD「国際教員指導環境調査（TALIS 2013年調査）」[14]によれば，日本では中学校教員が学びあう校内研修や授業研究などが職能開発に役立っていること，校長の年齢は参加国平均51.5歳に比べ日本は57.0歳と高いこと，課程やワークショップという職能開発に過去1年間に参加した比率は60％弱であり調査国平均よりも低いこと，その理由は日程調整が困難なことによること，評価結果の教員へのフィードバックは75％で高いこと，評価結果が給与や昇進などの人事管理に活用される割合は日本でも他国でも低いことがわかる。要するに，自主的な力量向上の意欲・関心は高いが，後述する多忙さのゆえに，職能開発への実際の参加は低いものにとどまっている。

---

12)　苅谷・金子編：114〔河野銀子〕。
13)　教員評価実施の適切さをめぐり，事実にもとづかない不当な業績評価を受けたために昇給が遅れる等の損害を被ったとして争われた裁判例として，三浦健康学園事件・東京地判平成22・5・13労働法律旬報1726号（2010年）40頁，54頁以下。
14)　http://www.mext.go.jp/component/b_menu/other/__icsFiles/afieldfile/2014/06/30/1349189_2.pdf

また，同調査によれば，日本の中学校教員の週当たり仕事時間は53.9時間であり群を抜いて長い（参加国平均38.3時間）。その原因は，「課外活動の指導に使った時間」7.7時間（参加国平均2.1時間），「一般的事務業務に使った時間」5.5時間（同2.9時間）が長いことにある。この点で，欧米ではクラブ活動は地域によって担われ学校は関与しないという点で，日本と事情が異なる。また，指導実践で「学習が困難な生徒，進度が遅い生徒には，それぞれ異なる課題を与える」では，日本は21.9％という低さであり，クラス当たり生徒数が31人（参加国平均24人）と多いことが妨げになっている様子がうかがえる。

(3) 教員の現状―実態調査から―

教育学研究者による調査「HATOプロジェクト」（代表　子安潤，2015年調査）[15] によれば，「授業準備の時間が足りない」と悩む教員は94％（小学校）および84％（中学校）に達する。学級定員の少人数化に賛成する教員は96％（小中学校とも）に達する。日本の教員の多忙な様子が垣間見られる。

3　日独比較

(1) 評価実施率および頻度

日独とも完全に実施している。しかし，その頻度は，日本では毎年定期的に実施しているのに対し，ドイツでは臨時評価のみと定期評価ありが半々であり，定期評価でも4年または5年間隔の実施である。ドイツでは民間企業労働者の4割弱で人事評価が実施されていることに比べると特別な高さであるが，これは官吏（教員）の昇進は職務上の業績，能力および適性の3つの指標によることが官吏法に明記されているために，その可能性がある官吏に対して勤務評価をする必要があるという事情による。

---

15) 同報告書より。

(2) 評価目的

ドイツでは臨時評価と定期評価で主目的がやや異なるが，臨時評価では昇進等人事管理の判断材料にすることであり，定期評価では職能開発・授業改善である。そのために校長が教員との面談を通じて研修意欲を促すことが重視されている。

それに対し日本では，「教職員の資質能力の向上及び学校組織の活性化」である。ドイツでは「よい授業」のための職能開発が前面に出ている点に特徴がある。評価指標はそれに規定される。

日本で主目的とされる職能開発は，ドイツでは教員評価とともに校長・学校監督庁職員による指導・面談によっても追求されている。そこでは教員の内発的な職能開発の動機付けへの働きかけが重視されている。

教員評価を昇給・手当などの処遇に反映させているのは，日独とも一部の地域に限られている。処遇に反映させるか否かで評価の目的および機能は大きく異なる。評価を処遇に反映させないことは日独だけの傾向ではなく，OECD 各国でも共通してみられる傾向である。一般行政公務員と異なり教員で処遇面での利用が少ない理由は，教員はほぼ全員がクラスの生徒に直接に責任を負い生徒にとって代替がきかないこと，生徒の学力向上には一部のスーパー教員でなく全教員の授業力を高める必要があること，校長が多くの教員の仕事ぶりを正確に把握するのは実際にはムリなこと等とかかわる。この点，アメリカで業績主義給与を教員に導入した試みは失敗であったと評価されているのは偶然ではない[16]。処遇によって教員を競争させるような手法は必ずしも有効ではない[17]。

(3) 制度設計手続

ドイツでは法律（公務員代表法）により，官吏では教員の公務員代表が協議することが定められている。職員教員では公務員代表の同意（共同決定）が必要である。日本で使用者は団体交渉する義務はない。実際には多くの県

---

16) 勝野正章：13-15。
17) 八尾坂編：161〔小川正人〕。

で教員の労働組合と協議されている。ただし，それは法的根拠をもつものではない。この点は明確な相違点である。

(4) 評価方法

ドイツでは目標管理はなく，体系的業績評価だけである。日本では目標管理と勤務評価（体系的業績評価）の2本立てである。

　イ）絶対評価か相対評価か：ドイツではすべての州で絶対評価であり，日本でも主にそうである。これは評価目的ともかかわる。

　ロ）評価材料：ともに授業観察が中心である。

(5) 評価指標

ドイツでは官吏法の定めにより，大きくは能力，適性および職務上の業績の3つの指標による。それにもとづき教員用に勤務評価指針で詳しく具体化されている。ドイツでは教員に批判能力，自己反省する能力が求められる州があるが，日本では見かけられない。なお，一部の州では「学校改善」を評価指標に含めている例がある。日本では，授業以外の指標も多い。

(6) 評価手続

ドイツでは教員のほとんどが官吏であり，評価面談は法的義務である。これに対し日本では，使用者が評価結果を本人に開示する法的義務はない。

実際には日本でも基準および評価結果がたいてい本人に開示されている。これは評価目的ともかかわる。職能開発を目的に含む場合には，改善すべき点を本人に認識してもらうことが出発点である。

ドイツでは，本人が説明を受けた旨を署名する欄が書式におかれている。この項目は法的取扱ともいえる。

(7) 評価者

日独とも校長が主である。なお，ドイツでは学校監督庁職員が評価する州がある。ただし，その場合も校長が補佐する。

(8) 教員研修

　教員研修は教育行政主導か教員の自主性を尊重するかで，日独は対照的である。職能開発のための研修主催団体として，ドイツでは学会や民間団体が多く，州によっては大学の教員研修センターに大きく委ねるが，日本では文部科学省および各県教育委員会の主導である。

(9) 小括

　日独を比べると，いくつかの相違点がある。その背景として，第1に，教員の職務範囲の違いがある。ドイツでははっきりと授業担当中心であり，授業が終わったら帰宅する。広義の教育には学校の他に家庭と地域（クラブ活動を通じて）が支える仕組みがある。しかし，日本の教員は授業のほかに部活指導，生徒指導，書類作成など多様な業務があり，それが評価対象事項にも反映している。

　第2に，評価目的および教員研修をみると，教育で「どのような人材を育成するのか」「そのために教員にはいかなることが求められるのか」の違いがうかがわれる。ドイツではナチスの経験にもとづく反省から，権威主義的でなく「教育の目標は，批判的で判断能力のある市民の形成だ」とよくいわれる。そのためには教員自身が権威に弱い人間であってはならず，批判的態度が求められる。これは主権者教育における取組方でも相違点となる。ドイツでは政治教育学者による指針にもとづいて，主権者教育にあたり教員が政治的テーマにつき自分の意見を表明することが望ましいとされる。それが生徒のオープンな議論を促す。

　それに対して日本では，教育基本法（とくに2006年改正後）で教育の目標に愛国心の涵養が含められているように，個人の尊重よりも「国民の育成」を目指すものである。教員に対しては「日の丸・君が代」が強制され，批判的判断能力をもつ生徒の育成は志向されていない。教員および生徒に対して管理主義の傾向が強い。違いの背景には，国民のための教育か，国家のための教育かという理念の違いがあると考えられる。

　第3に，「どのような学力を身につけさせるのか」というめざされる学力観

の違いがある。ドイツでは生徒に学ぶ関心を持たせることが目標の一つに含まれるが，日本では出題を解くという習熟が重視されている印象をもつ。ギムナジウム修了試験であるアビトゥアの出題内容をみると，「ドイツ近代文学におけるゲーテの意義を述べよ」というように，根底から理解を問う出題が多い。それが生涯教育への接続につながる。ドイツでは，OECDが学力評価基準をPISAに切り替えたこと，その背景にある「21世紀は知識基盤社会であり，大量の情報のなかでそれを使いこなすリテラシー能力が重要である」という認識を根底では従来から共有している[18]。

この点で，日本はOECDのPISAへの変更に部分的には対応しつつも，基本的な学力評価基準でなお習得を重視する傾向にある。このような日本型（競争依拠型）高学力は，① 解答できるが，その意味を理解していない傾向が強い，② 学習を「嫌い」「苦しい」と感じている比率が高い，③ いったん獲得したはずの知識も，受験などが終わると急速に忘れ「はげ落ちる」傾向をもつなどの弱点をともなう。とくに，21世紀の情報社会が必要とする生涯学習型社会に切り替えるうえで難点がある。

以上の日独比較を表にすると，下記のようになる（図表14-1）。

4　日本への示唆，日本の課題

第1に，評価目的として日本で職能開発が強調されつつある。そのためには，教員評価それ自体よりも，評価にもとづく開示・面談がもっと重視されるべきである[19]。

第2に，日本では教員評価の制度設計にあたり教員団体と正式に団体交渉・協議することを教育委員会は認めていない。しかし，直接に昇給・手当に反映させる場合以外でも将来的には昇進の判断材料にはなるのであり，その意味では広義の労働条件に該当する。労働条件労使対等決定（労働基準法2条）

18）　このようなOECDの学力観に対しては，OECDが経済団体であることを反映して「経済的な観点に傾斜した学力観である」との教育学者などからの批判がある。例，東京新聞2014年5月31日付「経済協力開発機構（OECD）が実施する学習到達度調査（PISA）のあり方についての批判」。
19）　八尾坂編：45〔中島哲彦〕。

図表 14-1　学校教員の職務評価比較

項　目	日　本	ドイツ
実施状況	全員に実施	
評価目的	教員の資質向上，学校組織の活性化	職能開発，授業改善
制度設計	組合と交渉する義務はない。実際には多くの県で労使協議が行われる。使用者が決定	官吏：公務員代表（教員代表）との協議 職員：公務員代表との共同決定
評価方法	目標管理＋業績評価	体系的業績評価
評価指標	教科等・外の指導	能力，適性および職務上の業績（官吏）
評価手続	使用者が評価結果を本人に開示する法的義務はない。	教員のほとんどは官吏であり，評価面談は法的義務である。
評価者	校長	
教員研修	文科省・教育委員会主導	教員の自主性尊重，自主研修重視

の趣旨は労基法が直接には適用のない公務員分野でも活かされるべきであり，教員団体との協議等の手続きを制度化することが望ましい。まして，それが昇給・手当等の処遇に反映される場合には当然である。また，評価目的に職能開発を含める場合には，教員の納得を得て制度設計すべきであり，一層妥当する。

　第3に，日本の教員の多忙さを解決すべきである。長時間労働の様子は前述したが，教員がもっと授業改善・職能開発に時間を確保できるようにするためには増員が必要である。最近数年間に精神疾患により休職した公立学校教員は5000人台と高水準が続いている。その背景には，教員不足とともに，全国いっせい学力テスト結果や進学結果の公表など学校間での過度な競争が，教員の大きな負担となっている様子がうかがえる。この面からも増員が望まれる。

終章　各分野の比較

　以上，民間企業部門，公務部門（公務労働者，官吏）および学校教員の分野・タイプ別に人事評価の実情をみてきた。それを受けて，それらの共通点および相違点を分析する。表にすると，以下の通りである。

(1)　共通点

　共通点として，制度設計の方法は従業員代表ないし公務員代表（教員代表を含む）との共同決定によることがある。これがドイツの重要な特色である。ただし，官吏および学校教員では共同決定の程度は制限的であり，公務員代表との合意が成立しない場合には使用者側が単独で決定することができる。このような法定の手続きは人事評価という労働者の処遇に影響を及ぼす関わる事項では基本的に労使対等決定の原則が貫かれていることを意味する。これは評価結果の開示および評価不一致時の取扱でもいえる。

　また，評価方法として，体系的業績評価が主であることは一貫している。同時に，民間および公務労働者では目標協定を利用することが一定程度あることも特徴的である。これはドイツの人事評価としては最近10～20年間の新しい変化である。

(2)　相違点

　一方で，分野により異なる点として，実施率および評価目的は分野により大きく異なる。民間部門でも，実施の有無，評価目的が金銭（業績給）支給目的か能力開発目的かは，産業分野により大きく異なる。金属電機産業および公務労働者では協約により業績給支給が定められ，そのために人事評価が実施されているのは一つの流れである。しかし，それは民間のなかでも少数派にとどまる。過半数の労働者は人事評価とは縁がない世界であり，昇給は原則として上位格付けポストの求人に応募して採用されるという方法による。

　それに対し，官吏および学校教員は，官吏法の定めにより，人事計画ないし授業改善のために全員に対して実施される。

図表 終-1　分野・タイプ別の人事評価比較

	民間労働者	公務労働者	官吏	学校教員
実施状況	約4割の労働者で実施	全体の約6割（連邦・市町村）で実施	全員に実施（官吏法の定めによる）	
目的	業績給,能力開発（人材育成）	業績給,公務改善,動機付け,自己責任向上	人事計画,人材育成等	授業改善のため
制度設計	従業員代表と共同決定。産業分野により,さらに協約で定める。	公務員代表と共同決定（公務員代表法の定めによる）	公務員代表（教員代表）との共同決定または使用者側による決定	
評価方法	体系的業績評価／目標協定		体系的業績評価	
評価手続	法的には労働者は自分の評価につき説明を求め話し合いを求めることができる。労働協約,事業所協定の定めにより,使用者は評価結果を労働者に開示しなければならない。	公務員代表法に定めはない。公務協約には苦情申立に関してのみ定める。協定の定めとして,民間と同じ手続いを求めることができる。過半数の自治体で評価面談が義務づけられている。	評価面談は義務である。	
評価不一致時の取扱い	苦情処理に関する定めによる。使用者と従業員代表の協議,労使委員会による決定など		定めなし	

文献一覧

【日本語文献】
青木・中山編（1980）：青木宗也・中山和久編（1980）『官公労働法の基礎』青林書院新社
浅生卯一（1993）「フォルクス・ワーゲン社の成績査定協約」東邦学誌22巻
浅生卯一（1999）「スウェーデン自動車産業における生産システムと賃金制度」大原社会問題研究所雑誌484号
石井保雄（2000）「人事考課・評価制度と賃金処遇」日本労働法学会編『講座21世紀の労働法・第5巻』有斐閣
石田光男（1992）「査定と労使関係」橘木俊詔編『査定・昇進・賃金決定』有斐閣
稲継裕昭（2006）『自治体の人事システム改革』ぎょうせい
牛渡淳（2012）「教員評価の現状と課題」教育展望58巻7号
エーリッヒ・コジオール（高田馨訳）（1965）『公正賃金の原理』千倉書房
遠藤公嗣（1999）『日本の人事査定』ミネルヴァ書房
遠藤公嗣（2006）「書評・楠田丘著『賃金とは何か』」日本労務学会誌8巻1号
遠藤孝夫（2004）『管理から自律へ』勁草書房
OECD編・平井文三監訳（2005）『世界の公務員の成果主義賃金』明石書店
大重光太郎（2004）「ドイツの職業教育訓練レジームに関する考察」獨協大学ドイツ学研究52号
大塚忠（2008/2009）「労働協約報酬から経営協定報酬へ」関西大学経済論集58巻3号，同4号
緒方桂子（1999）「ドイツにおける成績加給制度と法的規整の構造」季労190・191号
小俣勝治（1996）「ドイツにおける協約外職員の賃金形成」労働法律旬報1391号
勝野正章（2004）『教員評価の理念と政策』エイデル研究所
金子真理子（2010）「教職という仕事の社会的特質」教育社会学研究86集
唐津博（2010）『労働契約と就業規則の法理論』日本評論社
苅谷・金子編（2010）：苅谷剛彦・金子真理子編『教員評価の社会学』岩波書店
苅谷剛彦・諸田裕子・妹尾渉・金子真理子（2009）『教員評価』岩波書店
木佐茂男（1990）『人間の尊厳と司法権』日本評論社
木元進一郎（1994）「人事考課＝査定の日・英比較」明治大学経営論集41巻3・4号
楠田丘（1981）『人事考課の手引』日本経済新聞社
熊沢誠（1989）『日本的経営の明暗』筑摩書房
黒田兼一（1994）「英国における業績考課給と労働組合」桃山学院大学経済経営論集36巻2号
黒田兼一・小越洋之助編（2014）『公務員改革と自治体職員』自治体研究社

黒田兼一・小越洋之助・榊原秀訓（2015）『どうする自治体の人事評価制度』自治体研究社
毛塚勝利（1997）「賃金処遇制度の変化と労働法学の課題」日本労働法学会誌89号
厚労省（2010）：厚生労働省2010年就労条件総合調査，労政時報3793号
厚労省（2012）：厚生労働省2012年就労条件総合調査，労政時報3840号
厚労省（2014）「労使コミュニケーション調査」平成26年
国公労連（2012）「国公労連人事評価アンケート結果について」国公労調査時報599号
小松康則（2013）「大阪府の相対評価「試行」を検証」労働法律旬報1791号
榊原禎宏（2007）：諸外国教員給与研究会編『諸外国の教員給与に関する調査研究』ドイツ編
坂野慎二（1996）：佐藤全・坂本孝徳編『教員に求められる力量と評価』東洋館出版社 第11章
佐護誉（1997）『人事管理と労使関係』泉文堂
笹島芳雄（2008）『最新アメリカの賃金・評価制度』（日本経団連出版部）
佐藤博樹（2002）「キャリア形成の能力開発と日独米比較」小池和男・猪木武徳編『ホワイトカラーの人材形成』東洋経済新報社
産業労働調査所（1985）『模範実例 労使協定・協約総覧』産業労働調査所
塩野宏（1991）『行政組織法の諸問題』有斐閣
事業所組織法全訳 会報4号（2003）
自治体人事制度研究会（2000）『教員・公務員の業績評価制度を問う』自治体研究社
白井泰四郎（1982）『現代日本の労務管理』東洋経済新報社
鈴木良始（1994）『日本的生産システムと企業社会』北海道大学図書刊行会
総務省（2014）「平成25年度勤務成績の評定の実施状況等調査結果のポイント」
高橋友雄（2001）「職業教育と参加」労働調査390号
高橋友雄（2006）「ドイツ金属産業における教育訓練協約とその影響」労働調査447号
橘木俊詔（1992）橘木俊詔編『査定・昇進・賃金決定』有斐閣
地方公共団体における人事評価の活用等に関する研究会（2009）『地方公共団体における人事評価の活用等に関する研究会報告書』
藤内（1994）「ドイツにおける人事考課制度調査結果」岡法44巻2号
藤内（1995）「労働者の不満・苦情と企業内苦情処理」岡法44巻3・4号
藤内（1996）「ドイツにおける労使協定等の実例・上」岡法46巻1号
藤内（1997）「オーストリア・ホワイトカラーの賃金制度と人事考課」岡法46巻2号
藤内（1998a）「ドイツにおける従業員代表のタイプ」岡法47巻4号
藤内（1998b）「ドイツ・公務員の従業員代表制」岡法48巻2号
藤内（2003a）「従業員代表立法構想」岡法53巻1号
藤内（2003b）「成果主義賃金の法律問題」西谷敏ほか編『転換期労働法の課題』旬報社
藤内（2005a）「ドイツにおける従業員代表の最近の実情」岡法54巻3号
藤内（2005b）「ドイツにおける労働条件規制の交錯」岡法54巻4号
藤内（2005c）「ドイツの州公務員代表法および大学教職員の待遇」季労208号

藤内（2009）『ドイツの従業員代表制と法』法律文化社
藤内（2012a）「ドイツ雇用調整をめぐる諸問題」岡法61巻3号
藤内（2012b）「ドイツ大学教員の業績給」岡法62巻2号
藤内（2013a）『ドイツの雇用調整』法律文化社
藤内（2013b）「ドイツにおける大学教員の業績給」根本到ほか編『労働法と現代法の理論・下』日本評論社
藤内（2015）「ドイツ・公務員の人事評価」岡法65巻2号
藤内（2016a）「ドイツの人事評価―労使協定等の分析を通じて―」岡法65巻3・4号
藤内（2016b）「資料・ドイツ民間企業における人事評価事例」岡法66巻1号
藤内（2016c）「ドイツ民間企業における人事評価」岡法66巻1号
藤内（2016d）「ドイツ・官吏の勤務評価」季労252号
藤内（2016e）「ドイツ学校教員の勤務評価」季労254号
徳永重良編（1985）『西ドイツ自動車工業の労使関係』お茶の水書房
永由裕美（2000）「人事考課に対する法的規制の日米比較」法学新報107巻7・8号，同9・10号
永由裕美（2002）「人事考課に対する法的規制－アメリカ法からの示唆」日本労働法学会誌100号
永由裕美（2008）「米国連邦公務員と人事考課制度」季労211号
日本労働研究機構・連合総研（1996）『技能労働者の育成・教育制度と労働組合に関する日独比較研究』
早津裕貴（2017）「ドイツ公勤務者の法的地位に関する研究・1」名古屋大学法政論集271号
原ひろみ（2014）『職業能力開発の経済分析』勁草書房
原田久（2008）：松村岐夫編『公務員制度改革』学陽書房　第4章
久本憲夫（1999）「ドイツ自動車産業の賃金制度」会報2号
久本・竹内（1998）日本労働研究機構編・久本憲夫・竹内治彦『ドイツ企業の賃金と人材育成』日本労働研究機構
藤村博之（1989）「成績査定の国際比較」日本労働研究雑誌362号
藤原直樹（1988）「西ドイツ経営における能率給形態の新展開」経済論究72号
前原健二（2000）「現代ドイツの教育制度論議における『学校の自律』」東京電機大学理工学部紀要22巻2号
前原健二（2005a）：堀尾輝久・浦野東洋一編『日本の教員評価に対するILO・ユネスコ勧告』つなん出版
前原健二（2005b）「PISA以後のドイツにおける学校制度改革の展望」教育制度学研究12号
前原健二（2014）「現代ドイツの教員研修改革に関する考察」東京学芸大学教員養成カリキュラム開発研究センター研究年報13号
松下乾次（2010）「ドイツ連邦共和国の公勤務改革と人事政策の新展開・1」日本文理大学

商経学会誌 28 巻 1・2 号
松村文人（2000）『現代フランスの労使関係』ミネルヴァ書房
皆川宏之（2007）「ドイツにおける目標合意制度の諸問題」千葉大学法学論集 22 巻 1 号
村松久良光（1993）：橘木俊詔・連合総研編『労働組合の経済学』（東洋経済新報社）
室井力（1968）『特別権力関係論』勁草書房
盛永雅則（2007）「公務における人事評価制度のあり方と新たな人事評価制度検討への対応」国公労調査時報 540 号
柳沢良明（2004）「ドイツにおける学力問題と学力向上政策」日本教育行政学会年報 30 巻
柳沢良明（2005）：八尾坂修編『教員の人事評価と職能開発』風間書房
八尾坂編（2006）：八尾坂修編『新たな教員評価の導入と展開』教育開発研究所
柳屋孝安（2011）「人事考課の裁量性と公正さをめぐる法理論」日本労働研究雑誌 617 号
山下裕士（2011）「地方公共団体における人事評価制度の運用に関する研究会報告書について」地方公務員月報平成 23 年 6 月号
連合総研（2005/2006）『賃金制度と労働組合の取組みに関する調査研究報告書』（2006 年）および同中間報告（2005 年）
連合総研『雇用と人事処遇の将来展望に関する調査研究報告書』
JILPT（2009）：労働政策研究・研修機構（JILPT）編・資料シリーズ 57 号『欧米諸国における公共職業訓練制度と実態』〔田口和雄・天瀬光二〕
JILPT（2010）：労働政策研究・研修機構・資料シリーズ 67 号『政労使三者構成の政策検討に係る制度・慣行に関する調査』〔飯田恵子〕
JILPT（2012a）：労働政策研究・研修機構編・資料シリーズ 102 号『諸外国における能力評価制度』〔飯田恵子〕
JILPT（2012b）：労働政策研究・研修機構編・資料シリーズ 108 号『日本人の労働時間・休暇』
JILPT（2015）：労働政策研究・研修機構編『国際労働比較 2014』
労務（2011）：労務行政研究所編『最新人事考課制度』労務行政研究所
労務（2013）：労務行政研究所編集部「目標管理制度の実施状況と運用課題」労政時報 3853 号
労務（2014）：労務行政研究所編集部「人事評価制度の最新実態」労政時報 3873 号

【欧文文献】

Arbeitsgemeinschaft Engere Mitarbeiter der Arbeitsdirektoren Stahl: Grundsätze zum Leistungsentgelt, 2000
Baden, Eberhard (2006): Leistungsentgelte im Personalvertretungsrecht, Der Personalrat 2006 Heft 6
Bahnmüller, Reinhard/Schmidt, Werner (2009): Riskante Modernisierung des Tarifsystems, WSI-Mitteilungen 3/2009

Batz, Manfred /Schindler, Ulrich (1983): Personalbeurteilungssysteme auf dem Prüfstand, Zeitschrift Führung+Organisation, Heft 8/1983

Batzner, Ansgar (2005): Dienstliche Beurteilung und guter Unterricht

Becker, Fred G. (1998): Grundlagen der betrieblicher Leistungsbeurteilungen, 3.Aufl.

Becker, Fred G./Stöcker, Hanno (2000): Leistungsbeurteilung in deutschen Banken - eine empirische Untersuchung über Art und Ausgestaltung von Leistungsbeurteilungsverfahren in den 100 größten deutschen Banken, Die Sparkasse, Jg. 116, H. 9

Bergauer, Markus (2012): Umsetzung der leistungsorientierten Bezahlung

Bernhard, U. (1975): Wie wird der Mitarbeiter beurteilt, in: Personal, Mensch und Arbeit, 27. Jg. Heft 2

Bieler, Frank /Lorse, Jürgen (2012): Die dienstliche Beurteilung, 5. Aufl.

Bispinck, Reinhard (2007): Bezahlung nach Erfolg und Gewinn, WSI-Tarifhandbuch 2007, in: Böcklerimpuls 7/2007

Bogedan, Claudia (2010): Qualifizieren statt Entlassen, WSI-Mitteilungen 6/2010

Brandl, Sebastian/Wagner, Hilde (Hrsg.) (2011): Ein Meilenstein der Tarifpolitik wird besichtigt

Breisig, Thomas (2000):Entlohnen und Führen mit Zielvereinbarungen

Breisig, Thomas (2005): Personalbeurteilung, 3. Aufl.

Breisig, Thomas (2007): Entlohnen und Führen mit Zielvereinbarungen, 3. Aufl.

Breisig, Thomas (2009): Leistung und Erfolg als Basis für Entgelt

Breisig, Thomas (2010): AT-Angestellte

Breisig, Thomas (2012): Grundsätze und Verfahren der Personalbeurteilung

Bueren, Hermann/Konrad, Stefan (2015): Die Zielvereinbarung: Eine umstrittene Managementmethode, Zeitschrift Sozialismus 2/2015

Claaßen, Nicola (2008): Handbuch des Personalmanagements in kleinen und mittleren Unternehmen

Curth, Michael/Lang, Brigitte (1991): Management der Personalbeurteilung

Däubler, Wolfgang (1998): Das Arbeitsrecht 1, 15. Aufl.

Däubler, Wolfgang/Kittner, Michael/Klebe, Thomas (Hrsg.) (2004): Betriebsverfassungsgesetz, 9. Aufl.

Dietz, Rolf/Richardi, Reinhard (1978): Bundespersonalvertretungsgesetz 2 Band, 2.Aufl.

Dietz, Rolf/Richardi, Reinhard (1982): Betriebsverfassungsgesetz, 6. Aufl.

Dürndorfer, Martina/Nink, Marco/Wood, Gerald (2005): Human-Capital-Management in deutschen Unternehmen: Eine Studie von Gallup und The Value Group,

Ehlscheid et al (2006): Christoph Ehlscheid/Hartmut Meine/Kay Ohl(Hrsg.): Handbuch Arbeit · Entgelt · Leistung, 4. Aufl.

Fabricius usw. (1990): Fabricius, Fritz/Kraft, Alfons/Thiele, Wolfgang/Wiese, Günter/ Kreutz, Peter: Betriebsverfassungsgesetz, 4. Aufl.

Fischer, Harald (2010): Vorrang Tarifvertrag, in: Sterkel/Ganser/Wiedemuth 2010

Fischer, R. (1973): Die häufigst verwendeten Kriterien für die Personalbeurteilung, in: Personal, Mensch und Arbeit, 25. Jg. Heft 4

Fitting, Karl /Engels, Gerd /Schmidt, Ingrid /Trebinger, Yvonne /Linsenmaier, Wolfgang (2004): Betriebsverfassungsgesetz 22. Aufl.

Gaugler, E. u.a. (1978): Leistungsbeurteilung in der Wirtschaft. Verfahren und Anwendung in der Praxis

Gesamtmetall (2013): Die deutsche Metall- und Elektro-Industrie in der Bundesrepublik Deutschland in Zahlen

Goltzsch, Patrick (2004): Beurteilung von Führungskräften. Bewertungsgespräche werden wieder wichtiger

Gräble, Markus (2012), Die dienstliche Beurteilung von Lehrpersonen

Grunow, Dieter (1976): Personalbeurteilung,

Heidemann, Winfried (2015) :Trendbericht: Betriebliche Weiterbildung, Hans Böckler Stiftung Mitbestimmungsförderung No.9, 2015

Hentze, Joachim (1980): Arbeitsbewertung und Personalbeurteilung

Hessen Verwaltungsschulbund: Leistungsanreize im öffentlichen Dienst

Hill, Katya (2010): Leistungsbezogene variable Vergütung im privaten Dienstleistungsgewerbe, in: Sterkel/Ganser/Wiedemuth 2010

Hindrichs, Sven (2009): Die praktische Umsetzung von Zielvereinbarungen im öffentlichen Dienst, Der Personalrat 2009 Heft 2

Hinrichs, Sven (2009), Mitarbeitergespräch und Zielvereinbarung

Hinke, Robert (2003): Zielvereinbarungen in der ostdeutschen Metall- und Elektroindustrie, WSI-Mitteilungen 6/2003

Huber, Berthold/Schild, Armin (2004): Die neuen Entgeltrahmentarifverträge in der Metallindustrie, WSI-Mitteilungen 2/2004

Hubrich, Swantje/Jung, Ute (2010): Systematische Leistungsbewertung im öffentlichen Dienst,

Human-Capital-Management in deutschen Unternehmen: Eine Studie von Gallup und The Value Group

IG-Metall-Betriebsräte der Daimler AG (2007): ERA Ratgeber

IG Metall Bezirksleitung München (1998): Gestaltungshinweise und Regelungsvorschläge für Zielvereinbarung

IGM (2011): IG Metall Talifpolitik Vorstand, Eingruppierung nach den Entgelt-Rahmentarifverträgen

Jochmann-Döll, Andrea (2006): Geschlechtergerechte Leistungsvergütung

Jochmann-Döll, Andrea/Tondorf, Katin (2004): Monetäre Leistungsanreize im öffentlichen Sektor

Jörges-Süss, Katharina (2007): Leistungsbezogene Bezahlung in der öffentlichen Verwaltung

Klein-Schneider, Hartmut (2010): Leistungs- und erfolgsorientiertes Entgelt

Knebel, Heinz (1995): Taschenbuch Personalbeurteilung, 9. Aufl.

Knospe, Sandra (2008): Gender at Work

Kratzer,Nick/Nies, Sarah (2009): Neue Leistungspolitik bei Angestellten

Krell, Gertraude/Winter, Regine (2008): Anforderungsabhängige Entgeltdifferenzierung: Orientierungshilfen auf dem Weg zu einer diskriminierungsfreien Arbeitsbewertung. in: Krell, Gertraude (Hrsg.): Chancengleichheit durch Personalpolitik, 5. Aufl.

Kröll, Martin (2006): Das Dilemma der Personalarbeit, in: Harvard Business Manager, Jg. 28, H. 12, 2006

Kuhlmann, Martin/Schmidt, Werner (2011): Materielle Interessen und soziale Anerkennung, in: Brandl/Wagner (Hrsg.)

Laufer, Hartmut (2008): Personalbeurteilung im Unternehmen

Liebel, H.J./Walter. R. (1978): Personalbeurteilung als Führungsmittel

Litschen, K. (2009): Betriebliche Regelungen zum Leistungsentgelt. Lösungen und Auslegungshilfen für die Praxis

Litschen et al (2006): Litschen, K./Kratz, F./Weiß, J./Zempel, C.: Leistungsorientierte Bezahlung im öffentlichen Dienst. Die Herausforderung meistern

Lorse, Jürgen (2013), Die dienstliche Beurteilung von Lehrkräften im Spannungsverhältnis pädagogischer und rechtlicher Herausforderungen, Zeitschrift für Beamtenrecht Heft 9/2013

Matuschek, Ingo (2010): Konfliktfeld Leistung

Mauch, Siegfried (2004): Dienstliche Beurteilung

Mesch, Oliver (2010): Einführung des Leistungsentgelts in der Gemeinde Trittau, in : Gabriele Sterkel/Petra Ganser/Jörg Wiedemuth (Hrsg.): Leistungspolitik: neu denken, 2010

Moritz, Ines (2010): Die Mitarbeiterbeurteilung in der öffentlichen Verwaltung, 8. Aufl.

Müller, Jena (2006): Personalbeurteilung

Müller, Robert/Brenner, Doris (2008): Mitarbeiterbeurteilung und Zielvereinbarungen

Müller-Trunk, Simone (2012): Das Konzept der Personalbeurteilung

Neue Kienbaum (2004): Neue Kienbaum-Studie: Verfahren zur Potenzialerkennung und Beurteilung in Unternehmen

Nies, Sarah/Kratzer, Nick (2011): Mit ERA auf dem Weg zu einer neuen Leistungspolitik bei Angestellten, in: Brandl/Wagner (Hrsg.)

Ohl, Kay (2011): Was hat die IG Metall mit ERA gewollt und wie wurden diese Ziele im Verlauf der Einführung umgesetzt?, in: Brandl/Wagner (Hrsg.)

Ohl et al (2011): Kay Ohl/Peter M. Sopp/Alexander Wagner/Hilde Wagner: Neue Entgeltstruktur in der Metall- und Elektroindustrie, in: Brandl/Wagner (Hrsg.)

Rinnebach, Peter (2007): Leistungsorientierte Vergütung im deutschen Schuh- und Textileinzelhandel

Rischar, Klaus (2007): Leistungsorientierte Bezahlung

Rohn-Maas, Anke (2008): Seminar Zielvereinbarung und Leistungsbewertung Stadt Duisburg

Rübling, Gerhard (1988): Verfahren und Funktion der Leistungsbeurteilung in Unternehmen

Schaefer, Rolf (1983): Die dienstliche Beurteilung, Zeitschrift für Beamtensrecht, 1983 Heft 6

Schiefer, H. (2008): Endlich Leistungsentgelt für gute Leistung? Umsetzung der leistungsorientierten Bezahlung in den Kommunen

Schmidt et al. (2011a): Schmidt, Werner/Müller, Andrea/Trittel, Nele: Leistungsentgelt im öffentlichen Dienst, Industrielle Beziehungen 18(1-2)

Schmidt et al. (2011b): Schmidt, Werner/Müller, Andrea/Trittel, Nele: Der Konflikt um die Tarifreform des öffentlichen Dienstes

Schmidt, Werner/Müller, Andrea (2012): Leistungsentgelt in den Kommunen

Schmidt, Werner/Müller, Andrea (2014): Leistungsentgelt in den Kommunen, in: WSI-Mitteilungen 2/2014

Schmiel, Klaus (2009): ERA-Erfahrungen in Thübingen, WSI-Mitteilungen 3/2009

Schütz, Markus: Aspekte der dienstlichen Beurteilung bei Beamten,

Selbach, Ralf/Pullig, Karl-Klaus (Hrsg.) (1992): Handbuch Mitarbeiterbeurteilung

Spitbarth, Uwe (2010): Von "lean banking" zum Renditewahn, in: Sterkel/Ganser/Wiedemuth 2010

Sterkel, Gabriele/Ganser, Petra/Wiedemuth, Jörg (Hrsg.) (2010): Leistungspolitik: neu denken

Teuscher, Stephan (2010): Leistungsorientiertes Entgelt am Beispiel des Tarifvertrages mit der Deutschen Post AG, in: Sterkel/Ganser/Wiedemuth 2010

Thom, Norbert (2007): Aktuelle und zukünftige Herausforderungen des Personalmanagements

Tondorf, Karin (2003): Einführung leistungsbezogener Vergütung auf Basis von Zielvereinbarungen

Tondorf, Karin (2007): Tarifliche Leistungsentgelte

Tondorf, Karin (2010): Leistungsentgelt nach §18 TvöD, in: Sterkel/Ganser/Wiedemuth (Hrsg.)

Tondorf, Karin (2013): Leistungsentgelt nach §18 TVöD, in: Der Personalrat 2013 Heft 3

Tondorf, Karin/Jochmann-Döll, Andrea (2011): Diskriminierungsfreie Betriebs- und

Dienstvereinbarungen zum Thema Arbeitsentgellt

Trittel et al. (2011): Trittel, Nele/Schmidt, Werner/Müller, Andrea/Meyer, Thomas: Leistungsentgelt in den Kommunen

Wagner, J. (o. J.) (2010): Leistungsorientierte Bezahlung nach TVöD - Das Modell der interkommunalen Arbeitsgruppe des Städtetages Baden-Württemberg

Watzka, Klaus (2011): Zielvereinbarungen in Unternehmen

Weißenrieder, Jürgen: ERA-Leistungsentgelt

Wieland, Frank (2006): Leistungselemente in der Beamtenbesordung, Der Personalrat 2006 Heft 6

WSI (2010): WSI, Tarifhandbuch 2010

Zander, Ernst/Knebel, Heinz (1993): Praxis der Leistungsbeurteilung

訳　語

【A】

Abordnung	出向，応援
Acht-Augen-Gespräch	8つの目による面談
Akkordlohn	出来高給
Akkordsatz	出来高給，出来高賃金率
Alterssicherung	高齢者賃金保障
analytische Arbeitsbewertung	分析的職務評価
Anfangsgrundgehalt	初任給
Anforderung	要求，要件
Anpassungsqualifikation	適応能力
Arbeitsbereitschaft	仕事への取組姿勢，作業姿勢
Arbeitsbeschreibung	職務記述，職務記述書
Arbeitsbewertung	職務評価
Arbeitseinsatz	職務遂行能力，労務提供，仕事の段取り，多能工性
Arbeitsplatzanforderung	職務要件
Arbeitsplatzbeschreibung	職務記述書
Aufgabenbeschreibung	職務記述書
aufgabeorientierte Leistungsbeurteilung	担当課題に照らした業績評価
Aufstieg	昇進
Ausgründung	分社化
Ausschlußfrist	除斥期間

【B】

Ballungsraumzulage/-zuschlag	都市調整手当
Bankbetriebswirt	銀行経営学士
Bankfachwirt	銀行専門士，銀行専門職
Bankkaufmann	銀行営業職
Befähigung	能力
Belastbarkeit	忍耐力
Belastungszulage	負担手当
Bereitschaft	心構え
Beschäftigungsfähigkeit	エンプロイアビリティ，雇用される能力
betriebliche Kommission, Betriebskommission	事業所内委員会，事業所審査会

Betriebsrat	従業員代表，従業員代表委員会（事業所委員会，経営協議会）
Betriebsvereinbarung	事業所協定（経営協定）
Betriebsverfassungsgesetz	事業所組織法（経営組織法）
Beurteilende	評価者
Beurteiler	評価者
Beurteilte	被評価者
Beurteilungsbesprechung	評価面談
Beurteilungsbogen	評価票，評価表
Beurteilungsgespräch	評価面談
Beurteilungskonferenz	評価会議
Beurteilungskommission	評価審議会
Bewährungsaufstieg	証明昇給，習熟昇給
Bewertungsbogen	評価票，評価表

【D】

Dienstanweisung	勤務指示
Dienstleistungsorientierung	サービス指向
dienstliche Beurteilung	勤務評価
Dienstpostenbewertung	職務評価
Dienststelle	勤務所，官署
Dienstvereinbarung	勤務所協定

【E】

Einarbeitungszeit	試用期間
Einigungsstelle	仲裁委員会
Einsatz	多能工性，応援
Einsatzbereitschaft	取組姿勢，勤務姿勢，取り組む準備，積極性
Entgeltdifferenzierung	賃金配分
Entgeltgestaltung	賃金決定
Entgeltrahmenabkommen = ERA	賃金枠組み協定（金属電機産業）
Entscheidungsfreude	決定能力
Entwicklungspotential	発展の可能性
Erfahrungsstufe	勤続等級
Erfolgsbezug	利益割増，成果給
Erfolgsprämie	成果割増，利益割増
Erfolgszulage	成果手当
Erziehungsberechtigte	教育権限者（保護者のこと）

【F】

Fachfertigkeit	専門的な技能
Fachkompetenz	専門的能力，専門的知識
fachliche Leistung	職務上の業績，専門的力量
Feedback	フィードバック
Fertigkeit	熟練，技能，熟練度
Flächentarifvertrag	団体協約
Förderungsgespräch	育成面談
Fortbildung	向上職業訓練，能力開発訓練，継続教育
Funktionsbeschreibung	職務記述
Funktionsbezüge, Funktionsleistungsbezüge	役職手当

【G】

Geldfaktor	貨幣係数
Gemeinde	市町村，ゲマインデ
gemeinnützige GmbH	公益有限会社
Gesamtbetriebsrat	中央従業員代表
gewerbliche Beschäftigte	現業労働者，ブルーカラー
Gewinn- bzw. Erfolgsbeteiligung	利益配当
Gewissenhaftigkeit	良心性
Gießkannenprinzip	総花主義
Gleichstellungsbeauftragte	平等取扱委員

【H-J】

Hauptpersonalrat	上級公務員代表
Hospitation	臨時聴講，インターンシップ
individuelle Einmalzahlung	年次特別手当
individuelle Zulage	個人手当
Integrationsfähikeit	統率力
Jahreserfolgsprämie	年次利益割増給，収益割増給
Jahressonderzahlung	年次特別一時金，年次特別手当

【K】

Karriereentwicklung	キャリア展開
Kennzeichnungsverfahren	特徴描写手続
Kennzahlenvergleich	指数比較
Knebelungsvertrag	束縛契約，抑圧契約
Kompetenz	コンピテンシー，潜在的能力，職能，専門知識・学識経験に裏付けられた能力
Kompetenzeinschätzung	コンピテンシー評価
Kontaktverhalten	応接行動

Kooperationsvertrag	協力契約

【L】

Laufbahn	職階
Laufbahnverordnung	職階令
Leistung	業績，力量，労務提供，給付
Leistungsbereitschaft	労務提供の姿勢
Leistungsbeteiligung	業績配当
Leistungsbeurteilung	業績評価（業績能力を評価する）
Leistungsbewertung	業績評価（業績実績を評価する）
leistungsbezogene Vergütung	成果主義賃金
Leistungsbezüge	業績給
Leistungsbezugsgrößen	業績給算定単位
Leistungsentgelt	業績給
Leistungsfähigkeit	業績能力
Leistungslohn	能率給
leistungsorientierte Bezahlung	業績給
Leistungsprämie	業績割増給，業績一時金
Leistungsvergütung	業績給，能率給
Leistungsstufe	成績昇給（官吏）
Leistungszulage	業績手当，成績手当

【M】

merkmalorientierte Leistungsbeurteilung	指標に照らした業績評価
Mitarbeiterführung	人事指導
Mitarbeiterbesprechung	個人面談，従業員面談
Mitarbeitergespräch	個人面談，従業員面談
Mitarbeiterorientierung	同僚への関心，同僚への目線
Mitwirkungsrecht	協働権
Mobilität	可動性

【N-O】

Nachbereitung	振り返り
nachvollziehbar	検証可能な，跡付け可能な
öffentliche Beschäftigte	公務労働者

【P】

Pauschalausschüttung	一律支給
Personalbeurteilung	人事評価，人事考課
Personalentwicklung	人材育成，能力開発，キャリアアップ
Personalrat	公務員代表（委員会）
Personalreferat	人事担当者

Personalvertretungsgesetz	公務員代表法
Prämie	割増給，報奨金，プレミア
Prämienlohn	プレミア賃金率
Prämiensatz	プレミア給，プレミア賃金率
Provision	手数料，歩合給

【Q-R】

Qualifizierungsgespräch	資格向上面談
Qualifizierungsmaßnahmen	資格向上措置，訓練措置
Regelungsabrede	規制合意
Richtwert	基準値
Rückmeldung	フィードバック，開示

【S】

Sachbearbeiter	専門係員
Sachbearbeitungsbereich	庶務部門
Schulaufsicht	学校監督庁
Schwerbehindertenbeauftragte	重度障害者世話人
Selbstbild	自己評価方式
Sicherheitsviertelstunden	安全のための15分
Soll-Ist-Vergleich	求められることと現状の比較
Soll-leistung	あるべき業績
Stellenanforderung	職務で求められること，職務上の要求
Stellenausschreibung	欠員募集，公募
Stellenbeschreibung	職務記述書
Stufe	号俸
Stufenaufstieg	昇給
summarische Leistungsbeurteilung	総合的業績評価
systematische Leistungsbewertung (SLB)	体系的業績評価

【T-U】

Tabellenentgelt	賃金表上の賃金
Tantieme	利益配当
Tarifangehörige	協約適用労働者
Unterrichtsbesuch	授業観察

【V-W】

variable Entgelt	変動的賃金
variable Vergütung	変動的手当
Ver.di.	サービス労組，統一サービス産業労働組合，ヴェルディ
Versetzung	配置転換

Vertriebsorientierung	販売促進
Vorgabezeit	標準作業時間
Weiterbildung	職業訓練，継続訓練

【Z】

Zeitklassenverfahren	時間等級手続
Zeitgradprämie	時間度プレミア
Zielbewertung	目標達成度評価
zielorientierte Leistungsbeurteilung	目標に照らした業績評価
Zielstrebigkeit	目標指向性度
Zielvereinbarung（ZV）	目標協定，目標管理
Zielvorgabe	目標設定，目標基準

図表一覧

図表 1-1　労働者の人事評価受け入れ状況
図表 1-2　人事評価の普及度
図表 1-3　評価指標の分布
図表 1-4　利益配当における労働者参加の状況
図表 2-1　規定のタイプ
図表 3-1　人事評価の方法別該当数
図表 3-2　市計画局の職員の例
図表 3-3　評価指標の使用頻度
図表 4-1　協定のタイプ
図表 4-2　産業分野別構成
図表 4-3　協定締結年
図表 5-1　業績評価方法のタイプ
図表 5-2　賃金タイプ別の現業労働者比率
図表 5-3　賃金タイプ別の労働者比率
図表 5-4　業績評価方法の利用状況（金属電機産業）
図表 5-5　協約地域別人事評価対象者
図表 5-6　現業労働者の査定項目別ウェート
図表 5-7　職員の査定項目別ウェート
図表 5-8　バイエルン地域協約（分析的業績評価）
図表 5-9　現業労働者に対する業績評価
図表 5-10　2003年以後の事例（金属電機産業）
図表 5-11　金属電機産業と公務部門の人事評価比較
図表 5-12　鉄鋼業の人事評価
図表 5-13　化学産業の人事評価
図表 5-14　評価面談表（ベルリン国民銀行）
図表 5-15　ブレーメン州立銀行の勤務所協定
図表 5-16　銀行業の人事評価
図表 5-17　保険業の人事評価
図表 5-18　準公共部門の人事評価
図表 5-19　人事評価実施状況（産業分野別）
図表 5-20　金銭支給の形態
図表 5-21　業績給および業績評価方法に関する協約規定分類
図表 5-22　業績評価方法の分布（産業別）

図表 6-1　考課要素ウェート構成の変化
図表 6-2　人事評価制度の運用状況
図表 6-3　目標遂行過程での問題点
図表 6-4　業績評価制度によって生じる問題点
図表 6-5　目標協定の日独比較
図表 6-6　人事評価の日独比較
図表 7-1　公務員構成員数
図表 7-2　金属協約と公務協約の相違点
図表 8-1　「勤務所協定・事業所協定が締結されていない理由は何か」
図表 8-2　業績評価の方法
図表 8-3　目標協定：労働者が評価に及ぼす影響の有無
図表 8-4　体系的業績評価：「自分の業績結果の評価に影響を及ぼすことができますか」
図表 8-5　業績給支給者比率
図表 8-6　業績評価方法
図表 8-7　組み合わせ例
図表 8-8　業績給支給状況（デュースブルク市）
図表 8-9　業績評価面談「業績評価は面談とリンクしていたか」
図表 8-10　自治体の概要
図表 9-1　業績給に対する一般的態度
図表 9-2　公務・業績給に対する評価
図表 9-3　勤務先での業績給制度に対する評価
図表 9-4　評価の公正さを問う
図表 9-5　業績評価の適切さに関する労働者の評価
図表 9-6　「労働者が要求を達成することは容易か困難か」
図表 9-7　公務部門：業績給に対する評価
図表 9-8　業績評価は適切か
図表 9-9　労働者の目からみた業績給の作用
図表 9-10　業績給によるマイナス面
図表 9-11「業績給の導入によって改善されたか」で「はい」の比率
図表 10-1　人事評価の官民比較
図表 10-2　人事評価の日独比較（公務部門）
図表 11-1　業績指標の州別比較
図表 11-2　官吏と公務労働者の比較
図表 11-3　日独比較（公務・官吏）
図表 14-1　学校教員の職務評価比較
図表終章-1　分野・タイプ別の人事評価比較

事項索引

〔欧文〕

【H】
HATOプロジェクト　312

【I】
IT技術者　164

【N】
NRW　229

【O】
OECD国際教員指導環境調査　311
Off-JT　26
OJT　26

【P】
PISA　276, 279, 306, 316

【R】
REFA　73, 76

【S】
SMART原則　63

〔和文〕

【あ】
アクゾ・ケミカル社　138
アセスメントセンター　57
アトラス・エレクトロニクス社　124
アビトゥア　316
アラーク社　155
アリアンツ社　153
アルセロール・ミッタル社　129, 132
あるべき業績　122

安全のための15分　130

【い】
一律支給　206
印刷業　140

【え】
エアバス社　124, 125, 126
エアバス防衛航空会社　125, 126
エネルギー公社　155
エンプロイアビリティ　160, 162, 168

【お】
オイロパイプ社　132
応用労働科学研究所　110
大阪市　242
大手化学C社　138
岡山市　242, 243
オグリーンフィールドGmbH　125
オペル社　125

【か】
カールシュタット社（百貨店）フライブルク店　141
カールシュタット社ブレーメン店　143
外交員　137
開放条項　112, 193
化学産業　133
神奈川県　242
貨幣係数　71
官吏　191
管理職人事選考　57
管理的職員　30
官吏法　197, 253, 307, 308, 314, 318

【き】
基準値　93, 256
岸和田市　242, 243
規制合意　43

337

北ドイツ銅精錬	138	
教育権限者	301	
教員研修職能開発センター	280	
教員代表	278	
業績期待	119	
業績給算定単位	35	
業績手当	202	
業績能力	136	
業績配当	50	
業績ボーナス	69	
業績割増	69, 202	
協定文化	221	
協約適用外職員	135	
協約適用職員	30	
協力契約	77	
ギルド，ギルド制度	152, 247	
銀行業	143	
金銭出来高給	71	
金属産業労働組合	103	

【く】

苦情処理	47	
苦情処理手続	28	
苦情申立権	44, 46	
組合員	169	
グリーンカード制度	164	
クリスマス手当	193	
グリンデ市	209, 211, 246	
クレックナー製鉄所	132	

【け】

経済社会科学研究所	36, 163	
継続教育訓練	40	
ケルン市	207, 210, 211, 271	
現業労働者	103, 110, 111, 117, 137	
検察官	272	
検証可能	63, 75, 82, 134, 147, 171, 212, 260, 291	
建設業	140	

【こ】

コア・コンピテンシー	84	

公益有限会社	155	
公共交通	155	
工職	169, 198	
工職一本化	103	
公正査定（適正評価）義務	173	
交代制勤務	73	
号俸	192	
公募制	255	
公務員代表法	193, 236, 248, 257, 278, 286, 308	
公務協約	45, 193, 195, 248	
公務労働者	127, 191	
小売業	141	
公立銀行	143	
公立貯蓄銀行	145	
公立病院	155, 201	
個人情報保護法	311	
個人手当	131, 134	
個数出来高	71	
国公労連	242, 243	
雇用管理調査	173	
雇用のための同盟	164	
コンピテンシー	96, 157, 167	
コンピテンシー評価	150	

【さ】

サービス指向	87	
サービス労組	34, 198, 223, 226, 236	
裁判官	272	
ザクセン	284	
ザクセンアンハルト	209	
差し戻しモデル	50	
サノフィ・アベンティス社	134, 138	
産業別労働協約	208	
産業別労働組合	30	
360度多面評価	57	

【し】

ジーメンス社	114, 124, 125	
資格向上面談	94	
時間出来高給	71	
事業所内委員会	196	

事業所協定	28
事業所組織法	28, 41, 99, 128, 165, 170, 181, 185, 194
事業所内委員会	194, 208, 228, 238
仕事への取組姿勢	139
自己評価方式	146
指針	77
指数比較	56, 72, 74
ジック社	115, 124, 125, 126
指標に照らした業績評価	144
従業員代表	26, 28
集団の規制	122
重度障害者代表	98
重度障害者世話人	51
州立銀行	145
授業学	294
授業観察	278
シュレスヴィッヒ・ホルシュタイン	284
上級公務員代表	258, 287
醸造業	139
証明昇給	25
職員	103, 117, 129
職業資格・職業能力評価制度	168
職業的資格・職業能力評価制度	182
職業能力評価制度	39, 187, 247, 250
職務記述，職務記述書	83, 145, 168, 183
女性代表委員	297
職階	287
職階法	256
職階令	80, 86, 93, 256, 259
初任給	254
ジョブ型雇用	182, 183
白い煙モデル	50
新公共経営	199

【す】

水産加工業	140

【せ】

成果主義賃金	198
成果手当	64
成果割増	202

制限の共同決定権	254, 257, 258
生産個数	73
生産性指数	74
生産量プレミア	74
精神的能力	137
成績昇給	253
成績表	91
専門学校卒	152
専門学校（または専門大学）卒	155
専門教育センター	85

【そ】

総合大学卒	155
総合的業績評価	112
総合的職務評価	25
総合的評価	55
束縛契約	53

【た】

大学卒	152
代休	98
体系的業績評価	27, 55, 109, 127
ダイムラー社	124, 126
ダイムラー社ブレーメン工場	117, 125
ダイムラー社本社	125
対話的協力的構想	94
たばこメーカー	140
単一レート職務給	25
団体協約	200
担当課題（役職）に照らした業績評価	144

【ち】

地域横断的な賃金委員会	49
地方公務員法	240
仲裁委員会	49, 50, 75, 170
賃金枠組み協定	102

【て】

ティッセン社	132
ディリンガー社	132
ディリンガー製鉄所	132

索引 339

テーラー主義的業績管理	30
出来高基準値	72
出来高給	71, 108, 122
鉄鋼業	128
デュアルシステム	39, 181
デュースブルク市	209, 210, 212
デュッセルドルフ市	211, 271

【と】

ドイツ銀行	146
ドイツ鉄道	156
ドイツテレコム社	159
ドイツ郵便	157
ドイツ労働組合同盟	201
同意拒否権	192
等級付け	34
東京都	242, 248
特徴描写手続	32

【な】

内部昇進	26
成り行きモデル	50

【に】

ニーダーザクセン	280, 281, 283
2次評価者	97
任意原則，任意性原則	62, 278
認識上の能力	270
認識上の要件	261
認知心理	303

【ね】

年次特別手当	38, 135, 137, 139, 164, 193

【の】

能率給	56, 70, 104, 133
能力プロフィル	42
ノルトライン・ヴェストファーレン	
	120, 203, 208, 218, 226, 232, 255, 272, 303

【は】

バーデン・ヴュルテンベルク	
	255, 284, 288
バイエル社	164
バイエル社ケルン販売店	138
バイエル社本社	135, 138
バイエルン	255, 269, 283, 286, 308
配分基準	93
ハイロード戦略	39, 98, 247, 279
範囲レート職務給	25
ハンブルク	284, 285

【ひ】

ヒエラルヒー効果	108, 219, 230
比較可能な評価の原則	88, 183
ビクトリア社	154
ビジネス・スクール	152
批判	293, 307, 315
批判能力	158, 167, 237
評価会議	97, 285
評価・昇進指針	80
評価審議会	286
評価票	52, 83
評価面談	44, 83
標準作業時間	71, 73, 76
費用対効果	88
平等取扱委員	48, 98
平等取扱法	297
職務評価	216
品質プレミア	74

【ふ】

歩合給	71
フィードバック	83
フォルクスワーゲン社	124, 125, 126
負担手当	102, 128
プファイザー社	135, 138
扶養原理	199
フランクフルト市	209, 211, 237, 255
ブランデンブルク	
	269, 284, 285, 286, 297, 307

ブレーメン	206, 262, 270, 281, 284, 308	目標協定面談	63, 65
ブレーメン州公務員代表法	150	目標設定	56, 63, 64, 118, 124, 168
ブレーメン州立銀行	150	目標達成度評価	64, 157
プレミア給	72, 104, 108	目標達成度面談	55, 68
プロヴィンツィアール・ラインラント社	153	目標値	64
プロセス要素	65	目標到達度	68
文化高権	276	目標に照らした評価	144
分社化	201	目標面談	55
分析的業績評価	30, 112, 113	目標労働時間	73
分析的職務評価	25		
分析的評価	55		

【へ】

【や】

		8つの目による面談	48

【ゆ】

ヘッセン	268	ユネスコ	310
ベルリン	278, 284, 286, 297, 307, 308		
ベルリン国民銀行	147		
変動的手当	136		

【よ】

		要員計画	80
		要求プロフィル	42, 84

【ほ】

【ら】

方法論的知識	261	ラインラント・プファルツ	284, 285
方法論的能力	270	ラッセルシュタイン社	132
ポツダム市	209, 210, 212, 214, 255	ラッセルシュタイン・ヘキスト社	131

【ま】

【り】

マーブルグ同盟	201	利益配当	36, 136, 147, 150
マインツ大学	263	利益割増	71
		リテラシー能力	316
		良心性	139

【み】

【れ】

ミューレンス社	137, 138	連邦教育・学術省	271
民間銀行	145	連邦公務員代表法	193
		連邦職員協約	198, 201

【め】

【ろ】

メアハイム病院	206	労使合同委員会	49
メクレンブルク・フォアポンメルン	283, 300, 308	労使対等委員会	131, 135, 139, 170
メディカルシステム研究所事件	180	労使対等決定	318
メンター	301	労使同数委員会	103, 184
		労働契約法	173

【も】

木材加工業	140
目標協定	27, 55, 61

索 引 341

労働市場・職業研究所	103
労働条件労使対等決定	249, 316
労働生産性	181
労務行政研究所調査	174
ローディ社	136, 138
ローロード戦略	182, 247

【わ】

ワークライフバランス	129
割増給	71

人名索引

〔日本人〕

青木宗也	310
浅生卯一	124
飯田恵子	39
石井保雄	173
石田光男	176
伊藤博義	310
稲継裕昭	243
牛渡 淳	310
浦野東洋一	310
遠藤公嗣	171, 176, 178, 186, 188
遠藤孝夫	276
大塚 忠	110, 111, 125, 138, 152
緒方桂子	30, 68, 104, 110, 121, 124
小川正人	313
小俣勝治	29
勝野正章	310, 313
金子真理子	310, 311
唐津 博	173
苅谷剛彦	310, 311
木佐茂男	240
熊沢 誠	180
黒田兼一	187
毛塚勝利	173
坂野慎二	304, 306
笹島芳雄	186
佐藤博樹	26, 170
塩野 宏	191
白井泰四郎	176
鈴木良始	180
高橋友雄	39, 102
田口和雄	39
竹内治彦	29, 32, 70, 102, 120, 138
橘木俊詔	163
徳永重良	71, 73
永由裕美	188
中島哲彦	316
中山和久	310
野村正實	71, 73
早津裕貴	191
原 ひろみ	250
原田 久	253
久本憲夫	29, 32, 70, 102, 111, 120, 138
藤村博之	71
藤原直樹	70, 71
油布佐和子	310
堀尾輝久	310
前原健二	276, 280, 286, 307
松下乾次	253, 259
松村文人	25
皆川宏之	31, 68
室井 力	191
八尾坂修	313, 316
柳沢良明	276, 304-306
柳屋孝安	173

〔欧米人〕

Baden, Eberhard	193
Batz, Manfred	32, 33
Becker, Fred G.	60, 144
Bergauer, Markus	198, 214
Bernhard, U.	60

Bieler, Frank	255, 257, 259, 260, 267-270
Bispinck, Reinhard	36
Breisig, Thomas	43-49, 51-53, 57, 59, 68, 77, 100
Däubler, Wolfgang	31, 41
Dietz, Rolf	41, 194, 257
Ehlscheid,Christoph	72, 105-107, 113, 120, 121
Engels, Gerd	41
Fischer, Harald	159
Fitting, Karl	41
Gaugler, E.	60
Gräble, Markus	278
Grunow, Dieter	60
Hill, Katya	34, 61
Hindrichs, Sven	47
Hinke, Robert	123
Hinrichs, Sven	62
Kittner, Michael	41
Klebe, Thomas	41
Knebel, Heinz	139
Kosiol, Erich	71
Kratzer, Nick	30, 31, 61, 109, 123
Kuhnle, Klaus	123
Liebel, H.J.	60
Linsenmaier, Wolfgang	41
Litschen, K.	58
Lorse, Jürgen	255, 257, 259, 260, 267-270, 278, 281
Matuschek, Ingo	237
Mesch, Oliver	237
Moritz, Ines	260, 268, 270
Müller, Andrea	230-232, 234-235
Müller-Trunk, Simone	29, 58, 167
Nies, Sarah	30, 31, 61, 109, 123
Ohl, Kay	108
Richardi, Reinhard	41, 194, 257
Schindler, Ulrich	32, 33
Schmidt, Ingrid	41
Schmidt, Werner	199, 203, 206, 218, 224, 226, 230-232, 234-236, 255
Schütz, Markus	258, 259
Spitbarth, Uwe	143
Stöcker, Hanno	144
Teuscher, Stephan	157
Tondorf, Karin	60, 62, 202
Trebinger, Yvonne	41
Trittel, Nele	222
Walter, R.	60
Zander, Ernst	139

著者紹介
藤内　和公（とうない　かずひろ）

1952 年	大分県に生まれる
1970 年	大分県立津久見高校卒業
1977 年	九州大学法学部卒業
1982 年	九州大学大学院法学研究科博士課程単位取得
1982 年	岡山大学法学部助手
1984 年	岡山大学法学部助教授
1992 年	岡山大学法学部教授
2017 年	岡山大学退職
現　在	岡山大学名誉教授

単著　『ドイツの従業員代表制と法』法律文化社、2009 年
　　　『ドイツの雇用調整』法律文化社、2013 年

ドイツの人事評価
民間労働者，公務員および学校教員に関する日独比較研究

2017 年 12 月 7 日　初版第 1 刷発行

著　者	藤内和公
デザイン	佐藤篤司
発行者	木内洋育
発行所	株式会社　旬報社
	〒162-0041　東京都新宿区早稲田鶴巻町 544　中川ビル 4F
	Tel03-5579-8973　Fax03-5579-8975
	ホームページ　http://www.junposha.com/
印　刷	シナノ印刷

©Tonai Kazuhiro 2017, Printed in Japan
ISBN 978-4-8451-1507-5